U0519797

学衡社会史丛书
主编　孙江

重审近代中国的结社

孙江　著

商务印书馆
创于1897　The Commercial Press

图书在版编目（CIP）数据

重审近代中国的结社 / 孙江著. — 北京：商务印书馆，2021
（学衡社会史丛书）
ISBN 978-7-100-20189-6

Ⅰ.①重… Ⅱ.①孙… Ⅲ.①结社－研究－中国－近代 Ⅳ.①D693.75

中国版本图书馆CIP数据核字（2021）第154615号

权利保留，侵权必究。

（学衡社会史丛书）
重审近代中国的结社
孙江 著

商 务 印 书 馆 出 版
（北京王府井大街36号　邮政编码 100710）
商 务 印 书 馆 发 行
北京兰星球彩色印刷有限公司印刷
ISBN 978－7－100－20189－6

2021年12月第1版	开本 710×1000　1/16
2021年12月第1次印刷	印张 20　1/4

定价：128.00元

《学衡社会史丛书》总序

如果以1929年《社会经济史年鉴》杂志创刊、法国"年鉴学派"诞生为起始，作为历史学科的一个研究领域和一种研究方法，社会史业已走过了九十多年的岁月。在此期间，人们对社会史的理解与时俱进：从反对将历史限定为狭隘的政治史而提倡整体的、结构的历史，到追寻地方的、脱结构的历史，社会史的履历显示出她有着不断自我批判和自我超越的反省品格。唯其如此，社会史绿树常青，堪称历史学皇冠上耀眼的明珠。

在中国，社会史研究于20世纪80年代中叶"复兴"之后，作为一个研究领域，有的倡言整体史，有的钟情于社会生活史；作为一种研究方法，有的倡言多学科对话，有的则取法回归文本世界。经过三十余年的耕耘，社会史由门庭稀落变得熙熙攘攘，似乎成为一个庞杂的百货店。

返璞归真。社会史研究有必要回归对于"社会"的思考。社会是人群的结合体，其结合的方式多种多样，有村落式的，有宗族式的，有社团式的，还有现代从"单位"到"职场"的变化。研究中国历史上的人群结合方式，不能不关注被称为"秘密结社"的结合体。在过去一个多世纪的学术和大众话语中，"秘密结社"的"反社会"、"反体制"形象已经根深蒂固，成为一种广为接受的常识。然而，不要说不同时代、不同地区、不同名目的"秘密结社"，即使同一时代、同一地区、同一名目的"秘密结社"之间，都可能存在根本差异。把各种民间结社尽皆纳入"秘密结社"这一话语装置，接下来势必涉及更加根本的问题：何为中国社会？如何认识和叙述中国社会？正因为此，我们认为"秘密结社"研究可以成为深化中国社会史研究的突破点。当然，本丛书收录的著作和译著并不限于"秘密结社"，但凡与人群结合有关的实证研究和理论研究，皆为我们欢迎的对象。

南京大学曾为社会史研究的重镇，在20世纪八九十年代社会史研究的复兴过程中发挥过举足轻重的作用。作为一个秉持"全球本土化"宗旨的跨学科研究机构，南京大学学衡研究院自2014年成立之后，即以社会史作为重点研究方向之一。我们希望通过这套丛书的出版，赓续南京大学的社会史研究传统，为深化对中国社会的理解尽绵薄之力。

目 录

导论：社会史的临界点 / 1

第一编　话语

第一章　话语之旅——作为差异话语的秘密结社 / 11

一、引言 / 11

二、欧美语境里的秘密结社话语 / 13

三、日本语境里的秘密结社话语 / 25

四、中国语境里的秘密结社话语 / 36

五、结语 / 44

第二章　不问会不会——律例秩序与结社话语 / 46

一、律例与"会匪" / 47

二、律例与"教匪" / 49

三、律例秩序与地域社会 / 53

四、只问匪不匪 / 57

五、结语 / 60

第二编　权力

第三章　会党社团化——民国初年政治转型中的会党 / 65

一、中华民国绿林党 / 65

二、同袍社 / 67

三、崇正团・共进会 / 70

四、社团改进会 / 74

五、中国社会党 / 77

六、代结语 / 80

第四章　土匪政治——民初华北的土匪与军阀 / 82

一、引言 / 82

二、土匪的生成 / 83

三、土匪世界 / 85

四、防匪与剿匪 / 93

五、政治势力与土匪 / 95

六、兵匪合流 / 99

七、结语 / 104

第五章　救赎结社的困境——伪满洲国统治下的红卍字会 / 106

一、引言 / 106

二、红卍字会在东北 / 107

三、大本教的政治作用 / 110

四、类似宗教 / 114

五、慈善团体 / 115

六、教化团体 / 119

七、结语 / 122

第六章　袍哥政治——战时国民政府的社会统合与哥老会 / 123

一、问题所在 / 123

二、从取缔到限制 / 125

三、政府的理由与哥老会的理由 / 131

四、禁止公务员加入帮会 / 138

五、结语 / 141

第七章　帮会政治化 ——战后国民党权力重组中的帮会 / 143

一、选举与帮会 / 144

二、帮会政党的出现 / 149

三、阻止帮会组党 / 155

四、中国新社会事业建设协会 / 160

五、结语 / 163

第三编　事件

第八章　作为表象的事件 ——宿迁小刀会暴动及极乐庵庙产纠纷案 / 167

一、引言 / 167

二、青天白日旗下 / 170

三、目击者的证言 / 178

四、县长的辩白 / 186

五、刀匪不匪 / 191

六、僧众的诉求 / 197

七、代结语：回忆中的虚实 / 207

第九章　增上寺的香堂 ——1933 年东北青帮代表团访问日本 / 214

一、引言 / 214

二、在言说与实际之间 / 217

三、东北殖民统治与青帮 / 225

四、青帮访日团结局 / 230

五、监视下的合作 / 234

六、结语 / 237

第十章　没有暴动的事件——抗日战争时期的先天道事件 / 240

一、事件与表述 / 240

二、被表述的事件：永清先天道事件 / 242

三、被再表述的事件：无锡先天道事件 / 250

四、结语 / 258

第十一章　一块会簿——阎锡山的帮会与"残留"日本人 / 261

一、问题的提出 / 261

二、民众进步社 / 263

三、民众进步委员会 / 267

四、"残留"日本人与帮会 / 270

五、结语 / 274

结　语 / 277

征引文献 / 280

附录　评三谷孝著《现代中国秘密结社研究》/ 305

后　记 / 313

导论：社会史的临界点

翻开社会史的履历书，无论就其发轫之因而言，还是以其标志性著述而论，社会史所展现的批判精神可谓一以贯之，这和社会史自我界定的边缘属性不无关系。

涉足社会史三十余载，依我个人的心得，最能体现社会史边缘属性的莫过于本书讨论的民间结社。这里的民间结社不是指近代国家公认的社团，而是指前近代人们基于俗世的或信仰的目的而结成的团体，既有强调人与人平行关系的天地会、哥老会等"异姓结拜"，也有"师徒如父子，同参似手足"所表征的纵横交错关系的青帮，还有以神灵信仰为纽带的名目繁多的教门——西人称之为"教派"（religious sect）。① 如果说，社团是近代国家建构的社会（society）的一部分的话②，那么前近代的结社则是从人与人结合的有形的和无形的惯习中派生出来的。这些民间结社在前近代被贴上"会匪""教匪"的标签，到近代被视为"秘密社会"或"黑社会"，名称虽异，性质无二。不仅如此，凡是与这些惯习有染的结社也被打入另册，借用"年鉴学派"创始人马克·布洛赫（Marc Bloch）评论封建制的话，构成结社的惯习"犹如一束穿越棱镜的光，为过往所接受的事物着色，并将其

---

① 孙江：《教派书写与反教派书写》，《文史哲》2006 年第 1 期。收入孙江：《镜像中的历史》，北京：北京师范大学出版社，2018 年，第 81—87 页。

② 汉籍里的"社会"与对译"society"的"社会"不是一回事，参见李恭忠：《Society 与"社会"的早期相遇：一项概念史的考察》，《近代史研究》2020 年第 3 期。

传递给下一个时代"①。但是，果真如此，中国社会不就成了与这些"着色"相同的另类社会了吗？因此，在我看来，要了解民间结社的真面目，历史学者不能仅止于文本的表述，还须直面历史学的临界点：如何接近不可再现的过去？

英国历史学家卡尔（E. H. Carr）有一本广被阅读的经典之作——《什么是历史》（*What is History?*），语言简捷，论点明晰，书中有一段话道出了史家的不二法门："历史是历史学家和他的事实之间持续不断的相互作用，是现在和过去之间永无止息的对话。"②"他（她）的事实"是历史学家能够把捉的有限的过去，呈现于与现在的对话中。卡尔所说的"对话"（dialogue）即使是双方向的，也必以一方压倒另一方而结束，不能平等兼容，后者只存在于哲学家罗蒂（Richard Rorty）所倡导的"谈话"（conversation）中。③作为这场毫无悬念的对话的胜者，"现在"应该警惕自身对"过去"的"暴力"，为此，历史学家理解其所把捉事实的视域是十分重要的。卞之琳1935年的名作《断章》脍炙人口，这里可以借用来说明视域的多层次：

> 你站在桥上看风景，
> 看风景的人在楼上看你。
> 明月装饰了你的窗子，
> 你装饰了别人的梦。④

三个场景——风景、桥上人与楼上人，三个视域——桥上人看风景、

---

① Marc Bloch, *La société féodale: la formation des liens de dépendance*(1939), Paris: Albin Michel, 1982, p. 267.〔法〕马克·布洛赫：《封建社会》上卷，张绪山译，北京：商务印书馆，2004年，第438页。

② E. H. Carr, *What is History?* Penguin Books, 1961, p. 30.

③ 〔美〕理查德·罗蒂：《哲学和自然之镜》，李幼蒸译，北京：商务印书馆，2003年，第363—367页。

④ 卞之琳：《卞之琳诗选》，武汉：长江文艺出版社，2003年，第57页。

楼上人看风景和看桥上人。桥上人的视域定格在明月上，风景和桥上人映入楼上人的视域。诗中的三个意象可以分别置换为事实（风景）、表述（桥上人）和再表述（楼上人）。事实如风景，是具有实在性的过去，是桥上人和楼上人——表述和再表述的"被写体"。空间的交错蕴含了时间性，呈现为两个不同的过去与现在：作为事实的过去与表述者的现在；作为事实的过去、表述者的过去与再表述者的现在。不止于此，接下来的两句打开了通向"未来"的场景和视域：明月和梦。在诸多的风景中，桥上人＝表述者对"明月"情有独钟，明月寄寓了对未来的期待，桥上人的视线赋予别人（楼上人）＝再表述者的"梦"同样如此。

对于《断章》的意象和视域，阅读者可以各取所需地解读，历史学家却不能照单全收。在进行历史书写时，需要辨析事实的三个面相——实在的、表述的和再表述的。没有经过这三方面的比较和批判的书写即便在修辞上不断翻新，也不过是没有"生产性"的重复记录而已。在这个意义上，本书所遭遇的根本难题是无法捕捉来自结社当事者的声音。虽然，结社并非沉默的"被写体"，案犯的供词、天地会的会书、事件中的行动者等，提供了可供诠释的材料，但基本上都是由他者代理表述的产物，不能信以为真。无论是物证，还是言证，在进入学者的视野后，只有经得起诘问的才能成为史料，否则即使是真实的，亦如金兹伯格（Carlo Ginzburg）所言可能是不可靠的。[①]基于此，本书设为三编，试图在对各种表述进行批判阅读的基础上重审近代中国的民间结社。

本书第一编为话语篇。所谓话语就是由言语表出的事实，言语中的事实与实在的事实之间存在张力关系。在第一章中，我以欧美、日本和中国语境里的秘密结社叙述为对象，通过对若干研究者的"事实"——再表述的爬梳，提出应关注作为差异话语的秘密结社的复数性，通过具体的事件来检证民间

[①] Carlo Ginzburg, "Checking the Evidence: The Judge and the Historian," *Critical Inquiry*, Vol. 18, No. 1, Autumn, 1991.

结社是如何"秘密化"或"被秘密化"的。第二章在概述清朝律例所界定的"会匪"和"教匪"内涵后，指出最高统治者皇帝和地方大员所说的"不问会不会，只问匪不匪"和"不问教不教，只问匪不匪"，即使只发生在非常时期且为时甚短，已具有颠覆律例秩序的意义，折射出拘泥于律例"只问会不会"和"只问教不教"政治话语的困境。

很长一个时期，人们固守社会史发轫之初的传统，把政治和事件排斥在社会史研究之外。其实，早期的社会史实践者要排斥的乃是被近代国家化的政治，有关前近代政治的研究成果甚丰。第二章所讨论的如意门教案揭示了在律例秩序下一个民间结社如何变为"邪教"的过程，从中可见，研究结社不能不考虑权力的存在，因为权力的介入，结社才成为一个大问题。这是本书第二编关注权力与结社关系的原因所在。

第二编权力篇由五章构成，涉及不同名目和性质的结社——会党、土匪、救济结社、哥老会、帮会等。在民国初年的共和政治下，涌现了众多大小政党。第三章概述了会党社团化现象，指出这一尝试虽然失败了，却有着重要的意义，即在近代国家的架构中如何安置民间结社成为重要议题。第四章考察了一个特定生态圈的特殊群体——土匪集团，看似与本书主题无关，实则在兵流为匪、匪流为兵的循环中，无论是土匪集团，还是军阀的士兵，聚散离合的背后都有着模拟亲缘关系的作用。第五章考察了鲜为人知的伪满洲国治下的宗教慈善结社——红卍字会，从红卍字会被赋予的类似宗教、邪教、教化团体等多重身份反观殖民统治，指出伪满多变的政策是日本近代国家与非公认宗教结社之间紧张关系的投影。第六章和第七章考察了国民政府时期的政治统合与结社的关系。第六章指出，重庆国民政府的哥老会统合政策经历了从取缔到限制的蜕变，鉴于哥老会的结合与交往方式渗透到公务人员中，国民政府最后不得不采取消极对策：禁止公务人员加入哥老会。第七章指出，战后国民党政权推行的选举政治带来了令其尴尬的结果——哥老会的政治化。一些在野党为了在选举中获胜，借助哥老会扩大党的力量，或者径直把哥老会纳入党内使其政党化；面对选举时代的到来，帮会人员自身也表现出极大的参政欲望。

1946年一份名为《文饭》的刊物刊载了署名为"萱"的文章《军阀勾结袍哥：大麻子造反！望月亭发威！》。该文劈头说道："成都最高的建筑物，就是中央军校里面的'望月亭'，矗立云霄，气象伟大，它的高度，从它的名字上已可想见了。它表面上虽说是一个点缀风景的东西，实际上却具有极大的军事作用。亭中驻有守望军，周围一百米突，不准闲人走近，虽中央军校学生也不能例外。这个亭，在中央军进驻四川时，曾发生过一次效用。"接着，作者根据其亲身经历，讲述了望月亭的"效用"。原来，因不满中央政府解除四川军阀潘文华的兵权，驻扎在峨眉一带的潘部师长刘汝成准备造反，一时谣言纷纷："大劫成都市财物后逃入川康一带丛山中去当山大王，哥老会也打算大屠杀下江人。"为了防范万一，四川省政府"决定公务员及下江人，都迁入中央军校中去，以资安全"。传闻有惊无险，以刘部遵令解散告终。在文章最后，作者说："从这事件以后，川军已抬不起头来了，袍哥们的气焰也觉得收敛了些，但是矗立在云端的望月亭，仍然负着监视的任务，毫不稍懈。"①从这篇文章内容可以推知作者是"下江人"，可能还是公务人员，他认为成都一市三十二镇的镇长，"个个都是袍哥"，而袍哥就是"上海的流氓"，"即是地头蛇，他们具有绝大历史性的恶势力"。这种对袍哥（哥老会）的他者视线毫无疑问是有偏见的。撇开这点不论，作者以望月亭来比喻国家权力颇有先于福柯（Michel Foucault）关于近代权力的规训与监视本质的认识。如果说，望月亭犹如楼上或桥上的人，视线所及即权力所至，那么如何对待所及所至之外的余白呢？无疑，国民政府同样遭遇了清朝统治者"不问会不会"和"不问教不教"的问题。

按照一般理解，第二编似乎缺少国民党与上海青帮关系的内容。笔者对该问题有一定的研究，本书之所以回避这一主题，乃是因为很多研究普遍

---

① 萱：《军阀勾结袍哥：大麻子造反！望月亭发威！》，《文饭》第25期，1946年9月28日，第3版。

存在本质主义倾向，即将青帮视为上海诸恶的容器，忽视了该组织的复数性，更没有检讨从青帮派生出来的社团是否还能称之为青帮等问题。1949年上海"军管会"针对青帮实施的少数流氓和大多数群众的二分法是符合实情的。事实上，解放军在进入四川后，也是用同样的方法解决哥老会（袍哥）问题的。因此，如欲深化对民间结社的认识，进行事件的社会史研究是有必要的。事件（event），哪怕是"出现"（occurrence）的瞬间，"发生"（happen）的片段，当权力介入后事物的本质反而彰显出来了。① 王笛以袍哥大爷杀死亲生女的故事为切入口，讨论川西"望镇"的秩序与暴力之间的关系，是关于民间结社事件研究的出色之作。② 我多年来一直在进行结社的事件研究，第三编收录的四章是这方面尝试的一部分。

1929年2月13日，江苏宿迁县小刀会突然"暴动"，砸毁国民党党部和学校，绑走党员和教职员，持续了三日。这起小刀会"暴动"与同年3月、4月发生的另外两起小刀会"暴动"，被描绘为旨在反对南京国民政府所推行的社会政治改革。第八章通过对当事人的言说比较研究，指出与事件无关的极乐庵之所以成为主角，与宿迁国民党党部"庙产兴学"的政治意图不无关系。小刀会事件引发的极乐庵庙产纠纷案，是地方社会对南京民政府推行的"庙产兴学"、"反迷信运动"的抵制。

第九章考察1933年7月东北青帮访问日本事件，该事件的导演是在东北的日本人团体和关东军，是它们策划并促成了青帮代表团访问日本。而面对九一八事变后东北政治格局的变化，一些青帮要人投关东军所好，谎称青帮为宗教团体，积极参与关东军的伪满洲国建设。从本章可见，如果说仅仅注重时间序列容易陷入目的论的解读的话，执着于空间的手法则可能陷入本质主义的窠臼，日本一流学者和汉学家汇聚增上寺观摩青帮人物的教义演示后，将其界定为禅宗一派便是典型一例。

---

① 参见 Paul de Man, *Aesthetic Ideology*, Minneapolis and London: University of Minnesota Press, 1996, p. 133。

② 参见王笛：《袍哥——1940年代川西乡村的暴力与秩序》，北京：北京大学出版社，2018年。

第十章涉及抗战中结社在地域社会的政治作用。本章首先考察了1943年在河北永清县发生的先天道事件，指出囿于先天道（＝红枪会）为"防匪御兵"农民排外组织之成见，论者将其视为一场"排他性"的抗争，而实际上是八路军策反伪军巧妙"嫁祸"于傀儡组织先天道的事件。1945年苏南多地发生先天道暴动，日伪认定是一起由"邪教"挑起的抗捐抗税运动，共产党方面视其为"暴动"和"农民起义"，但表述要复杂得多。20世纪50年代后形成的关于该事件的再表述十分精简，忠义救国军不仅无关紧要，甚至从所有叙述中消失了。

1998年笔者从日本驹泽大学渡边惇教授处得到了一张日本人吉冈二郎1946年在太原参加帮会的会簿照片。一个日本人何以会参加带有民族主义色彩的中国帮会？这一疑惑长期困扰着笔者。根据会簿留下的文字和痕迹，第十一章溯及阎锡山在抗战时期和战后的地方政治，指出战时阎锡山以民众山进步总社（洪帮）和民众进步委员会（青帮）强化个人威权，战后为对抗共产党的军队，又借此吸收残留山西的日本人进行反共战争。而日本人之所以热衷加入帮会并进而设立帮会，是因为这些曾经的皇军士兵，在群氓无首下，从帮会的模拟亲缘关系中发现了日本社会"亲分子分"的结合原理。

本书三编十一章皆为重审结社之实证研究。我希望这一研究能穿越楼上人（再表述）和桥上人（表述）而直达风景（事实），为此必须解构常识化的秘密结社话语，这是正确认识中国社会的第一步。德国社会学家齐美尔（Georg Simmel）有言："秘密，赋予与公开世界相并列的第二世界（einerzweiten Welt）以可能性，同时公开世界亦受到第二世界所具有的可能性的深刻的影响。"[①] 借用畏友政治学者张凤阳的话，就是"从秘密社会发现社会的秘密"。

---

① Georg Simmel, *Soziologie*, Georg Simmel Gesamtausgabe, Herausgegeben von Otthein Rammstedt, Band 11, Frankfurt am Main: Suhrkamp, 1992, S.406.

第一编 话语

第一章 话语之旅
——作为差异话语的秘密结社

一、引言

在有关中国历史的叙述中，围绕"秘密结社"一语演绎出来的秘密结社反社会、反体制的历史形象业已越出中国学范围而成为一种被普遍认可的中国常识，在这种常识里，秘密结社也被称为秘密社会、黑社会、地下社会等等。但是，若问什么是秘密结社，人们的回答则可能不尽相同。所谓秘密结社，如果从字面上解释的话，顾名思义，是指那些内部构成和信仰仪式鲜为外部所知的组织。秘密结社作为名目别异、互不统属的民间结社的共名，其指称范围宽泛，狭义的秘密结社指非法的具有黑社会性质的组织，广义的秘密结社则可以泛指一切不为公权力及近代意识形态所认可的民间结社。如果考察以往有关秘密结社的叙述并取其最大公约数的话，大概可以把中国秘密结社总结为以下两个特点：

第一，秘密结社是被主流文化所否定的民间结社，具有反体制、反社会的性质。

第二，秘密结社有两个类型：一是指由模拟血缘关系而来的兄弟结义和师徒拜认组织，一是指公权力认可的正统宗教（儒教、佛教、道教、伊斯兰教等）之外的民间教门（教派）。前者在清代有天地会、哥老会之类的会党，在民国年间则有青帮、红帮等帮会；后者以明清以来白莲教系统和罗教系统的民间教门为代表，在民国则包括标榜道德拯救的新宗教结社红卍字会、宗教性武装结社红枪会等等。

中国秘密结社的种类和数目到底有多少，有多少人参加了秘密结社，至今尚没有也不可能有真实的统计。据清代文书记载，有清一代的会党至少有215种①，民间教门则不下270种②，很显然，不要说不同地区、不同名目之间的秘密结社，即使同一地区、同一名目的秘密结社之间都可能存在根本性的差异，因此，把这些民间结社都纳入秘密结社这一话语装置里的恰当性便值得人们怀疑了。而且，当与中国社会结构相关联的如此众多的民间结社被贴上秘密结社的标签后，接下来势必牵涉到中国社会是什么以及如何认识和叙述中国社会的问题，于此人们不难看到以秘密结社来审视民间结社所带来的危险性。

本章不想纠缠秘密结社、秘密社会、秘密宗教以及秘密会党/帮会之类的名词歧义③，在以下篇幅里，试图通过对欧美、日本和中国语境里的"秘密结社"叙述的爬梳，揭示秘密结社话语所内涵的多义性和矛盾性。一般而言，现代汉语常常使用秘密社会、秘密会社、秘密宗教等语，日语使用的是"秘密结社"，英语里的 secret society 涵盖了上述汉语与日语所指称的结社。在笔者看来，日语里的秘密结社一语比之现代汉语里的秘密社会或秘密会社更接近古汉语的用法④，而且不会因为社会一词的暧昧性、会社一词单指异姓结拜不包含民间宗教结社等给人造成误解。秘密结社可以指异姓结拜、民间教门等具有"秘密"倾向的民间组织，能够比较全面地反映这种民间结社

---

① 蔡少卿：《中国近代会党史研究》，北京：中华书局，1987年，第2页。
② 庄吉发：《民间秘密宗教的社会功能》，《清史随笔》，台北：博扬文化事业有限公司，1996年，第139页。
③ 关于这方面的讨论，可参见王尔敏：《秘密宗教与秘密会社之生态环境及社会功能》，《明清社会生态》，台北：商务印书馆，1997年，第318页。该论文原载于"中央研究院"近代史研究所集刊》第10期，1981年。庄吉发：《清代秘密会党史研究》，台北：文史哲出版社，1994年。
④ 在清朝政府实行预备立宪过程中，1908年由宪政编查馆颁布的《结社集会律》里有"禁止秘密结社"文，见《申报》1908年3月23日，第2版。

的实际状态，因此，出于用语统一和叙述上的方便，以下行文一律使用"秘密结社"一语。需要说明的是，要对秘密结社话语进行全面考察绝非笔者所能，为此，本章把所要讨论的对象主要限定在异姓结拜结社上，所评述的也仅止于与本章的论旨相关的论著。

二、欧美语境里的秘密结社话语

最早以秘密结社一词来指称中国异姓结拜组织的是19世纪的欧洲人，欧洲人关于中国秘密结社的知识和经验来自马六甲海峡殖民地的三合会或天地会①，他们的论述对后世的论述产生了很大影响，如果借用汉学家田海（Barend ter Haar）的话来说，就是"三合会的名字几乎成了有组织的中国人犯罪的同义语"②。

中国大陆居民远下南洋，移居马六甲地区的历史源远流长，18世纪达到一时之盛。中国人在海外落地生根，自然也把本土的生活习惯、信仰和组织等带到了新的迁居之地，被19世纪欧洲人称为秘密结社的天地会、三合会等名目的异姓结拜组织便是典型的例子。关于天地会是何时成立的，迄今学界还没有达成统一的认识。天地会是何时传入南洋的问题也因史料的限制，无从确认。1929年，温雄飞在《南洋华侨通史》一书中提到1799年槟榔屿荷属殖民地当局发现华人社会中存在名为天地会的组织③，这是迄今所知关于海峡殖民地天地会的最早的记载，一般人们在叙述海峡殖民地天地会的

---

① 关于西方和中文著述中天地会起源的研究，请参照穆黛安的文字。Dian H. Murray, *The Origins of the Tiandihui: The Chinese Triads in Legend and History* (in Collaboration with Qin Baoqi), California: Stanford University Press, 1994. 需要指出的是，本章所提及的文本与穆黛安著作有一定重叠，但问题意识并不一样，穆黛安评介的是天地会起源问题，而本章探讨的是西方语境里的秘密结社的语义问题。

② Barend J. ter Haar, *Ritual and Mythology of the Chinese Triads: Creating an Identity*, Leiden: E. J. Brill, 1998, p. 15.

③ 温雄飞：《南洋华侨通史》，上海：东方印书馆，1929年，第111页。

历史时都以此为起点。其实，早在1794年，也即荷属槟榔屿殖民地当局成立不到八年，殖民地当局就已经注意到华人社会中存在着一些秘密组织，在一份关于华人社会的报告里留下了这样的文字："他们说着一些没有人能懂的语言，可以用最隐蔽的方式结成党派和联合，以便反对他们不赞成的政府的章程。"① 这说明殖民当局在1799年以前就发现了华人中存在类似天地会的异姓结拜组织，自然，天地会传入南洋的时间应该更早一些。

欧洲人对于天地会的研究始自一位传教士——马六甲英华书院院长米怜（William Milne），米怜于1822年去世，生前没有来得及公布自己的研究报告。米怜死后，其研究由另一位著名传教士马里逊（Robert Morrison）整理，于1827年公布于世。② 在这篇依据天地会内部文献撰写的文章里，米怜介绍了三合会的名称、宗旨、组织、仪式和暗号，指出三合会（天地会）初期并不是一个"有害的组织"，而是随着成员的增加，活动目标也由当初的相互帮助渐渐变成了抢劫凶杀以及颠覆政府。③ 在天地会研究的学术史上，米怜的报告有两点意义：第一，开启了以天地会会书为根据叙述天地会历史的传统，这曾是广为学人使用的研究方法。第二，开启了以共济会为参照系叙述天地会的传统。共济会在欧美是历史悠久的互助组织，由于天地会和共济会有相像之处，甚至有的欧洲人认为中国的天地会就是共济会向东方发展的产物。在文中，米怜使用 secret association 一词来称呼三合会，这一用语后来为 secret society 所取代。此后，西文著述在论及天地会性质时，由于依据天地会会书"反清复明"叙事而将天地会定性为反抗异族统治的组织，有意识和无意识地把被冠于秘密结社之名的天地会等兄弟结拜组织视为反体制、反社会的同意语。同时，值得注意的是，西文著述里 secret society 的所

---

① W. L. Wilfred, *The Impact of Chinese Societies in Malaya: A Historical Study*, London: Oxford University Press, 1969, p.46.
② W. C. Milne, "Some Account of a Secret Association in China, entitled the Triad Society," *Transactions of the Royal Asiatic Society of Great Britain and Ireland*, Vol.1 (1827), pp.240-250. 另外，该文还以同名刊载于 *The Chinese Repository* (Vol.14, Feb.1845, pp.59-69)。
③ W. C. Milne, "Some Account of a Secret Association in China, entitled the Triad Society," p.241.

指还扩大并且涵盖了"邪教",用当事人语言是民间教门,西方学者称为秘密教派(secret sect)。①

继米怜的文章发表后,出自传教士和殖民地官员之手的关于秘密结社的文字不断面世,在内容上也比米怜的文章要充实得多。1841年,海峡殖民地当局的两位军人纽博德(T. J. Newbold)和威尔逊(F. W. Wilson)在根据三合会会簿发表的文章中,对三合会的盟约、仪式做了翻译介绍,他们似乎对三合会背后所体现出来的共济会特征更感兴趣。② 1866年施列格(Gustave Schlegel)撰写的《天地会》是第一部完整的天地会著作,此书乃是根据1863年警察在巴东(Padang)的苏门答腊(Sumatra)一个华侨家中所发现的天地会会簿撰写而成的,比较详细地叙述了载诸天地会会簿的天地会历史,自然也没有忘记将共济会和三合会相比较。③ 毕克麟(W. A. Pickering)既是天地会会员,又是马来亚殖民当局的工作人员,他在1878—1879年发表的《中国秘密结社及其起源》的文章断定天地会就是共济会的一个分支。④士多令(W. G. Stirling)和活特(J. S. M. Ward)合著的《洪门或天地会》堪称欧洲人一个世纪以来天地会研究的集大成,作者同样把天地会和共济会相类比。该书由三卷组成,后二卷是由有英国皇家人类学会会员头衔的士多令单独完成的,他从宗教魔术角度对天地会所做的诠释⑤,对欧美关于天地会叙述有很大的影响。

除把天地会和共济会相比附外,欧洲人的天地会秘密结社话语还有什么特征呢?如果浏览19世纪以来的一些著述,可以看到这些著作一方面一定

---

① "Secret associations," *The Chinese Repository*, Vol. I, 1833, p. 207. J. J. M. De Groot, *Sectarianism and Religions Persecution in China*, Amsterdam: Johannes Muller, 1903.

② T. J. Newbold, F. W. Wilson, "The Chinese Traid Societies of the Tien-ti-huih," *Journal of the Royal Society-Great Britain and Ireland* VI (1841), pp. 120-156.

③ Gustave Schlegel, *Tian Ti Hwui: The Hung League or the Heaven-Earth-League; A Secret Society with the Chinese in China and India*, Batavia: Lange & Co., 1866.

④ W. A. Pickering, "Chinese Secret Societies and Their Origin," *Journal of the Straits Branch of the Royal Asiatic Society* (1878), pp. 63-84 and (1879), pp. 1-8.

⑤ J. S. M. Ward and W. G. Stirling, *The Hung Society or the Society of Heaven and Earth*, London, 1925.

程度上承认殖民地天地会与中国大陆本土的天地会不同，另一方面又把天地会纳入中国民众叛乱的历史中来叙述。1878年，沃恩（J. D. Vaughan）在考察华人生活方式和习俗时论及秘密结社，注意到三合会和公司的区别，即海峡殖民地的公司（Kongsis）成员已经没有秘密盟誓和暗号。① 1900年史丹顿（William Stanton）著《三合会或天地会》，宣称"秘密的政治结社存在于许多国家，但世界上没有一个地方像中国那样广泛滋生并产生出如此坏的影响"②。他把三合会和白莲教、八卦教的叛乱相勾连，从汉代赤眉之乱一直叙述到晚清太平天国运动和三合会起事，甚而认为海外的秘密结社组织虽然失去了以往的政治目标，但依然会给所在地带来严重的危害。这两本著述相隔不过二十年，观点上的差异清晰可见，要考究这种叙述和认识上的差异，必须把文本置于产生文本的殖民地语境中来把捉，这已然不属于本章所要解决的问题。但需要一提的是，在海峡殖民地，天地会并非在殖民地统治的每个时期都是非法的，殖民地统治政策和欧洲人的秘密结社观有着密切的关系。

鸦片战争后，欧洲人可以在相当大的程度上接触和观察中国大陆本土的秘密结社。在清统治下，天地会等异姓结拜结社属于被禁止之例。1846年，长期在中国东南沿海地区活动的传教士郭士立（Charles Gützlaff）介绍了从大陆本土收集到的三合会会簿，认为三合会虽然不排斥各个阶层人士的参加，但主要成员来自下层社会，强调三合会有"反清复明"的政治色彩。③ 这种对秘密结社的观察和接触扩大了欧洲人关于中国秘密结社的认识，虽然很少有专门关于大陆本土秘密结社研究的文字，但是零散的叙述却塑造出秘密结社多样的形象，正是在这一前提下，才出现了对依据会簿叙述天地会历史的质疑。1897年，伟烈亚力（Alexander Wylie）出版《中国研究》一书，

---

① J. D. Vaughan, *The Manners and Customs of the Chinese of the Straits Settlements,* Singapore: Mission Press, 1879, p.98.

② William Stanton, *The Triad Society or Heaven and Earth Association,* Hongkong: KELLY & Walsh, LTD., 1900, p.1.

③ Dian H. Murray, *The Origins of the Tiandihui: The Chinese Triads in Legend and History* (in Collaboration with Qin Baoqi), p.94.

在涉及秘密结社的章节里，伟烈亚力批评了1849年《中国丛报》所刊载的有关天地会盟誓和起源的文章①，对以会簿叙述的天地会历史是否为"真正的历史"（authentic history）表达了怀疑。②但是，就整体而言，这种声音还很微弱，而以会簿为依据的研究积累了长久的传统，构成了20世纪中叶以前欧美语境里的中国秘密结社叙述的主旋律。

欧洲人虽然将异姓结拜（甚至还包括民间教派）看作secret society，但是对于何为秘密结社以及秘密结社应该具有怎样的特征似乎并没有在学理上做必要的辨析③，通常只是简单地以欧洲历史为参照，把中国秘密结社与欧洲历史上的共济会（Freemason）、烧炭党（Carbonari）等秘密团体相比较④，这种方法显然带有欧洲本位的色彩。意味深长的是，欧洲人的中国秘密结社话语也体现在中国人的自我认识和自我想象上，海峡殖民地华人把自己的组织三合会称为"公司"⑤，澳大利亚的华人天地会更以"华人共济会"（The Chinese Masonic Society）来自称，这似乎还不能单纯地解释为要与白人殖民者保持协和的愿望。

20世纪初欧美人关于秘密结社的叙述，上海青帮的存在不可忽视。从上海租界工部局的档案记载看，外国租界和青帮的同谋关系重演了欧洲殖民者与海峡殖民地三合会之间的关系，租界当局很清楚其与青帮之间关系的性

---

① "Oath Taken by Members of the Triad Society, and Notices of its Origin," *The Chinese Repository*, Vol. 18, No. 6, June 1849, pp. 281-295.

② Alexander Wylie, *Chinese Researches*, Shanghai, 1897, p. 112.

③ 关于秘密结社的定义，麦留芳（Maklau Fong）做过比较细致的考察，参见 *The Sociology of Secret Societies*, London: Oxford University Press, 1981。在基本观点上因袭了布莱士（Wilfred Blythe W. L.）的看法，参见 *Impact of Chinese Secret Societies in Malaya: A Historical Study*, London: Oxford University Press, 1969, p. 3。

④ 比如 Charles W. Heckethorn, *The Secret Societies of All Ages and Countries*, New York: University Books INC, 1965。

⑤ 有关"公司"和"会"的关系可参阅 Mary Somers Heidhues, "Chinese Organizations in West Borneo and Bangka: Kongsi and Hui," in David Ownby and Mary Somers Heidhues eds., *"Secret Societies" Reconsidered: Perspectives on the Social History of Modern South China and Southeast Asia*, M.E. Sharpe, Inc. 1993, pp. 68-85。

质。在租界当局看来，这些结社并没有明确的政治目的，而且在社会中所扮演的角色也是多重的。魏斐德（F. Wakeman）关于近代上海警察组织化的研究①，布莱恩（M. Brian）关于杜月笙的研究②，均涉及租界当局和秘密结社之间的密切关系。

在第二次世界大战期间，西方人对中国秘密结社的认识翻开了新的一页。由于关注中国革命的进展，西方人触摸到革命背后秘密结社的潜流，最先关注秘密结社与革命关系的是第二次世界大战前后访问中国共产党的两位美国新闻记者。1937年，斯诺（Edgar Snow）在《西行漫记》里介绍了毛泽东、朱德等人的经历，这些共产党领袖个人的经历与秘密结社的关系显然给斯诺留下了深刻的印象。毛泽东向斯诺谈到井冈山时期红军将领袁文才、王佐的土匪身世，毛泽东说道："当我留在井冈山上的时候，他们始终是忠实的共产主义者，执行党的一切命令。可是到后来，到他们单独留在井冈山时，他们又回复了昔日的强盗脾气，结果被农民杀死。因为那时他们已经组织起来，已经苏维埃化，能够保卫自己了。"③ 在书中，作者还提到红军将领贺龙之父是哥老会首领。另一位美国记者史沫特莱（Agnes Smedley）在撰写的关于朱德传记《伟大的道路》里，提到朱德在清末蔡锷的云南新军时，曾经和四川同乡按照哥老会的仪式结拜为兄弟。④ 这两部著作关于中国革命与秘密结社关系的片言只语唤起了其后欧美研究者对中国革命社会起源的兴趣，20世纪六七十年代欧美出版了很多关于秘密结社的研究，论者试图以叛乱—革命的图式来解读秘密结社的历史。

---

① Frederick Wakeman, *Policing Shanghai: 1927-1937*, Berkley: University of California Press, 1995, pp. 122-127.

② Martin Brian, *The Shanghai's Green Gang: Politics and Organized Crime: 1919-1937*, Berkley: University of California Press, 1996.

③ Edgar Snow, *Red Star Over China*, New York: Random House, 1938. 此处引文转自〔美〕斯诺：《毛泽东自传》，汪衡译，北京：解放军文艺出版社，2001年，第47页。

④ Agnes Smedley, *The Great Road: The Life and Times of Chu Teh*, New York: Monthly Review Press, 1956.〔美〕艾格妮丝·史沫特莱：《伟大的道路——朱德的生平和时代》，梅念译，北京：东方出版社，2005年，第107页。

施拉姆（S. Schram）和谢诺（J. Chesneaux）是研究中国革命起源与秘密结社关系的先驱者。1963年，施拉姆注意到毛泽东早期文章《中国社会各阶级的分析》里有关于流氓无产者和秘密结社的文字，提及1936年7月15日毛泽东发表的《对哥老会宣言》。①1966年，施拉姆在《毛泽东与秘密结社》的专题论文里，根据有限的资料，第一次探讨了秘密结社与中共革命的关系，指出毛泽东的农民革命思想与传统的马克思、列宁主义理论存在歧异。②如果说施拉姆旨在从政治思想上探讨叛乱与革命的关系的话，谢诺则试图从中国民众运动的传统里引出秘密结社的反抗运动与中国革命的关系。谢诺在1962年发表的中国工人运动的著作中，注意到青帮在上海非熟练劳动者中的影响力，指出青帮隐秘的活动方式、迅捷的行动力在1925年夏"五卅运动"和1927年春的"四一二政变"中发挥了作用。③1965年7月，在法国召开了一次关于中国秘密结社的讨论会，这次讨论会的成果反映在1970年由谢诺主编的《中国的农民运动与秘密结社（1840—1950）》的法文论文集里。两年后，该书的英译本出版。④该书有两篇文章和中国革命有关，一篇是曾经留学中国人民大学的波兰学者斯拉文斯基（R. Slawinski）论述20世纪20年代后期红枪会和国民革命关系的论文，该文指出拥有27万会员的河南省农民协会得助于红枪会的支持。⑤另一篇论文是苏联学者列夫·德留辛（Лев Петрович Делюсин）简论20世纪50年代中华人民共和国取缔

---

① Stuart R. Schram, *The Political Thought of Mao Tse-tung*, New York: Praeger, 1969, pp. 245-246, 260-261.

② Stuart R. Schram, "Mao Tse-tung and Secret Societies," *China Quarterly*, No. 27, July-September, 1966, pp. 1-13.

③ Jean Chesneaux, *The Chinese Labor Movement, 1919-1927,* Stanford: Stanford University Press, 1968, p. 226.

④ Jean Chesneaux, *Secret Societies in China in the Nineteenth and Twentieth Centuries*, tr. Gillian Nettle, Ann Arbor: University of Michigan Press, 1971. Chesneaux, *Peasant Revolts in China, 1840-1949*, tr. C. A. Curwen, London, Thames and Hudson, 1973. Jean Chesneaux, ed., *Popular Movements and Secret Societies in China, 1840-1950*, Stanford: Stanford University Press, 1972, p. 2.

⑤ Roman Slawinski, "The Red Spears in the Late 1920's," in Jean Cheeaux, ed., *Popular Movements and Secret Societies in China, 1840-1950,* Stanford: Stanford University Press, 1972, p. 208.

一贯道的文章①，1950—1958 年德留辛曾作为《真理报》专栏作家常驻北京。以上论文虽然在资料上、意义阐释上均存在不足，却开启了革命与会道门关系研究的先河。其后，莱波赛（K. Lieberthal）在 1973 年发表的关于 20 世纪 50 年代天津取缔青洪帮的论文，作者通过文献和口述资料，考察了天津青洪帮的关系网，特别是清洪帮在搬运工人中的影响以及中共在重建搬运业工会过程中与青洪帮的斗争。②1980 年他出版的关于天津的专著则具体研究了镇压反革命运动中的一贯道。③这两项研究可以说是 1980 年以前欧美同类研究中最出色的。

在革命与红枪会、土匪关系的研究上，裴宜理（Elizabeth Perry）留下了令人瞩目的研究成果。1981 年出版的《华北的叛乱者与革命者（1845—1945）》，在对一百年间淮河流域存在的民众叛乱的分析上，把华北民众叛乱分为两个类型："掠夺型的捻军"、"自卫型的红枪会"，探讨了三四十年代中共（新四军）与红枪会的关系。她虽然也认为扎根于农民社会的红枪会本质上有着维护地方利益和拒绝外部势力的倾向，但又指出土匪和红枪会分别出于"掠夺"和"自卫"的战略考虑和中共联手。另一方面，中共在同红枪会、土匪联手的同时，在 20 世纪 40 年代初期基于党内意识形态原则展开了对根据地内秘密结社出身者的清除工作。④裴宜理在分析框架上的贡献是从中共与红枪会等秘密结社的双方把捉秘密结社问题，从而将该问题的研究向前推进了一大步。与裴宜理同时的陈永发在其关于革命的实证研究里涉及红枪会、青帮等，在资料的收集上比裴宜理用力深，对问题的认识没有根本

---

① Lev Deliusin, "The I-kuan Tao Society," in Jean Chesneaux, ed., *Popular Movements and Secret Societies in China, 1840-1850*, Stanford, California: Stanford University Press, 1972, pp. 230-233.

② Kenneth Lieberthal, "The Suppression of Secret Societies in Post-Liberation Tientsin," *The China Quarterly*, April/June, 1973.

③ Kenneth G. Lieberthal, *Revolution and Tradition in Tientsin, 1949-1952*, Stanford: Stanford University Press, 1980, pp. 106-124.

④ Elizabeth Perry, *Rebels and Revolutionaries in North China, 1845-1945*, Stanford: Stanford University Press, 1980, pp. 208-247.

差别。① 关于城市中革命与秘密结社的关系，裴宜理在有关上海罢工的研究中，注意到青洪帮在上海工人中的影响，中共在领导罢工中同青帮曾经结下了脆弱的同盟关系。②

很长一个时期，谢诺在欧美史学界有一定的影响，在以他为代表的研究里，秘密结社的历史就是一部反体制的历史。然而，毕竟秘密结社的叛乱传统不能和革命直接画等号，戴卫斯（F. Davis）借用英国马克思主义历史学家霍布斯鲍姆（E. Hobsbawm）的"原初的造反者"（primitive rebels）概念，创造了"原初的革命者"（primitive revolutionaries）概念，强调三合会、天地会具有初始的民族革命和阶级革命性格。③ 这个尝试过于图式化，因而并不成功。王大为（D. Ownby）批评谢诺等人的研究将秘密结社的概念"激进化"了，认为秘密结社的激进化是因为"谢诺等太热心于将革命的意识注入一切非精英的组织之中"④。王大为这一批评不能说没有道理，但是将秘密结社概念激进化尽皆归罪于谢诺等是不公平的，因为谢诺等人的认识既承继了以往欧美人对中国秘密结社的认识，也反映了当时欧美中国研究的主流看法。⑤

当然，欧美著述里的秘密结社形象并非单面的，针对上述将秘密结社置于中国历史叛乱—革命的连续性里把捉的倾向，有些学者试图将民间秘密教派与兄弟结拜的会党区别开来。1963 年，托普莱（Marjorie Topley）在

---

① Yung-fa Chen, *Making Revolution: The Communist Movement in Eastern and Central China, 1937-1945*, Berkeley: California University Press, 1986, pp. 484-495.

② Elizabeth Perry, *Shanghai on Strike: The Politics of Chinese Labor*, Stanford: Stanford University Press, 1993, pp. 70-87.

③ Eric Hobsbawm, *Primitive Rebels: Studies in Archaic Forms of Social Movement in the 19th and 20th Centuries*, Manchester: University of Manchester Press, 1959. Fei-Ling Davis, *Primitive Revolutionaries of China*, London: Rout Ledge and Kegan Paul, 1971, pp. 176-177.

④ David Ownby, "Introduction: 'Secret Societies' Reconsidered," in David Ownby and Mary Somers Heidhues eds., *"Secret Societies" Reconsidered: Perspectives on the Social History of Modern South China and Southeast Asia*, p. 9.

⑤ Frederick Wakeman, "Rebellion and Revolution: The Study of Popular Movement in Chinese History," *Journal of Asian Studies*, Vol. 36, No. 2, Feb. 1977, pp. 201-237.

论文的注释中对秘密宗教的所谓"秘密性"提出质疑。① 1976年，韩书瑞（Susan Naquin）强调三合会是成员构成极其复杂的模拟血缘的反体制的组织，而白莲教则是由师承关系结成的一般民间教派。② 几乎同时，欧大年（Daniel L. Overmyer）通过对白莲教的研究，否定民间教派有所谓的"秘密性"，认为秘密结社的概念只适用于三合会、天地会等。③ 1981年，欧大年进而提出应该通过各个宗教教派的活动和教义来把握其性格，认为起义（uprising）和叛乱（rebellion）只是这些组织漫长历史上的一个小小的插曲，人们对它们的研究不应被其叛乱的表象所迷惑，应从更广泛的视野中加以观察。④ 1982年，美国的《近代中国》杂志刊载了一组文章，文章涉及秘密结社的内涵及其在中国社会所处的位置。石汉璋（Richard Shek）对将民间宗教教派作为一种前政治的现象（prepolitical phenomena）的研究倾向予以批评，他通过对黄天道的研究，否定了以往关于黄天道具有所谓反体制性格的说法。⑤ 魏乐博（Robert Weller）则在其关于台湾的异端教派的研究中，对民间教派的政治行为作了如下评论：由于灵活性和独立性，这些教派容易为与政府作对之势力所利用，但就民间教派的信仰看，也容易为保守势力所利用。⑥ 这些研究提供了审视秘密教派多样性的视角，但依然没有摆脱从正统—异端二元对立的角度研究秘密结社，并且兄弟结拜的民间结社依然被定位在反体制甚而反社会的位置上。

---

① Marjorie Topley, "The Great Way of Former Heaven: A Group of Chinese Secret Religious Sects," in *Bulletin of the School of Oriental and African Studies*, University of London, Vol. XXVI, Part 2, 1963, p. 388.

② Susan Naquin, *Millenarian Rebellion in China: The Eight Trigrams Uprising of 1813*, New Haven: Yale University Press, 1976, p. 268.

③ Daniel L. Overmyer, *Folk Buddhist Religion: Dissenting Sects in Late Traditional China*, Cambridge, Mass.: Harvard University Press, 1976, pp. 54-62.

④ Daniel L. Overmyer, Alternatives, "Popular Religious Sects in Chinese Society," *Modern China*, Vol. 7, No. 2, April 1981, p. 155.

⑤ Richard Shek, "Millenarianism without Rebellion: The Huangtian Dao in North China," *Modern China*, Vol. 8, No. 3, July 1982, pp. 305-306.

⑥ Robert Weller, "Sectarian Religion and Political Action in China," *Modern China*, Vol. 8, No. 4, October 1982, p. 481.

20世纪80年代后半叶,美国的中国研究兴起了民众文化研究热,民间教派也是其中一个主题。韩书瑞指出不应该从政治运动的角度研究民间宗教教派,应该将这些教派视为不断变化、富有多样性的民众文化的一部分。①无独有偶,这种看法也反映在对非宗教结社的研究上。以穆黛安和王大为为代表的天地会研究者通过对档案史料的研究,对天地会等秘密结社的政治性表示怀疑。在王大为等编著的有关华南和南洋的天地会、三合会和公司的论文集《"秘密结社"再考》里,王大为反对视秘密结社为反体制组织的说法,关注秘密结社历史所具有的国际性。王大为认为异姓结拜、会、秘密结社、公司等是一种文化现象,其复杂的仪式和所持有的政治姿态也仅仅是非精英社会的一个表象。②这一认识可以说标志着西文著述舍弃了以往的秘密结社叙述,有着极其重要的话语转换的意义。王大为本人还著有《兄弟结拜与秘密会党:一种传统的形成》一书,是欧美学者利用20世纪80年代大陆学者整理的档案史料研究秘密结社历史的典型,在该书中作者强调了天地会里的宗教因素以及结社形式与乡村社会的关系。③如果要对王大为的研究吹毛求疵的话,作者将秘密结社定位为非精英社会里的存在同以往几乎所有学者(包括人类学家弗里德曼④)一致无二,而在笔者看来,与其从精英和非精英的分别来观察秘密结社,不如将秘密结社视为中国社会人际关系网络中的一个纽结,在这个纽结上精英和非精英的区别并非历历分明。

最后,似乎值得一书的是荷兰学者田海的研究。王大为认为田海关于天地会的著作是秘密结社、民间教派和民众运动研究中不可忽视的必读书。⑤

---

① Susan Naquin, "The Transmission of White Lotus Sectarianism in Late Imperial China," in David Johnson, Andrew Nathan and Evelyn Rawski, eds., *Popular Culture in Late Imperial China*, Berkeley: University of California Press, 1985, pp. 290-291.

② David Ownby and Mary Somers Heidhues eds., *"Secret Societies," Reconsidered*, pp. 1-2.

③ David Ownby, *Brotherhood and Secret Societies in Early and Mid-Qing China: The Formation of a Traditon*, Stanford: Stanford University Press, 1996.

④ Maurice Freedman, *Chinese Lineage and Society: Fukien and Kwangtung*, London: Athlone Press, 1966.

⑤ David Ownby, Reviewed Work, "Ritual and Mythology of the Chinese Triads: Creating an Identity by Berend J. ter Harr," *Harvard Journal of Asiatic Studies*, Vol. 60, No. 1, June 2000, pp. 324-333.

田海使用传统汉学家的方法来研究民间文化传统，试图重现天地会仪式和神话所依托的文化环境，回答天地会的仪式、暗号到底象征着什么。与一个世纪以前的前辈将天地会和共济会相联系的方法论不同，也与中国学者在围绕天地会起源问题上对会簿进行"影射推求"别异，作者通过对会书的编排和文本分析，意欲从中国民间文化和宗教文化的传统中寻求答案。① 在天地会/秘密结社研究史上，该书的特别之处在于力图淡化秘密结社的政治意义，他一反把天地会反清复明解释为一种政治复仇或种族主义，提出了"恶魔救世的范式"（demonic messianic paradigm），并将天地会所体现的文化传统上推到六朝时代，指出反清复明口号的依据是救世主与朱姓的统一性，而不是对明朝的追念，排满情绪象征着世界末日的到来，而不是基于民族/种族情绪。19世纪初以后，天地会内救世主义蜕化，与此同时，繁杂的仪式的出现乃是要创造一个认同来凝聚会众。另外，他还认为天地会的"替天行道"思想不是反叛性的口号，应理解为天地会想拥有一种权力，这种权力系政治与宗教合一，为社会各阶层所利用。本书使用的研究方法承袭了作者早先出版的《中国历史上的白莲教》一书的方法，后者试图从民间宗教文化传统上解释白莲教现象。② 很显然，田海的研究不仅继袭了欧洲汉学的传统，还从日本中国学中吸取了一些研究成果，既充满启人深思的闪光点，也存在许多值得商榷之处，比如，作者强调不要孤立地解读天地会会簿里的观点，而应该将其置于中国文化和宗教历史的主流（mainstream）中来认识，但是作者所说的中国文化和宗教历史的主流与天地会之间并不是没有任何媒介就可以互相勾连的，在这一点上，由于作者没有考察（有时甚至否定）产生天地会文本的地方性语境，而是从民间文化和宗教的一般特性上来解释天地会，因此其结论有脱离历史情景之嫌。

可以看到，秘密结社一语在西方语境里具有反体制的性格，它一开始就

---

① 参阅 Barend J. ter Haar, *Ritual and Mythology of the Chinese Triads: Creating an Identity*。

② Barend J.ter Haar, *The White Lotus Teaching in Chinese Religious History,* Honolulu: University of Hawai'i Press, 1999.

笼罩在从西方传统中产生出来的共济会的影子里。20世纪60、70年代，特别是20世纪80年代以来，一部分欧美学者为把民间教派和异姓结拜团体从秘密结社这一差异装置中剥离出来，开始从民众文化的角度来把捉秘密结社问题，这种重新定位秘密结社的研究趋势是欧美学者试图以中国为中心重述中国历史努力的一部分，具有重要的学术范式转换的意义。不过，这种将秘密结社"空洞化"的努力与其说消解了秘密结社话语自身的困境，不如说是回避了这一话语所内含的矛盾，没有从根本上改变业已常识化了的秘密结社的反体制、反社会的语义，同时也无法解释从秘密结社中剥离出来的民间教派或异姓结拜组织中所存在的反体制的现象。

三、日本语境里的秘密结社话语

19世纪80年代以降，随着明治日本近代国家的形成，日本步欧美列强之后尘将中国作为其扩张帝国势力的目标。为了解中国的情况，日本政府陆军省、海军省和外务省竞相派遣"调查员"到中国进行实地考察，收集情报。在"调查员"发回日本国内的报告里有不少内容涉及会党和民间教门/教派。对于这些民间结社，报告除了沿用清朝官方文书里的"会匪"、"会党"和"教匪"、"教党"等称呼外，还不分名目类别地将它们统称为"秘密结社"。

对秘密结社进行考察且留下较详细文字的是平山周、宗方小太郎等，他们一身而二任，一方面参与清末排满知识人的革命活动，另一方面还兼做日本外务省的"调查员"。据笔者所知，日语关于中国秘密结社比较可信的最早的叙述是1903年平山周以"まこと生"（makotosei）的笔名发表的《哥老会》一文，该文简单地介绍了哥老会的组织、口号、入会仪式、隐语、暗号等，称哥老会是一种反体制的"秘密会"，其传统可以追溯到汉代。[①] 宗方

[①] まこと生「哥老会」、『黒龍』、第14号、1903年7月1日。大里浩秋根据这篇文章发表于《黑龙》杂志这一事实，推测"まこと生"可能是宫崎滔天或其周边的人（大里浩秋「日本人は秘密

小太郎在作于1907年的《支那的秘密结社》一文里，提及哥老会、白莲教、连庄会、盐枭、安清道友会等多种秘密结社，认为哥老会"其宗旨在反清复明，打倒清朝，恢复明室"。①白莲教虽然不是该文叙述的重点，但宗方将白莲教放在与其他"秘密结社"同一序列里加以观察。在宗方看来，白莲教也具有政治反叛的传统和性质。1911年11月1日出版的《日本及日本人》杂志刊载了一篇题为《支那革命党及秘密结社》的没有作者署名的长文②，次年这篇长文被翻译成汉语以《中国秘密社会史》书名出版（商务印书馆），署名平山周。从该书的内容看，前半部系秘密结社／宗教叛乱史，后半部为反清革命党之历史，这种叛乱—革命框架下的秘密结社叙述影响了后世关于中国秘密结社的叙述。自然包含在秘密结社这一话语装置里的民间教门也被赋予了反叛的色彩。在日本外务省外交史料馆里还保存了其他"调查员"收集的资料，其中最为详细的是名为山口升的委托（"嘱托"）调查员送呈外务省的报告。山口升的调查报告抄袭了平山周的未刊著作③，但夹杂了自己的看法，山口升把哥老会、洪江会、大刀会、小刀会、白莲教、黄天教、马贼、土匪等统称为秘密结社。在题为《关于秘密结社的传说及仪式等》报告里④，他根据会簿叙说了天地会的传说与仪式，还谈到哥老会、江南革命协会等，说明对光复会的革命活动有一定了解。山口升在题为《清国情势及秘密结社》的报告重复了前一个报告里的内容，但叙述比较详细。在序文里，山口升指出：

（接上页）結社をどう見たか」、『現代中国』第62号）；笔者则倾向于"まこと生"是平山周，参见孙江：《〈中国秘密社会史〉的作者、底本与叙事》，《历史研究》2018年第1期。

① 宗方小太郎「支那に於ける秘密結社」、神谷正男编『宗方小太郎文書——近代秘録』（上）、报告第214号、1907年9月28日、原書房、1975年、第187頁。

② 平山周「支那革命党及秘密結社」、原載『日本及日本人』第569号、1911年11月1日。長陵書林再版、1980年、第49頁。

③ 参见孙江：《〈中国秘密社会史〉的作者、底本与叙事》，《历史研究》2018年第1期。

④ 山口昇「清国秘密結社ニ関スル伝説及儀式等」（明治四十三年十月）、『各国内政関係雑纂・支那の部・革命党関係（亡命者を含む）』（明治四十四年五月—十月）。

三合会、哥老会等大秘密结社现在业已烟消云散，不仅昔日的影响力不再，下层民众中仅有一部分人承认其势力。这些结社改变了旧有的名称，失去了主义，绝大多数聚集无赖游手好闲之徒，进行赌博抢劫窃盗活动，耽于酒色。……哥老会中，虽有标榜革命者，但人数极少，与孙逸仙一派是否有瓜葛，实在值得怀疑，大部分成员都是迷信的或无赖之徒的小结合。①

　　何以秘密结社如此之多呢？山口升举出了若干原因，其中之一为"宗教上的迷信，各种秘密结社在兴起时，一般总有不少结社利用宗教迷信，诱惑愚民，风靡一时，其中最具代表的例子是洪秀全在发动太平天国时，自称信奉上帝教，刊行《直言宝话》（原文如此。——引者）等书籍吸引人，最后酿成长达二十年、蔓延十六行省的大乱"。"就三合会、哥老会等起源来看，如果了解了其传说故事，可以知道均源自宗教，而且，其会中的仪式习惯皆与宗教有关，实际上用以维系结社、吸引民心的唯一利器就是迷信。其中在直隶、山东、河南等华北地区，起因于此等宗教性教义迷信的秘密结社不在少数。例如，河南有回教，蔓延于华北一带的白莲教、红灯会及义和拳匪皆以宗教上之迷信为基础而兴起。近来天津在礼会（在理教。——引者）以'正心修身'四大文字为教义，不吸烟、不饮酒，严守戒律，与其他秘密结社旨趣稍异，然无疑亦为一种秘密结社。其他如东三省的黄天教、河南的臬荻教、在圆教、弥陀会，安徽的插香会、神拳会，四川的教党、大贯顶会等，都应该直接从宗教上寻找其由以产生的原因。"②山口升上述议论的要点在于注意到宗教或迷信在秘密结社中的作用。同为调查员有西本省三则持截然相反的观点，他在《江苏安徽两地方会匪视察报告》里，叙述了江苏、安徽两地被称为"会匪"的哥老会、盐枭等秘密结社，认为这些民间结社虽然

---

① 山口升「清国情勢及秘密結社」、『各国内政関係雑纂・支那の部・革命党関係（亡命者を含む）』（明治四十四年五月—十月）。

② 山口升「清国ニ於ケル秘密結社」、同上。

被称作秘密结社,但"没有主义,没有理想,(关心的)只有经济问题"①。

从上述三个调查报告看,在20世纪初的明治末期,日本人已经开始从"反叛—革命"的角度叙述秘密结社,这反映了和反清排满革命党过从甚密的日本人对秘密结社的主观期待,并木赖寿指出:"他们怀疑清朝承担改革的能力,发现中国各地存在的会党势力有推动社会变化的可能性。"②似可说,来华日本人意欲改变中国政治的意图或多或少对其秘密结社认识产生了影响。

在中华民国时期,秘密结社一语逐渐成为日本中国研究著述中的专门术语,秘密结社一语的内涵还扩大到民国新出现的宗教结社和红枪会等武装结社。③20世纪20年代具有代表性的研究是长野朗的《支那的社会组织》一书。作者对于秘密结社的看法是,"支那(原文如此,以下同)秘密结社的形式不是单一的,有宗教色彩的、政治色彩的、匪徒色彩的和劳动组合(工会)形式的等"④,可以将它们分成两个类型:

第一,白莲教、红枪会性质的宗教结社。从这类结社和既有体制的关系看,经历了"援助朝廷时代"、"反抗朝廷时代"、"排外时代"和"自卫团体时代"。

第二,包括三合会、哥老会、青红帮等在内的"匪徒性的秘密结社","有时带有政治的意味,但这不是它们的真正面目,或许可以说只有被野心家利用的时候,其劫富济贫的本来面目(才得以显现)"⑤。

长野的议论缺乏严密的论证,不过与同时代大多数日本人的叙述相比,

---

① 西本省三「江蘇安徽両地方会匪視察報告」、日本外務省外交資料館藏『各国内政関係雜集・支那之部・革命党関係・革命党ノ動静探査員派遣』。
② 並木賴寿「明治訪華日本人の会党への関心について」、神奈川大学人文学研究所編『秘密社会と国家』、勁草書房、1995年、第181頁。
③ 例如宮原民平『支那の秘密結社』(東洋研究会、1924年)、馬場春吉『支那の秘密結社』(東亞研究会、1943年)等。
④ 長野朗『支那の社会組織』、行地社、1926年、第53頁。
⑤ 長野朗『支那の社会組織』、第161—162頁、第183頁。

由于是建立在个人直接观察基础上的，有一定的参考意义。① 长野在1927年国共合作破裂后指出：

> 在江西，共产党成功地同土匪、溃兵结合起来，以江西西部为主扬威各地，……东部原本平静，但是由于掌握了大量的溃兵武装，在土匪盛行之区，共产党得以与之联手。②

1930年，日本研究者田中忠夫在其关于中国农民运动的研究中触及中国共产党与国民党利用红枪会问题。田中在译介1926年9月中共第四届第四次中央扩大执行委员会关于红枪会决议后指出：

> 现在国民党和共产党都想利用红枪会，但是如果不能真正做到尊重河南民众的利益的话，反过来会被红枪会所利用。……将来能够指导红枪会的是国民党呢？抑或是共产党呢？吾等在观察北方军事、社会和政治时，不能忽视这一大势力。③

田中和长野的研究没有触及中共与红枪会、土匪关系的具体情况，但是二人对农民、失业农民和流氓无产者中所存在的秘密结社和革命之关系的关注，为后来的研究所承继。

以九一八事变为契机，日本不断扩大对中国的侵略，为了维持占领区的"治安"，如何将秘密结社纳入殖民支配秩序里并使之成为维护殖民秩序的一部分成为侵略当局面临的课题。1931年，橘朴在《满洲评论》上发表

---

① 长野朗1924年出版的『支那の土匪と軍隊』一书对当时被称为"邪教"的华北的红枪会、大刀会表达了同情的态度，并把这些民间结社称为"宗教团体"（『支那の土匪と軍隊』、燕塵社、1924年、第107—121页）。1931年，长野论及红枪会历史，将红枪会的历史上溯到宋代的白莲教，参见『土匪・軍隊・紅槍会』、支那問題研究所、1931年、第237页。

② 長野朗『土匪・軍隊・紅槍会』、第139页。

③ 田中忠夫『革命支那農村の実証的研究』、衆人社、1930年、第249页。

了文章《土匪与流氓》，指出"问题是如何巧妙地消解其反社会的性质，能否通过组织和训练使之站在统治者的一方，并成为在农村和城市与左翼势力对抗的力量"①。在这里，橘朴将秘密结社定位为反社会的民间组织，这与他20年代肯定长江下游现代工厂里的青帮的态度截然相反。②橘朴作为伪满州国"王道主义"倡导者，他对秘密结社前后不一致的看法反映了其政治立场的变化。同年，由橘朴作序的末光高义撰述的《支那秘密结社与慈善结社》出版。在关东厅警务局任职的末光从1923年开始收集秘密结社方面的资料，这本书堪称自平山周《中国秘密社会史》之后最重要的日文秘密结社著作，在书中，作者把青洪帮、在家裡（青帮）、红枪会、大刀会、万国道德会等均称为秘密结社。③九一八事变后，末光认为在未来的伪满政权里应该有秘密结社的一席之地。与末光对秘密结社的政治作用予以积极评价不同，日本侵华当局对秘密结社采取的对策因地因时而不尽一致，但对秘密结社持否定的看法始终占主流。例如，时任上海思想文化研究所所长的小谷冠樱把青洪帮视为"一种惰性的存在"④。兴亚院华北连络部的一份调查报告则得出如下结论：

> 对自清末到民国的大多数秘密结社的调查表明，徒党众多且长期流传的是青红帮、红枪会、大刀会、蓝衣社，它们以往的秘密行为实堪忧虑。如果不能找到消灭之法的话，它们会象杂草一样生长，给社会造成诸多不安影响。⑤

---

① 橘樸「土匪とギャング」、『満洲評論』第2巻第19号、1932年5月14日、第90頁。
② 三谷孝「戦前期日本の中国秘密結社についての調査」、平成7〜9年度科学研究費補助金研究成果報告書『戦前期中国実態調査資料の総合的研究』〈研究代表者：本庄比佐子〉、1998年4月、第103頁。
③ 末光高義『支那の秘密結社と慈善結社』、満洲評論社、1932年。
④ 小谷冠桜『支那の秘密結社——青幇、紅幇に就て』、上海青年団本部、1941年。
⑤ 「支那に於ける秘密結社」（華北連絡部、1941年11月）、興亜院政務部『調査月報』第3巻第2号、1942年2月、第42頁。

战前日本的中国秘密结社的调查和研究是以日本支配中国为政治背景的，研究者自身的政治立场也反映在对中国社会和秘密结社的认识上。尾崎秀实在《现代支那论》里的一段话可以引为代表，他说：

> 区分支那历史时期，可以看到从历史的一个阶段向另一个阶段过渡时，扮演重要作用的农民抗争和暴动大体上是以秘密结社为基础的在政治上不断扩展和兴盛的运动，因此秘密结社的发生及其存续的根据和支那社会的落后所具有的关联是毋庸置疑的。①

西顺藏在1943年5月由国民精神文化研究所出版的《满州国的宗教问题》一书里，在批判民间宗教结社的排他性、封闭性以及因反抗官府而变为秘密结社后指出："赋予一定的秘密性后，就会变为秘密结社。而且，当结社的核心宗教具有巫术性、秘密性时，这种秘密性便会得到强化。"② 他接着继续写道："宗教结社仅因其秘密封闭性，就已经可以视其为无视国家权力的组织，甚而可以说具有危险性。"③ 当然，应该指出，战时日本的秘密结社认识并非铁板一块，没有任何差异。饭冢浩二不是秘密结社的研究者，但他批评末光高义《支那秘密结社与慈善结社》有关秘密结社的负面叙述，认为"结社本来的目的并不在于此，仅仅关注其成员是在受到弹压后而不得不匪化的一面是错误的"④。

综合战前和战时日本的秘密结社叙述，可以说日本人的秘密结社话语和日本近代国家利益始终是纠缠在一起的，它不单单是在中国这方殖民空间里产生出来的，还和日本近代国家的利害密切关联。在把捉中国秘密结社问题时，自然把日本国内所面临的"类似宗教"、"邪教"、"迷信"等投射到对

---

① 尾崎秀実『現代支那論』、『尾崎秀実著作集』第二巻、勁草書房、1977年、第237—238頁。
② 西順蔵『満州国の宗教問題』、国民精神文化研究所、1943年5月、第45—46頁。
③ 西順蔵『満州国の宗教問題』、国民精神文化研究所、1943年5月、第50頁。
④ 飯塚浩二『満蒙紀行』、筑摩書房、1972年、第48頁。

秘密结社的认识上。

　　第二次世界大战后，由于革命后中国的巨大变化和战后日本社会的意识形态的对立，日本的中国秘密结社的历史叙述出现了多样化的趋势。在半个多世纪里，日本学界积累了大量的研究成果，在宗教结社和会党、帮会两方面，关于前者的研究成果甚多①，对后者进行的研究则有渡边惇等为数不多的研究者②，酒井忠夫的研究则涵盖了宗教结社和帮会两个方面。③ 作为横跨战时和战后两个时代的研究者，酒井在日本侵华战争末期，曾以外务省东亚研究所调查员身份到中国调查秘密结社，在上海迎来了日本的战败投降。在中国的调查和经验为酒井日后的研究提供了坚实的基础，他认为上海青红帮"（大多数成员）很少进行一般所说的反社会活动，恰恰相反，显示出构成历史上中国社会积极的、健全的主体意识的形象"④。酒井在1944年编纂的《近代支那宗教结社研究》把民间结社分为"宗教结社"和"宗教性秘密结社"，前者指救世新教、悟善社、道院红卍字会等，后者指红枪会、青帮、红帮等。⑤ 如果撇开具体研究而概观战后日本的秘密结社叙述的话，似乎可以说日本关于秘密结社的叙述是在三个不同语境里展开的。

　　在国家—社会二元对立关系下对秘密结社的叙述是日本学界的主流，这类研究的特点是视秘密结社为国家与社会对立的产物，并且秘密结社的存

---

①　相关研究参阅青年中国研究者会议编『中国民衆反乱の世界』、汲古書院、1974年。同『続中国民衆反乱の世界』、汲古書院、1983年。相田洋『中国中世の民衆文化』、中国書店、1994年。野口鉄郎『明代白蓮教史の研究』、雄山閣、1986年。浅井紀『明清時代民間宗教結社の研究』、研文出版、1990年。

②　渡辺惇「清末長江下流域における青幇・私塩集団の動向——私塩流通との関係を中心に」、『歴史における民衆と文化——酒井忠夫古稀祝賀論集』、国書刊行会、1982年。同「近代中国における秘密結社——青幇・紅幇」、九州大学文学部東洋史学研究室編『元明清期における国家支配と民衆像の再検討』、1983年。同「近代中国における秘密結社——青幇・紅幇」、『中国近現代史論集——菊池貴晴先生追悼論集』、汲古書院、1985年。

③　酒井忠夫『中国幇会史の研究・青幇篇』（酒井忠夫著作集4、国書刊行会、1997年）、『中国幇会史の研究・紅幇篇』（酒井忠夫著作集3、国書刊行会、1998年）。

④　酒井忠夫『中国民衆と秘密結社』、吉川弘文館、1992年、第2頁。

⑤　酒井忠夫『近代支那に於ける宗教結社の研究』、東亜研究所、1944年9月、第1頁。

在和行动加深了国家与社会的对立关系。1952年出版的铃木中正《清朝中期史》是一本重要的学术著作,对于所谓宗教叛乱,铃木一方面认为"具有政治和宗教目的特定教派不间断地存续着,而民众反乱便是由这样的教派领导和发动的,这种看法是错误的";另一方面他又认为宗教叛乱除了政治社会的原因之外,与宗教结社的异端性格不无关系。① 结果铃木关于宗教教派的研究陷入到一个亦此亦彼的矛盾之中。为了克服上述矛盾,小林一美在其关于宗教教派的研究中提出了"结构上的边缘人"(原文"構造的負者")的概念,他从宗教结社的异端思想和社会"结构上的边缘人"相结合的角度探讨白莲教、义和团的性格及其反乱的原因。② 在20世纪90年代的一篇论文里,小林甚至将秘密结社与国家权力完全对立起来,"在这种秘密的前提下,正统和异端,主流和反主流,中心和边缘,贵族和平民,有钱人和贫困者,他们之间互相敌对抗争并一决雌雄"③。"在专制统治下的世界帝国,中国民众通过秘密结社创造社会与政治对抗"④。这种方法至今仍然有着很大的影响力,为众多的学者所沿用。但是,小林的叙述不但在方法论上没有摆脱国家—社会二元对立的架构,看似弥补了铃木中正研究的缺陷,实际上离开了秘密结社的历史形态,创造了理念上的秘密结社。

在日本,同国家—社会二元对立关系下的叙述呈一体两面关系的是"革命"视野下的秘密结社叙述。在战后日本社会意识形态对立下,从近代革命运动角度叙述秘密结社是肯定中国革命的研究者所共有的问题取向,出版了一些有影响的研究成果,如小岛晋治的太平天国⑤、里井彦七郎反基督教

---

① 铃木中正『清朝中期史研究』、愛知大学国際問題研究所、1952年、第122頁。
② 小林一美「構造的負者の反乱」、『歴史学の再建に向けて』4、1979年。
③ 小林一美「中華帝国と秘密社会 —— 中国にはなぜ多種多様の宗教結社が成長、発展したか」、前掲『秘密社会と国家』、第59—60頁。
④ 小林一美「中華帝国と秘密社会 —— 中国にはなぜ多種多様の宗教結社が成長、発展したか」、第84頁。
⑤ 小岛晋治『太平天国革命の歴史と思想』、研文出版、1978年。

思潮①、佐藤公彦的义和团②、西川正夫辛亥革命时期四川哥老会③，等等。同一时期，可以与欧美探讨革命与秘密结社关系的研究相比较的是三谷孝和马场毅的研究。中共与红枪会的关系是日本学界长期关注的热点，研究成果亦多，研究者大多立足于农民的保守性来强调红枪会的排他性，认为这是中共红枪会工作不断遭遇失败的根源所在。1973 年，三谷孝在题为《国民革命中的中国共产党与红枪会》的长文中批判波兰学者斯拉文斯基的研究时写道："斯拉文斯基虽然揭示了中共在组织动员以结社为归属的阶级的农民运动所遭遇的困难（枪会的中央集权主义、秘密主义、地方感情等），同时又自相矛盾地声称河南省农民协会的创设受惠于红枪会。对于中共如何对付困难、获得支持的具体工作过程不加考虑，只是没有批判地认可表面上加入农民协会人数增加的事相。"④ 三谷的批判无疑是正确的，但是他自己的研究也存在同样的问题。在同一篇论文里，三谷也只是罗列了中共关于红枪会的决议，对于中共在河南南部"光蛋会"工作的成功未加具体说明。三谷 1978 年发表的论文在涉及河南省北部天门会与中共关系上也存在同样的问题。⑤ 由于过分强调红枪会的"自卫"与"排他"特性，三谷的研究忽视了地域政治力学在红枪会政治选择中的作用。⑥ 在日本学界，和三谷齐名的学者马场毅研究山东、河南两省的红枪会。1981 年，马场在《中共与红枪会》一文里将分析的对象限定在中共红枪会政策上⑦，而在其后有关山东阳谷县暴动中

---

① 里井彦七郎『近代中国における民衆運動とその思想』、東京大学出版会、1972 年。

② 佐藤公彦「初期義和団運動の諸相——教会活動と大刀会」、『史潮』新 11 号、1982 年。

③ 西川正夫「辛亥革命と民衆運動——四川保路運動と哥老会」、野沢豊、田中正俊編『講座中国近現代史』3、東京大学出版会、1978 年。

④ 三谷孝「国民革命時期における中国共産党と紅槍会」、『一橋論叢』第 60 巻第 5 号、1973 年、第 432—433 頁。

⑤ 三谷孝「伝統的農民の闘争の新展開」、野沢豊、田中正俊編『講座中国近現代史』5、東京大学出版会、1978 年、第 135—137 頁。

⑥ 参阅拙作「日中戦争期における華北地域の紅槍会」、『東洋学報』第 82 巻第 3 号、2000 年 12 月。

⑦ 馬場毅「中共と山東紅槍会」、『中嶋敏先生古稀記念論集』（下巻）、汲古書院、1981 年。

中共与红枪会、土匪关系的研究开始转向具体个案①，这也反映在其关于抗战时期中共与山东红枪会的研究里。②

就整体而言，在革命构架下把握秘密结社的方法强化了秘密结社反体制的形象，同在国家—社会二元对立关系下叙述秘密结社一样，最终给秘密结社赋予了非其所应有的特色。20世纪80年代后，日本的中国明清史研究者开启了"地域社会论"新潮流，地域社会研究的方法也波及秘密结社的研究上，堪称对上述"宗教叛乱"和"革命"叙述下的秘密结社研究的反动。比较而言，并木赖寿在对捻军的研究中较早注意到地方精英在社会秩序重建中的作用。③ 小岛晋治、佐藤公彦等强调从民众文化和地域社会内部来探讨与秘密结社相关的诸问题。④ 从地域社会角度研究秘密结社具代表性的学者是武内房司、山田贤和菊池秀明，这三位学者的共同特点是从"边缘"研究中国社会。武内通过考察西南少数民族接受汉族民间教派并利用之进行反抗的过程，展示了民间教派鲜为人知的另一面⑤；山田则从四川移民社会形成的角度，考察了白莲教的成因⑥；菊池从广西移民社会的角度研究太平天国的性格⑦。这些研究均将秘密结社置于特定的"场"——地域来考究其反乱，课题不一定全新，视角却逸出了既往在国家—社会二元对立下的秘密结社叙

---

① 馬場毅「陽穀県坡里荘暴動について——続中共と山東紅槍会」、『中国近現代史の諸問題——田中正美先生退官記念論集』、国書刊行会、1984年。

② 馬場毅「山東抗日根拠地と紅槍会」、『中国研究月報』1994年3月号。上述马场毅的论文均收入『近代中国華北民衆と紅槍会』、汲古書院、2001年。

③ 並木賴寿「著名の匪を撫す——挙人朱鳳鳴の捻軍招撫論について」、『淘沫集』3、1981年12月。

④ 小島晋治『太平天国運動と現代中国』、研文出版、1993年。佐藤公彦「華北農村社会と義和拳運動——梨園屯村の反教会闘争」、東京外国語大学アジア・アフリカ言語文化研究所編『アジア・アフリカ言語文化研究』第45号、1993年。关于佐藤研究的全貌，参阅『義和団の起源とその運動』、研文出版、1999年。

⑤ 武内房司「清代プイ族の社会変容——嘉慶王囊仙反乱をめぐる一考察」、『季刊中国研究』第4号、1986年。「清末苗族反乱と青蓮教」、『海南史学』第26号、1988年。「『明王出世』考——中国のメシアニズムの伝統」、『老百姓の世界』第7号、1991年。

⑥ 山田賢『移住民の秩序——清代四川地域社会史研究』、名古屋大学出版会、1995年。

⑦ 菊池秀明『広西移民社会と太平天国』(本文篇)、風響社、1998年。

述，从而最终淡化了秘密结社的反体制、反社会的色彩。另一方面，过度偏向从地域社会研究秘密结社会产生漠视政治权力的问题，这在山田的研究上表现得最突出，菊池就批评山田在其地域社会研究中，"过于淡化王朝国家政治权力的作用"①。确实，山田虽然批评铃木、小林的研究将白莲教的叛乱描绘成秩序外的势力反抗秩序，强调应当在四川移民社会的内部寻找叛乱的原因，但在他的研究里，人们看不到移民社会内部支配—被支配。换言之，看不到国家权力的影响。山田的研究没有消解国家—社会二元对立的方法给秘密结社研究带来的困境，在淡化秘密结社的反体制、反社会的色彩的同时低估了中国政治权力的整合能力。可以说，这种有着后结构方法论背景的地域社会论在对中国社会的认识上回到了战前东洋史的老路上，所不同的是战前的东洋史学是将中国社会视为具有同一性的整体，而战后的地域社会论则强调中国社会内部的差异性。②

总之，战后日本关于中国秘密结社的叙述呈现出多样性的色彩，正如该术语在日语里所具有的贬义一样，尽管存在多样性的叙述，中国历史上的秘密结社仍然被定位在反体制甚而反社会的层面上，和欧美学界一样，很容易导致把历史上的秘密结社和现实中的黑社会等而视之。地域社会研究为秘密结社研究展示了新的方向，但至今还很少有人从这方面进行具体的研究。

四、中国语境里的秘密结社话语

中文"秘密社会"一语较之英文 secret society 和日文"秘密结社"出现略晚，因而欧美中国学界一直认为中文"秘密社会"是从日文输入的。③ 在

---

① 菊池秀明『広西移民社会と太平天国』（本文篇）、第33—34頁。
② 山本英史編『伝統中国の地域像』、慶応義塾大学出版会、2000年。
③ Jean Chesneaux, *Secret Societies in China in the Nineteenth and Twentieth Centuries*, p.3. Daniel L. Overmyer, *Folk Buddhist Religion: Dissenting Sects in Late Traditional China*, p.199. Dian H. Murray, *The Origins of the Tiandihui: The Chinese Triads in Legend and History*, pp.89-90.

笔者看来，二者之间的关系并没有那么单纯，因为日文一般使用"秘密结社"，很少使用"秘密社会"。"结社"一词古汉语里也有，《宋会要辑稿》有"结集社会"一语，这里的"社会"不是整词，是前文"结集"的宾语，"结社集会"之意。近代意义上的"社会"一词虽然是从日本传入的，但"秘密社会"却很可能是中国人所创。目前可以断定的是，最早使用"秘密社会"一语的是欧榘甲。1901年，欧榘甲在日本发表了《新广东》，文中将兄弟结拜的会党和民间教门统称为"秘密社会"和"私会"，并且将其定位为反体制的民间组织。① 1905年，孙中山在海外致公堂改组之际起草的《致公堂重订新章要义》里有"秘密社会因之日盛"语。② 1912年，平山周的《支那革命党及秘密结社》被翻译成汉文《中国秘密社会史》，由商务印书馆出版，从此，"秘密社会"一语成为现代汉语中的固定名词。1924—1925年国民革命时期的广东农民运动讲习所（第五次）的讲义包含"中国秘密社会简史"。③ 1935年，历史学家萧一山编辑的天地会资料集《近代秘密社会史料》出版。④ 从清末到中华人民共和国成立为止，中国出版了大量有关秘密结社的书籍，作者既有身为秘密结社成员者，也有研究秘密结社的学者，有关秘密结社的叙述反映了不同时期、不同政治势力的看法，那么在以往的中文秘密结社著述中，秘密结社被赋予了怎样的内涵呢？

首先，在民族主义叙述中秘密结社被描绘为民族革命的承担者。欧榘甲在《新广东》一文中强调要以"省自治"的方式，把秘密结社纳入地域性的反满斗争中。《新广东》引起清末留日革命者的关注，产生了一定的影响。与欧榘甲不同的是，陶成章则是在儒家"革命"（造反）的叙述中，赋予秘

---

① 欧榘甲：《新广东》，张枬、王忍之编：《辛亥革命前十年间时论选集》第一卷上册，北京：生活·读书·新知三联书店，1960年。
② 孙中山：《致公堂重订新章要义》（1905年2月4日），《孙中山全集》第一卷，北京：中华书局，1981年，第259页。
③ 《第一次国内革命战争时期的农民运动资料》，北京：人民出版社，1983年，第77页。
④ 萧一山：《近代秘密社会史料》，北平：北平研究院，1935年。

密结社革命特性。① 在不同的革命战略里，秘密结社话语显示了不同的力量。辛亥革命时期秘密结社民族主义言说的创出虽然有一定的历史传说为依据，但根本上还是近代民族国家要求的反映，排满革命者通过地域的和儒家的言说巧妙地把"革命"和秘密结社整合在同一政治语境中。②

辛亥革命的成功标志着秘密结社在民族革命中的意义的终结。在独立的各省中，许多新成立的军政府发出了取缔秘密结社的命令，取缔秘密结社的文告均强调清廷业已被打倒，汉人的统治已经恢复，因而秘密结社的使命也告终结。1913年3月，宋教仁被暗杀事件发生后，以孙中山为首的革命党重新关注秘密结社，试图将秘密结社引向反袁政治斗争的方向上。1914年7月，中华革命党在东京成立，在同年末发布的《各埠洪门改组为中华革命党支部通告》中，孙中山提出了如下观点：种族＝民族革命已经结束，政治革命随之开始；海外洪门应该顺应时世的变化，改变自己；改变的方法是整个组织加入中华革命党。③ 可以看到，出于反对袁世凯北京政府的需要，孙中山在秘密结社的民族主义使命终结后试图赋予其新的政治革命的意味。

1931年9月，日本关东军挑起九一八事变后，出于抗日民族主义的现实需要，有关秘密结社"反清复明"的言说再度为世人所关注。历史学家萧一山和罗尔纲肯定和赞扬了秘密结社天地会具有反对异族入侵的民族主义传统。萧一山根据其《近代秘密社会史料》收录的19世纪中叶的天地会文书，强调天地会起源于"反清复明"。萧在序文里写道："今国势之危，过于甲申……即如昆山之亮节，高溪之传统，亦未必有人，焉能奉一瓣香，以虔祝之也。愧为今人，勉效古人。"④ 高溪是天地会会书记载会众高举"反清复明"的首义之地，萧一山引用这个故事乃是要唤起国人奋起抵抗日本对中国

---

① 陶成章：《龙华会章程》，汤志钧编：《陶成章集》，北京：中华书局，1986年。
② 孙江「辛亥革命期における『革命』と秘密結社」、『中国研究月報』第55巻第11号、2001年11月。
③ 孙中山：《各埠洪门改组为中华革命党支部公告》(1914.11)，《孙中山全集》第3卷，北京：中华书局，1981年，第140—141页。
④ 萧一山：《近代秘密社会史料》，北平：北平研究院，1935年，"自序"。

的侵略。罗尔纲在 1943 年出版了《天地会文献录》一书，在把天地会定位为"反清复明"的民族主义团体上，他和萧一山的观点是一致的。[①] 罗尔纲发表的关于天地会及其天地会和《水浒传》关系的文章都带有隐喻现实的意味，罗尔纲指出，明亡前后知识分子把《水浒传》作为"流寇"和"英雄忠义"的象征，通过秘密结社，把恢复明朝、驱除异族的梦想寄托在江湖英雄的身上。[②]

在民族主义的语境里展开秘密结社叙述也体现在同一时期秘密结社成员自身的著述中。陈国屏的《清门考源》1933 年初版，1939 年再版，作者在初版《自序》里称一部青帮的历史就是重道义和相互扶助的历史。[③] 在 1939 年再版《自序》里，作者把青帮的起源上溯到天地会，声称青帮的三位"先祖"翁、钱、潘三人都是天地会成员，青帮从设立之初到辛亥革命一以贯之地抵抗清朝统治，"清门原本就是民族革命的组织"[④]。从两个自序内容的差异不难看到，抗日战争全面爆发后民族主义思潮对秘密结社叙述的影响。1940 年刘联珂的《中国帮会三百年革命史》出版，作者是著名的洪帮人物刘克斌、杨庆山弟子。该书由杜月笙、张子廉、汪禹丞等青帮、洪帮名人题字或作序，汪禹丞称"洪门会数百年的历史就是民族革命的历史"；张子廉则把白莲教、天理教、八卦教以及近代的义和团、红灯照等民间秘密宗教定位于孙中山推动的反清革命、蒋介石领导的抗日战争的"民族斗争"上。[⑤]

历史记忆在现实政治斗争的需要下复活的同时，也在被重塑乃至改窜，与上述叙述相反，在日军占领的地区出现了甘当傀儡的秘密结社。为了使自己的政治行为正当化，从东北、华北、华中到华南，一些秘密结社成员对秘密结社的历史重新作了解释。如伪满洲国成立后，1934 年 4 月青帮（在家

---

① 罗尔纲：《天地会文献录》，南京：正中书局，1943 年。
② 《〈水浒传〉与天地会》，《大公报》1934 年 11 月 26 日。《明亡后汉族的自觉和秘密结社》，《益世报》1935 年 4 月 30 日。
③ 陈国屏：《清门考源》，上海：联谊出版社，1946 年；香港：远东图书公司，1965 年，"自序"。
④ 陈国屏：《清门考源》，上海：联谊出版社，1946 年，再版"自序"。
⑤ 刘联珂：《中国帮会三百年革命史》，澳门：澳门留园出版社，1940 年。

裡）总代表冯谏民在"大满州国正义团本部"成立大会上说："我们满州国执政（即溥仪。——引者）正是我等家裡的旧主人。对满州国的忠勤正是安清家裡的根本精神所在。"①1940年李子峰编纂《海底》一书，在序文里称洪门的根本思想有两个，即"替天行道"、"行侠仗义"等不变的思想和"反清复明"等随时代而变的思想，后者在1940年以后已由"反清复明"变为"兴亚反英"和"和平建国"。②

与民族主义语境里的叙述不同，在建设近代民族国家的过程中，近代主义者将秘密结社描绘成迷信落后的反近代的存在。五四运动时期，秘密结社连同佛教、道教、基督教等都被视为非科学的迷信，这是常为论者所提及的思想史问题，这种思想后来如何反映在国民党和共产党所进行的一系列的政治运动之中的却每每被人忽视。在国民革命时期，国共两党虽然对秘密结社在革命战略中的位置有不同的表述，但在将秘密结社视为非近代的存在上的立场是一致的，国民党和共产党为了实现各自的政治目标，分别对秘密结社进行过弹压。1929—1930年间，南京国民政府发动的反迷信运动是典型的一例。所谓迷信，包含宗教、民间教派和信仰等，为反迷信运动鼓与呼的张振之在《革命与宗教》一书中将红枪会、神兵、大刀会、小刀会、无极会和同善社等统统称为"神怪妖邪"。③虽然这场反迷信运动是国民党政权试图将其近代权力渗透到基层的失败尝试，但自始至终国民党政权没有承认过民间教派及其信仰的合法性。④抗日战争时期，傅况麟主编的《四川哥老会改善之商榷》反映了重庆国民政府试图改造哥老会的构想。⑤

与国民党的政策相比，共产党在革命/反革命话语里演绎的动员—镇压

---

① 末光高峯「青幇の在家裡が満州に政治の活動を始めた」、『満洲評論』第5卷第1号、1943年7月1日、第12頁。
② 李子峰：《海底》，澳门：澳门兴华印物公司，出版年代不明，"编辑本书之十大要旨"。
③ 张振之：《革命与宗教》，上海：民智书局，1929年。
④ 拙文「戦後権力再建における中国国民党と幇会」(1)(2)、『愛知大学国際問題研究所紀要』第114号、2000年12月。第116号、2001年9月。
⑤ 傅况麟主编：《四川哥老会改善之商榷》，四川地方实际问题研究会丛刊之三，1940年5月。

秘密结社的变奏有效地发挥了作用。为了将尽可能多的大众和民间组织吸收到统一战线的革命战略里，在革命斗争中必须展开动员秘密结社的工作，然而，当秘密结社内化为革命内部的问题时，对秘密结社的改造及镇压便提到日程上来了。中华人民共和国成立后，经过镇压反动会道门运动等，各种秘密结社组织从历史舞台的表层消失了。

中华人民共和国成立后，很长一个时期学界存在着互相矛盾的秘密结社叙述，即在阶级话语里有时秘密结社被描述为下层阶级从事生活互助和政治反抗的组织，有时秘密结社被视为统治阶级的工具。[①] 20 世纪 80 年代以来，秘密会党、帮会的研究成为中国学界的一个热点，出版了大量的论著。[②] 在民间教门的研究上，形成了不同的研究取向，有的继袭了李世瑜在《现在华北秘密宗教》的研究风格，注重对教派源流的考察和经卷的阐释，有的则聚焦秘密结社的反抗运动和"反动"活动。[③] 这里不拟对这些研究做详细的评论，仅从学术史的流变上，将其中存在的问题归为两点略述于下：

第一，线形的叙述。存在将秘密结社概念单一化的现象，把历史上思想信仰、组织规范及政治态度根本不同的结社统统纳入"大写"的秘密结社这一差异话语装置里，然后按照编年对其进行爬梳。这本来是一种典型的近代主义的叙述方式，作为一种叙述自有其学术意义。但是，在当今众多的秘密结社著述里，由于历史和现实的界限、事实和观念的分别暧昧模糊，这种叙述所带来的弊端已经把秘密结社乃至中国历史妖魔化了。正如前文引述过的田海评论，"三合会的名字几乎成为有组织的中国人犯罪的同义语"。同样，在中国人笔下的历史上秘密结社几乎成为所有当代有组织犯罪的同义语。

第二，真实性的争论。关于 20 世纪后半叶的秘密结社研究，最引人瞩

---

① 魏建猷：《中国会党史论著汇要》，天津：南开大学出版社，1985 年。
② 最具代表的著作，参见周育民、邵雍：《中国帮会史》，上海：上海人民出版社，1993 年。
③ 李世瑜：《现在华北秘密宗教》，华西联合大学中国文化研究所、四川大学史学系，1948 年。喻松青：《明清白莲教研究》，成都：四川人民出版社，1987 年。马西沙、韩秉方：《中国民间宗教史》，上海：上海人民出版社，1992 年。邵雍：《中国会道门》，上海：上海人民出版社，1997 年。

目的堪称围绕天地会起源的研究。长期以来，有关天地会的叙述是建立在会书记载即天地会方面的"自述"基础上的，而"自述人"是谁，叙述在多大程度上反映了事实，似乎并不十分清楚。蔡少卿 1964 年发表的《关于天地会的起源问题》一文打破了这一局面，认为天地会自述不等于天地会历史，他以清朝档案为依据探讨天地会起源，否定了天地会会书里自述的"反清复明"故事，将天地会定位为民众"互相扶助"的组织。① 这篇论文在历经"文化大革命"的沉寂后，于 20 世纪 80 年代引起了一场大争论，形成了各执一词、针锋相对的观点：一个是以秦宝琦为代表的"互相扶助"说②，另一个是以赫治清③、胡珠生④为代表的"反清复明"说。争论深化了人们关于天地会起源的认识，也暴露出了一个历史研究的基本问题，即什么是"真实性"的问题。两派观点虽然别异，但在历史认识论上却惊人的相似：都相信自己能够建构"客观的"天地会历史。其实，无论是会书，还是档案，都不是客观的历史，仅仅是对历史"客观"的叙述而已。哪种叙述更为可靠，就要看哪种叙述能够还原到具体的历史语境中，在这个意义上"互相扶助"说虽然不是关于天地会起源的绝对的和最后的结论，却是我们在历史的语境中可以把捉的一种解释。而"反清复明"说虽然在具体的历史论证上颇难自圆其说，但应该看到汉人社会在面对"天崩地裂"的异族统治，除了活生生的反清抗争，难道不存在沉默的关于反清复明的记忆和反清复明的想象吗？

与大陆的秘密结社叙述相比，台湾的秘密结社研究 20 世纪后半叶发生了很大的变化。在 20 世纪 80 年代末以前，秘密结社叙述是和政治因素纠缠在一起的，比如萧一山在 1957 年论及天地会起源的论文里，在重复了以往天地会"反清复明"的观点同时，把历史和现实比附，认为台湾国民党当局

---

① 蔡少卿：《关于天地会的起源问题》，《北京大学学报》1964 年第 1 期。
② 秦宝琦：《清前期天地会研究》，北京：中国人民大学出版社，1988 年。秦宝琦：《洪门真史》，福州：福建人民出版社，1995 年。
③ 赫治清：《天地会起源研究》，北京：社会科学文献出版社，1996 年。
④ 胡珠生：《清代洪门史》，沈阳：辽宁人民出版社，1996 年。

的处境比清初还要严峻，和郑延平（郑成功）、陈永华等创设天地会时期大致相同。① 另一方面，以戴玄之、庄吉发②、徐安琨③ 等为代表的研究为台湾学界的秘密会党研究开启奠定了坚实的基础。同时，20 世纪 80 年代末以后伴随着台湾国民党当局公开承认包括一贯道等在内的民间宗教结社的合法存在，有关"民间宗教"的研究非常兴盛，历史上的民间教派和新宗教业已从秘密结社话语中剥离了出来。

对于把秘密结社的历史纳入特定的政治框架里叙述的方法，也有一部分学者进行了反省。王尔敏曾经批评从民族革命或农民革命角度研究秘密结社所存在的问题④，陈旭麓也反对把异姓结拜的会党置于农民运动的序列里把捉，提出了会党是与宗族、行会相并列的民间社会的第三组织说。⑤ 两位学者的观点具有重要的意义。在笔者看来，把政治因素从秘密结社叙述中剔除出去的方法，有利于人们深化对秘密结社的认识，从而纠正一些偏见和误解，但正如上文对欧美和日本研究进行评论时所指出的，这不但会造成秘密结社话语的"空洞化"，而且事实上完全撇开政治的秘密结社叙述根本上是不可能成立的。对笔者来说，刘铮云关于浙江省金钱会的研究论文极具启发意义。⑥ 在这篇论文里，作者研究了一个地方性的会党，由于把会党纳入地方社会诸势力间的漩涡中来把握，从而摆脱了正邪之辨、国家—社会二元对立的研究样式，该文在中文秘密结社叙述中具有重要位置。而笔者在多年的研究中，在对秘密结社话语进行批判性分析的基础上，批判了"大写的秘

---

① 萧一山：《天地会起源考》，中国文化复兴运动推进委员会主编：《中国近现代史论集》第二编"教乱与民变"，台北：台湾商务印书馆，1985 年，第 5 页。
② 庄吉发：《清代天地会源流考》，台北"故宫博物院"，1981 年。
③ 徐安琨：《哥老会的起源及其发展》，台湾省立博物馆印行，1989 年。
④ 王尔敏：《秘密宗教与秘密会社之生态环境及社会功能》，《"中央研究院"近代史研究所》，1981 年。
⑤ 陈旭麓：《秘密会党与中国社会》，中国会党史研究会编：《会党史研究》，上海：学林出版社，1987 年。
⑥ 刘铮云：《金钱会与白布会——清代地方政治运作的一个剖面》，《新史学》第 6 卷第 3 期，1995 年 9 月。

密结社",提倡对"小写的秘密结社"进行研究,通过把秘密结社置于地方性的语境来考察,试图揭示秘密结社和政治权力之间的关系。

五、结语

从上文对不同语境里的秘密结社话语的考察可以看到,欧洲人发明了secret society 一语来统称中国的异姓结拜组织和民间教派,在汉字圈里,与secret society 相对的日语和汉语分别是"秘密结社"和"秘密社会"。在长达一个半世纪的时间里,虽然关于秘密结社实态的学术研究不断在深化,秘密结社话语本身所内含的矛盾非但没有被消解;相反,面对不同的秘密结社话语,人们却越来越需要回归到问题的原点,追问什么是秘密结社,什么不是秘密结社,以及为什么中国社会和海外中国人社会会存在如此众多的秘密结社等问题。限于本章的论旨,笔者不可能具体回答这些问题,一如上文所陈述的,所谓秘密结社其实是对作为历史的秘密结社表述的产物,而不同语境里的秘密结社则是通过表述的秘密结社对秘密结社的再表述,就此而言,构成今日常识化的秘密结社是叙述的秘密结社历史,不一定反映了"真正的"(authentic)秘密结社的历史。于是,当我们试图要接近和揭示作为历史的秘密结社的时候,就有必要对表述和再表述的秘密结社 —— 既往的叙述进行梳理,从中不难确认表象化了的秘密结社始终存在着两个叙述,一个是作为"自我"—— 秘密结社自身叙述的历史,一个是作为"他者"——往往是政治权力叙述的历史,前者是由秘密结社成员书写的会簿或经卷,它们主要保存在现今为论者所知的汉语、英语和日语等语言文献里,这些秘密结社自身的叙述构成了我们对秘密结社认识的基础。虽然原始史料包含了历史性的内容,但不能忽视它们本身就是叙述的产物。而后者即众多的研究论著凝结了各种话语霸权,秘密结社是在各种话语霸权之间的紧张关系作用下不断地被表象化的。因此,对笔者来说,对不同语境的秘密结社叙述进行批判性考察的目的，旨在剥离外加于秘密结社的知识/权力，解构"大写的"、"单数的"秘密结社叙述，唯其如此，才有可能发现性质和风貌各异的小写的、复数的秘密结社不仅在思想信仰上和主流价值并行不悖，甚至具有同构性，而且正如清朝内部"不问会不会，只问匪不匪"的言说所昭示的，秘密结社未必就是以对抗权力的方式存在和发展的。在日益常识化的中国秘密结社叙述泛滥的今日，认识秘密结社话语的生产和再生产的机制，确认秘密结社在中国社会的位置以及秘密结社（复数的）和权力之间的关系，有助于我们加深对中国社会和历史的认识，批判本质主义、东方主义等形形色色的观念。为此，我们必须迈出的第一步也许就是，把小写的和复数的秘密结社还原到相对应的地方性语境里，借助社会人文科学的知识重新观察民间结社是怎样被塑造成大写的和单数的。

第二章 不问会不会
——律例秩序与结社话语

第一章在对作为差异话语的秘密结社的考察中业已触及清朝统治与秘密结社的关系问题,对此,历来存在正反不同的两种看法:一个是强调秘密结社的"叛乱"传统,把秘密结社视为公权力的"他者",定位为一种反社会、反体制的存在。另一个是关注秘密结社的"日常",强调被视为"教匪"的教门或教派(sect)与被视为"会匪"(secret society)的会党并非一回事。本章试图从清朝的法律——律例和地域社会的关系的角度诠释秘密结社在清朝统治话语中的位置,进而考察秘密结社话语的生成机制。①

---

① 关于清朝律例禁止结社的条文,涉及教门的研究,参阅 J. J. M. De Groot, *Sectarianism and Religious Persecution in China*, 2vols., Amsterdam, 1903-1904. 曹新宇等:《中国秘密社会》第三卷,清代教门,福州:福建人民出版社,2002 年,第 277—310 页。野口鉄郎「中国宗教の正統と異端——明・清の場合」(平成二年度科学研究費補助金総合研究 [A] 研究成果報告書『中国史上における正統と異端』二,平成三年三月,研究代表者安藤正士)。涉及会党的研究,参阅 Robert J. Antony, "Brotherhood, Secret Societies, and the Law in Qing-Dynasty China," David Ownby and Mary Somers Heidhues, eds., *"Secret Societies" Reconsidered: Perspectives on the Social History of Modern South China and Southeast Asia*, New York: M. E. Sharpe, Inc., 1993, pp.190-211. 孙江「清末民初期における民間秘密結社と政治との関係」、神奈川大学人文学研究所編:『秘密社会と国家』、勁草書房、1995 年、第 91—98 頁。赫治清:《天地会起源研究》,北京:社会科学文献出版社,1996 年,第 181—192 页。

一、律例与"会匪"

清朝的法律由"律"和"例"两部分构成。"律"为法典，是定罪科刑的依据；"例"为判案后形成的例文。官方文书出现的"例载"表明，在律例的实际运用上"例"比"律"更为重要，因此，要了解清朝统治者对会党的看法，需要检索不断修订的"例文"的变化。雍正朝修订的《大清会典·奸徒结盟》记录了此前例文的变化：

> 国初，定凡异姓人结拜兄弟者，鞭一百。顺治十八年，定凡歃血盟誓焚表结拜弟兄者，著即正法。康熙七年，覆准歃血盟誓焚表结拜弟兄应正法者，改为秋后处决，其止结拜弟兄，无歃血焚表等事者，仍照例鞭一百。十年，题准歃血结拜弟兄者，不分人之多寡，照谋叛未行律，为首者，拟绞监候，秋后处决；为从者，杖一百、流三千里。其止结拜弟兄，无歃血焚表等事者，为首，杖一百、徒三年；为从，杖一百。十二年，题准，凡异姓人结拜弟兄，未曾歃血焚表者，为首，杖一百；为从，杖八十。①

顺治四年（1647）颁布的清朝第一部成文法典《大清律集解附例》虽然禁止异姓结拜，"尚无禁止歃血结盟条款"②。顺治十八年（1661），追加如在兄弟结拜中有歃血结盟行为，则"著即正法"条文。及至康熙朝，区别首从，为首者处死刑，从者处鞭笞和徒刑。一般而言，清朝统治者在界定民间信仰和结社是否为异端时，往往依据的不是信仰的内容或结社的形

---

① 《大清会典》（雍正朝）卷194，《刑部·奸徒结盟》，《近代中国史料丛刊》第79辑，台北：文海出版社，1977年影印。
② 赫治清：《天地会起源研究》，北京：社会科学文献出版社，1996年，第181页。

式，而是当事人的行为。① 比照此处的条文和后文关于律例秩序的困境可知，这一看法无以解释清朝统治者对会党"歃血结盟"的态度，歃血结盟这种仪式被视为谋反的前兆。前引《大清会典·奸徒结盟》称：

> （雍正）三年，议准，嗣后除宿学之士，授徒讲学，课文会考，无论十人上下，俱无庸议外，如有生监人等，假托文会，结盟聚党，纵酒呼卢者，该地方官即行拿究，申详斥革。其有远集各府州县之人，标立社名，论年叙谱，指日盟心，放僻为非者，照奸徒结盟律，分别首从治罪。如地方官知而故纵，或被科道纠参，或被旁人告发，将该管官一并从重议处。

这种歃血结盟的形式未必有明确的政治目的，但在清朝统治者看来，有可能威胁其对地方的有效控制，尤其可能导致以士人为中心的非政治性结社演变为政治性结社。鉴于此，清廷对书生聚会做出了严格的限制，将科举应考的私塾生限定在10人上下，其他结盟聚会一律视为"奸徒结盟"，为首者处以极刑。如果地方官放任书生结社，也要受到重罚。

随着清朝统治者对会党查禁的深入，有关取缔会党的条例不断被修订。雍正三年（1725），在整合康熙朝的例文基础上颁布："凡异姓人但有歃血订盟、焚表结拜兄弟者，不分人数多寡，照谋叛未行律，为首者绞监候；其无歃血焚表事情，止结拜弟兄，为首杖一百；为从者，各减一等。"② 乾隆年间，"天地会"一语出现在官方文书中，会党问题越发成为令清朝统治者棘手的问题，乾隆三十九年（1774）修定的新例文有：

---

① James Watson, "Standardizing the Gods: The Promotion of Tien' hou 〈Empress of Heaven〉 along the South China Coast, 960-1960," in David Johnson, Andrew Nathan and Evelyn Rawski, eds., *Popular Culture in Late Imperial china*, University of California Press, 1985. 村田雄二郎「孔教と淫祠——清末庙産興学思想の一側面」，『中国——社会と文化』第七号、1992年6月。

② （清）吴坛：《大清律例通考》卷二十三，刑律盗贼。

> 凡异姓人但有歃血订盟结拜弟兄者，照谋叛未行律，为首者拟绞监候，为从减一等，若聚众至二十人以上，为首者拟绞立决，为从者发云贵两广极边烟瘴充军。其无歃血盟誓焚表事情，止序齿结拜弟兄，聚众至四十人以上，为首拟绞监候，为从减一等。若年少居首，并非依齿序列，即属匪党渠魁，首犯拟绞立决，为从发云贵两广极边烟瘴充军。如序齿结拜数在四十人以下，二十人以上，为首者杖一百，流三千里；不及二十者，杖一百，枷号两月，为从各减一等。①

与此前的例文相比，此处例文除对"歃血结盟"严厉禁止外，增加了两个新内容：一是结拜人数多寡成为量罪的一个根据，二是结拜时是否序齿是量罪的另一个根据。结拜人数超过20人，为首者"绞立决"，不及，"绞监候"。对人数多寡的规定说明清朝统治者惕惧大规模的异姓结拜，这种结拜要么是宗族间进行械斗的前奏，要么是针对清朝统治的民众蜂起。

以异姓结拜为特征的会党，其结合原则仿自宗族社会，是模拟亲缘关系而建构起来的人际关系和交往方式，当会党被律例他者化后，会党便被赋予了反体制的性格。反过来说，这种统治者的意志能在多大程度上付诸实行，则可检验由律例建构的秩序之是否存在和有效。

二、律例与"教匪"

言及传统信仰，一般以儒释道三教概而言之，这固然方便，却排斥了其他信仰的存在。仅看被称为"教门"、教派，也即律例里的"教匪"，除去三教成分外，还有来自民间的和外部的要素，档案中每一个构成事件的具体"教匪"都有按照其宗旨所进行的创造性活动。

---

① （清）吴坛：《大清律例通考》卷二十三，刑律盗贼。

清初佛道一度兴盛，据康熙七年的统计，各省寺庙和道观的总数为79622座，僧尼道士14万人，平均一座庙观不到两个专职人员，被认可的从教人数十分有限。从乾隆元年（1736）到四年（1739），清政府虽然颁发了340112张度牒①，但这个数字也不能说明佛道繁荣，只能说明清政府追加认定了许多业已存在的从教人员的资格，由于这个数字从此不再增加，可以说度牒制度继袭了元明将僧道置于统治之下的管理制度。

从礼教的角度看，佛道亦属"异端"。"异端"语出《论语》"攻乎异端，斯害也矣"，指持中而不走极端。后世使用的"异端"语义有多种：一种是围绕同一经典解释出现的正统与异端之别，如王夫之说："诡天地之经，叛先王之宪，离析六经之微言，以诬心性而毁大义者也。"②这里的异端是指在思想上曲解六经，在实践上败坏人心，这种对异端的看法同欧洲基督教语境里的正统与异端话语相似。

另一种是在礼教独尊的前提下，以礼教观照其他信仰。乾隆帝曾谓：

> 夫释道原为异端，然诵读经书而罔顾行检者，其得罪圣贤，视异端为尤甚。且如星相、杂流及回回、天主等教，国家功令原未尝概行禁绝。彼为僧为道，亦不过营生之一术耳。③

在乾隆看来，除礼教外，一切信仰皆为异端。在这个意义上，"异端"（heterodoxy）指能够为儒家意识形态礼教所包容的信仰学说，和"邪教"（heresy）是有区别的。④清朝封疆大吏刘锦藻的一通奏文称："臣谨案古无所

---

① （清）刘锦藻：《清朝续文献通考》第一册，台北：台湾商务印书馆，1987年，第8487—8489页。
② （清）王夫之：《读通鉴论》卷七。
③ 参见于本源：《清王朝的宗教政策》，北京：中国社会科学出版社，1999年，第158页。
④ 参见野口鉄郎「中国宗教の正統と異端——明・清の場合」。Richard J. Smith, "Ritual in Ch'ing Culture," Kwang-Ching Liu, ed., *Orthodxy in Late Imperial China*, Berkeley: University of California Press, 1990, p. 304.

谓宗教也。自释氏入中国，其道自别为宗，于是六朝后有此说，且有儒释道三教之称。"这里的宗教含义与近代意义的宗教（religion）不是一回事，是佛教典籍中"一教之宗"的意思。刘锦藻进而说道："邪教与异端不同，若古之杨墨，今之佛老，异端也。汉之张角，明之徐鸿儒，邪教也。"① 强调异端与"邪教"的区别。被称为邪教的张角乃是东汉太平道的首领，曾掀起反对东汉统治的运动。而明代的徐鸿儒于万历年间加入王森闻香教，成为骨干。教主王森被捕死后，徐成为以山东为中心华北闻香教领袖，于明天启二年（1622）秋发动叛乱，后被捕而死。不难看到，刘锦藻所说的"邪教"有一个共同点，即均发动过"反叛"事件。清朝统治者实际上也是按照这种直线认识将历史上叛乱置于"邪教"语义里来把捉的。② 其实，如果将这种直线的认识回放到历史语境里，可以看到即使行为上没有叛逆，如果在名称上、思想上和历史上曾经存在的"邪教"有联系，也有可能随着政治环境的改变和官民矛盾的激化而被打上"邪教"的烙印。《大清律》继袭了《大明律》，有关禁止师巫邪术的律文有如下一段话：

> 凡师巫假降邪神、书符咒水、扶鸾祷圣、自号端公太保师婆各色及妄称弥勒佛、白莲社、明尊教、白云宗等会，一应左道异端之术，或隐藏图像、烧香集众、夜聚晓散、佯修善事、煽惑人民，为首者绞监候，为从者各杖一百，流三千里。若军民装扮神像、鸣锣击鼓、迎神赛会者，杖一百，罪坐为首之人。里长知而不首者，各笞四十。③

这段律文值得注意的地方是，基于"一切左道异端，煽惑人民"的认识，视巫术、弥勒下生说及白莲教为谋反，对迎神赛会亦加以禁止。和《大

---

① （清）刘锦藻：《清朝续文献通考》第一册，台北：台湾商务印书馆，1987年，第8486页。
② 严如煜说："白莲教者，汉末张鲁之遗也。"（清）严如煜：《平定教匪总论·三省边防备览》，（清）贺长龄辑：《皇朝经世文编》卷八十九，兵政二十，剿匪。
③ 《钦定大清会典事例》卷766，《刑部禁止师巫邪术》，台北：新文丰出版有限公司影印。

明律》比,《大清律》里只有一处实质性改动:"为首者绞监候。"① 清初,对弥勒信仰和白莲教查禁甚严,随着查禁的深化,许多违反律例的民间"教匪"浮出,康熙五年例文有道:

> 凡邪教惑众,在京行五城御史,在外行督抚,转行文武各地方官,严禁查拿。如不行查禁,督抚等徇庇不参,事发,在内该管官每案罚俸三个月,在外州县官降二级调用,督抚罚俸一年。②

如果将由律例构筑的法秩序推向民间,地方官必然会发现"邪教"不胜弹压,而只能通过保甲正风俗、清教匪。雍正七年(1729)刊行的《则例新编》称:"嗣后应令该地方官责成保甲严行稽查,如有妖言邪说,或诡设名目,聚党附和者,即行举报。该地方官严拿惩治,并追查倡首之人,按律究拟。倘保甲隐匿不报,发觉之日,并保甲一并治罪。"③ 雍正十一年(1733),在追查罗教时重申:"不行查报之邻佑总甲人等,均照律各笞四十。"④

作为民间信仰结社,被称为"教匪"的教门或教派根植于地域社会,按欧大年的说法,在给定的条件下,有些教派甚至比儒释道表现得更为"正统"。⑤ 但是,在清朝的律例话语里,教派被置于邪教位置,当国家权力将其查禁邪教的意志强行推及地方时,国家与社会之间的紧张便转换为地域社会内部的问题,因此与查禁异姓结拜的会党一样,禁止邪教的律例有多大的可行性也是需要深究的。

---

① (清)吴坛:《大清律例通考》卷二十三。
② 《大清会典》(康熙朝)卷116,《禁止师巫邪术》。
③ 曹新宇等:《中国秘密社会》第三卷《清代教门》,福州:福建人民出版社,2002年,第284页。
④ 曹新宇等:《中国秘密社会》第三卷《清代教门》,福州:福建人民出版社,2002年,第284页。
⑤ Daniel L. Overmyer, *Folk Buddhist Religion: Dissenting Sects in Late Traditional China*, Cambridge: Harvard University Press, 1976, p.181.

三、律例秩序与地域社会

律例的颁行在地域社会引起了怎样的反响？换言之，地域社会是怎样看待律例中有关查禁条文的？业已有不少研究。① 这里以嘉庆十九年（1814）山东武城县徐新庄的"如意门"（或曰"一炷香"）案为例来具体观察。

嘉庆十九年（1814）初夏，山东巡抚同兴在奏章里报告了处理武城县如意门教案的结果，其要点如下：（一）根据刑部奏准之定例，如果以红阳教及各项教会名目拜师授徒，为首者处以发往乌鲁木齐为奴；闻拿投首，于本罪减一等。缘此，对如意门"老师"姜明杖一百，徒三年；信徒邵得成等11人以"从罪"处杖一百，徒三年；其中二人因年老目瞽，"获照例收赎"。曲奉来等7人虽然拜师入会，因在规定期限内自首，免于惩罚。（二）县役罗大用等3人"虽无索诈庇纵情弊，惟得受姜明酬送大钱三千文，究属不合。均照不应重律，杖八十，拆责发落革役，其钱照追入官"。（三）举报人徐炘、刘振东等，于知县令其保释姜明后，"向姜明索取进城盘费，不给不准姜明列入牌甲，并将其妻姜常氏致伤，殊属不合，是经该县分别戒饬责罚，毋庸再议"。（四）刘振东、徐森与姜明为"邻佑"，知情不报，因在禁教令之前，免予追究。张佃九在禁教令后不报，"拆责发落"。（五）革役刘文明妄供宋秃子入会，"杖八十"。（六）知县吴士超"无知情故纵情事"，"仍饬回任"②。

从上述处理结果看，如意门信徒不多，无谋反之迹，在清朝众多所谓邪教案中，只能算是一件非常普通的案件。那么，何以会闹成一桩惊动朝廷的大案呢？以下，根据同兴等奏折载录的当事人的供词对案件略加梳理。

如意门案首要姜明，又名姜六和尚，时年61岁，家中雇有帮工一名。姜明在武城县徐新庄等村和恩县收有一些徒弟。嘉庆三年（1798），姜母生

---

① 参阅梁景之：《从"邪教"案看清代国家权力与基层社会的关系》，《清史研究》2003年第3期。
② 《录副奏折》嘉庆十九年五月二十八日山东巡抚同兴奏。

病，姜明焚香向天地祈祷，母不久病愈，从此姜明每月朔望必烧香磕头，名为平安香。姜明供称：嘉庆九年（1804）正月，"在外推车"的邵大棱回村过年，教给姜明两首歌词，名为"克心计"，姜明拜邵大棱为师。正月十五日，姜邀请邵子邵得成、刘八、刘四、宋文成、邵远近及其弟姜成、侄姜七等七人，"起立如意会"。是日，摆素菜、清茶，烧香一炷。姜明念颂一遍歌词，众人对香磕头。此后每年麦后、秋成两季，或信徒有病灾，均在姜家摆会，所念颂的歌词略带佛教色彩。姜明等所习颂的皆为劝善免灾类，其中有道："犯法事再不做，钱粮早上米先完；乡里养德多恕己，这是行好才全还；行好劝人三件事，戒酒除色莫赌钱。"①

如意门一名虽然可以追溯到康熙年间山东商河县董四（士）海的教门②，但在缺乏资料的情况下，还不能简单地将姜明的如意门和董士海的如意门画等号。就事论事，这里的如意门的核心人物应该就是姜明。涉如意门案的徐新庄是一个复姓杂居的村庄。姜明创会十年间，如意门与其他村民相安无事，"邻居"张佃九知而不报。

十年后，情况发生了变化。嘉庆十九年（1814）正月新年初四，武城县衙役来到徐新庄，告知村民根据知县的通知要编排保甲，举报人刘文明被指定为编排保甲的负责人。刘在供词中说："叫我村中编排保甲，十家为一排，互相保结。如一家有为匪的事，同排的九家同罪。我们因姜明、邵得成素习邪教，不肯将他编入排内。"③ 于是，正月初九刘文明和监生徐炘到县控告姜明习邪教。知县吴士超接到举报后，于次日将姜明、邵得成及姜徒弟张烈、曲东坡（恩县人）拿获到县。审问之后，吴知县确认如意门并非以谋反为旨归的邪教，加之得到姜明徒弟宋秃子"京钱三百吊"的衙役的疏通，吴

---

① 《录副奏折》嘉庆十九年四月初五日山东巡抚同兴奏、附单。
② 据道光三年（1823）山东历城孙大风供，康熙年间董四海立教时编制简单歌偈，教给目不识丁的信徒，令其跪香一炷，"以冀消灾免难"。"其平时为人医治疾病，系令向北磕头，讲述病人生平罪过，给与短香一炷，教令对香长跪，病痊之时，不许索谢。"《录副奏折》道光三年十二月十五日山东巡抚琦善奏。
③ 《录副奏折》嘉庆十九年三月二十二日英和等奏。

知县最后想出一个解决方法：正月二十三日，传徐炘、刘文明、刘振东等到县衙，令徐炘等保释姜明、邵得成；二十四日，令姜明徒弟宋秃子保释张烈等。如意门邪教案了结。

但是，回到村子后，姜明回想被羁押十余日的屈辱，对徐炘等怨恨有加，令徒张烈"赶着车、拉着姜明的妻子，在村中骂了一回"。正月二十五日，姜明要求将其家编入保甲，徐炘、刘振东则要求姜明支付此前因举报和传唤的"进城盘费"，双方为此争执并扭打起来。被打伤的姜妻跑到县里控告徐炘等，知县以"姜明等业已改过自新"，而徐炘等不但不愿与其编为同一保甲，而且还"勒要钱文"，遂将刘文明、刘振东和徐尚斌等拿来各板责十下，徐炘板责二十。被责打的徐炘和刘文明认为知县包庇了姜明，决定赴京"呈控"。

一个月后，徐炘和刘文明在赴京行经郑家口时，被提督衙门军兵截住，盘问之下，二人告以姜明等习"邪教"、知县包庇不问等。提督英和接报，非常重视，恰好邵得成在郑家口卖木材，就近将邵捕来。英和以姜明等聚众习教、衙役得赃包庇密奏朝廷，清廷下诏训斥山东巡抚同兴失察。同兴亲自指挥查禁如意门，如意门信徒先后被捕。"外出贸易"的姜明闻后投案自首。

通过上述梳理，可以大致勾勒出一个邪教案形成的轮廓。如意门作为一个小型教门，在徐新庄存续了十余年，与四邻相安无事。但是，当吴知县接令要推行保甲制时，使得律例中的邪教话语转化为地域社会的内部问题。在编排保甲时，除邻居张佃九一家没有表示意见外，徐炘等八家不愿和姜家编为一排。这八家的担心不无道理：姜家所拜教门，可能有干禁令。且姜在外做生意，交游甚广，其家常有陌生人出入。

对于徐炘等的举报，知县吴士超的处理方式十分高明。在迅速将姜明等拿下后的十余天里，吴知县迟迟不作结论。就常识来说，如意门这样的信仰结社遍布山东乡村，是民间日常生活秩序的一部分。而且本案除口诀外，连一本经卷也没有查获，且口诀里没有任何反叛内容。但是，如意门既被告发为邪教，按照例文的规定，如意门不定期聚会膜拜，似有违律例，万一将来被朝廷定性为邪教,则责任难逃。吴知县想出的解决方法很是巧妙:让原告保释被告,即使将来有事,责任也可推到原告身上。本来,这桩邪教案可以说圆满地解决了,但很快因当事人双方的积怨和扭打,"和局"被打破,邪教案的原告成了敲诈案的被告。吴知县在责罚了徐炘等后,还是采取了老办法,责令当事人和解。

截获徐炘等后,提督英和以为发现惊天大案,急切报功,密奏朝廷。清廷下旨斥责巡抚同兴:"该巡抚毫无见闻,直同木偶,大负委任,著严行申饬。"① 被责难的同兴的反应很快,一面督令吴知县查拿人犯,一面严斥吴知县失职,"先行解任"②。但是,邪教案的最后解决方式耐人寻味,如意门被定性为邪教后,知县吴士超不但没有因失察而受到惩处,反而官复原职,巡抚同兴开列的理由是,吴士超令两造和解的做法"均属照例办理",同兴则是根据"刑部奏准定例"。如果英和和同兴都有"例"可循的话,那么,具有法律功能的"例"本身所存在的矛盾就不言而喻了,可见例文的解释和运用受到人为因素的影响。事实上,事件的经过也说明如意门是否为邪教最后是由皇帝的上谕决定的。

徐炘虽然得到了自己想要的结果——坐实如意门邪教案,但一同前往举报的革役刘文明却因"妄供宋秃子等入会",遭到杖八十的严惩。这一处罚的隐喻非常明显,当如意门被定性为邪教而不得不按律例处理时,地方官对于诸如此类的"妄供"不胜其烦,因为如果真的要按律例来行事的话,将有抓不完的邪教。③ 而在落实抓捕的过程中,作为地方秩序一部分的自在的"邪教"很可能因此而走上谋反的道路。

---

① 《录副奏折》嘉庆十九年三月二十七日山东巡抚同兴奏。
② 《录副奏折》嘉庆十九年三月二十七日山东巡抚同兴奏。
③ 宋军在其著作中考察过道光十一年(1831年)"以行医为生"的傅添楠告发京畿地区弘阳教的案子。这个闹得沸沸扬扬的"邪教"案全查处后,傅因"怀疑妄供"和曾经"依异端法术"给人治病,处"杖一百,流三千里"。参见宋军:《清代弘阳教研究》,北京:社会科学文献出版社,2002年,第300—306页。

四、只问匪不匪

在由"律"与"例"构成的法律秩序之外，基于皇帝个人意志的"上谕"具有超越性的效力。[①] 乾隆十八年（1753）河南王会的混元教倡言"八月刀兵动"，事发王被杖击毙命，从者杖击下狱。[②] 雍正五年（1727），山西泽州白莲教翟斌如"妖言聚众"，翟等14人无任何具体行动，以有"不轨之心"而尽被处死。[③] 这两起事件结果的差异是与皇帝个人意志有关的。

嘉庆继位正当清朝权力盛极而衰，穷于应付白莲教和会党的叛乱。据《清实录》载，从嘉庆元年（1796）到道光五年（1825）三十年间，清朝治下一共发生过355次大小不等的起事。[④] 如此众多的起事，显然不可能都凭"剿"——武力来镇压，实际上嘉庆帝在上谕里反复强调"抚"——怀柔的重要性。在《邪教说》一文中，嘉庆帝将教乱的原因归咎于地方官和胥吏的妄为："而地方官有奉行不善者，有苛求图利者，胥吏衙书四处滋扰，闾阎无赖借事吹求，将正犯反置于不问，妄拿无辜。"斥责地方官："然则白莲教之为逆者，法在必诛；其为谋逆之白莲教，岂忍尽行剿洗耶？"[⑤] 这显然与"律例"有违，却反映了实际情形。湖北长阳县白莲教徒供称："我们从前投师习教，原是劝人为善，并无不法的事情。后来官府查拿紧急，那些胥吏衙役就从中需索，逼辱我们实在难堪，所以那张驯龙、林之华才商量闹事的。这实是苦于无奈。不敢谎供。"教徒们从"心里害怕"到"众心忿恨"，

[①] 张晋藩主编：《清朝法制史》，北京：法律出版社，1994年，第157页。

[②] 《录副奏折》乾隆十八年八月二五日方观承奏。

[③] 中国人民大学清史研究所、档案系中国政治制度教研室合编：《康雍乾时期城乡人民反抗斗争资料》（下），北京：中华书局，1979年，第606—612页。

[④] C. K. Yang, "Some Preliminary Statistical Patterns of Mass Action in Nineteenth Century China," in F. Wakeman and C, Grant ed., *Conflict and Control in Late Imperial China*, Berkeley: University of California Press, 1975, p.177.

[⑤] 清仁宗：《邪教说》，中国社会科学院历史研究所清史室、资料室编：《清中期五省白莲教起义资料》第5册，南京：江苏人民出版社，1981年，第165—166页。

最后"官逼民反"①。在《邪教说》前后，清朝统治者内部已有不少类似的议论，之前洪亮吉认为应该把"激变与否"作为考核地方官是否失责的标准②，之后御史梁上国奏称："可知此数省贼匪，皆地方官所激变之民人，而以邪教入奏，以避重就轻，掩其激变殃民之罪耳。"③二人均强调民众叛乱是地方官"激变"的结果，而"邪教"往往成为地方官避责的话语装置。嘉庆四年（1799）的一则上谕写道："如有自贼中投出者，不但胁从罔治，即为首者，亦当施浩荡之恩，概予赦宥。"④次年，嘉庆帝在给镇压白莲教的清军统帅额勒登保的上谕中甚至说，如果在陕甘川楚间流窜的匪贼悔罪并投降的话，不论是否曾经入教，一概不予追究。⑤

嘉庆七年（1802），广东天地会陈烂屐四聚众万人起事，多次击退前来弹压的清朝军队。嘉庆帝在上谕中斥责大开杀戒的两广总督吉庆，认为会众是受陈烂屐四蛊惑而入会的，原系敛财聚众，即使有干禁令，也不至于酿成如此之大的变乱。"总之只诛已行之叛逆，不办未动之会匪，此为大要。"⑥同年，嘉庆帝在给四川总督魁伦的密谕中写道："朕思治贼之道，先示之以威，后抚之以德，虽不可姑息，亦不可酷暴，害民之官必宜去，爱民之官必宜用。"⑦毫无疑问，这一系列针对具体案件发出的上谕已经越出了"律例"范围，"不办未动之会匪"成为其后地方官竞相效法的指针。

---

① 《覃加耀、张正超续供》，中国社会科学院历史研究所清史室、资料室编：《清中期五省白莲教起义资料》第5册，第60—63页。
② （清）洪亮吉：《征邪教疏》（嘉庆三年），贺长龄辑：《皇朝经世文编》卷八十九，兵政二十剿匪。
③ （清）梁上国：《论川楚教匪事宜疏》（嘉庆四年），贺长龄辑：《皇朝经世文编》卷八十九，兵政二十剿匪。
④ 《清仁宗实录》卷四十九，中国人民大学清史研究所、档案系中国政治制度教研室编：《康雍乾时期城乡人民反抗斗争资料》（下），北京：中华书局，1979年，第859页。
⑤ 《朱批奏折》嘉庆五年八月十七日领侍卫内大臣、经略大臣额勒登保奉上谕；秦宝琦：《中国地下社会》第二卷，北京：学苑出版社，2009年，第764页。
⑥ 《谕吉庆督兵进剿陈烂屐四晓谕其众即早投出》（嘉庆七年九月初五日），中国人民大学清史研究所、中国第一历史档案馆编：《天地会》（七），北京：中国人民大学出版社，1998年，第9页。
⑦ 《清仁宗实录》卷五十，中国人民大学清史研究所、档案系中国政治制度教研室编：《康雍乾时期城乡人民反抗斗争资料》（下），北京：中华书局，1979年，第859页。

咸丰元年（1851），时为贵州安顺知府的胡林翼致函贵州巡抚乔松年：
"有会匪而不为盗者，无大盗而不拜把者。"①"明知其为盗匪中会匪，亦只究其为盗，而不必问其为会，则可以安反侧之心，而消无形之祸矣。"②这和前述加入白莲教未必等于叛逆及"不办未动之会匪"如出一辙。入会与为匪之间并非等号，强调的重点不同，看法自然也不一样。光绪二年（1876），署理四川总督文格在奏文中说："间有入会而不为匪者，断无为匪而不入会者。"③这是强调为匪者必然选择结拜的方式。唯其如此，就清朝统治者对"会匪"和"教匪"的方策言，"剿"是符合律例的行为，"抚"则是变通之法。19世纪末20世纪之交，面对义和团的活跃，清廷摇摆于"剿"与"抚"之间。当清廷决定利用义和团打教排外时，西太后在发布的上谕中写道："只问其为匪与否，肇衅与否，不论其会不会，教不教也。"④这将以往处理"会匪"和"教匪""沉默的法则"，一变而为"公开的法则"。

从清朝统治者"只问匪不匪"言说的出现和被反复提及，似可得到两点认识：第一，在清朝律例里，大凡散布"妖言"、传播"邪教"及进行"异姓结拜"，均被视为谋反，将予以严厉弹压。但是，律例的实施因时代不同而呈现出不同的样态，概而言之，在支配力强大时得到严格执行；反之，则为怀柔所取代。在白莲教起事、太平天国运动和义和团运动这三个清朝政治危机时期，统治者强调区别教与匪、会与匪的不同，不再以结会与否来判断是否违法。第二，在判定教与匪、会与匪的区别时，上谕是高于律例的尺度。清朝统治者在对民众叛乱采取剿抚兼施之策时，一般"抚"只适用于从犯，但正如前文所述，"只问匪不匪"适用的范围已经扩展到"主犯"，这标

---

① （清）胡林翼：《论会匪启黔抚乔》，（清）郑敦谨、曾国荃纂辑：《胡文忠公遗集》（四），卷五十三，台北：台湾华文书局1965年影印。
② （清）胡林翼：《官黔书牍二》，（清）郑敦谨、曾国荃纂辑：《胡文忠公遗集》（四），卷五十三，台北：台湾华文书局1965年影印。
③ 《录副奏折》（光绪二年七月二十五日文格奏），《历史档案》1998年第3期。
④ 《上谕》（光绪二十六年一月二十一日），故宫博物院明清档案部编：《义和团档案史料》（上册），北京：中华书局，1959年，第58页。

志着律例失去了作为法的约束力。

五、结语

以上从清朝律例的角度概观了何谓"会匪"和"教匪"问题。清朝统治者基于皇权一元的、匀质性的诉求，制定了详细的查禁结社的律例，但是，面对多元的、非匀质化的现实，统治者常常陷入自我困境之中：如果按照律例字面要求，必然疲于四处讨伐各种"会匪"和"教匪"，而这本身是不可能付诸实行的。本章以在山东农村活动了十年的如意门为例，考察了一个小教门如何突然成为"邪教"的过程，在事件中，县级和省级官员从各自的角度对"例文"做出了不同的解读，而最终决定如意门是否为邪教的是足未出紫禁城的皇帝，嘉庆帝的一纸谕旨使如意门非邪教的可能性顿然消失。费正清（John Fairbank）在晚年出版的《中国新史》一书中，化繁为简，用"文"和"武"这一对概念分析皇权政治，认为"文"属于文官秩序（civil order），"武"的代表是皇帝、军队和武官。费正清特别强调皇帝角色的不确定性，"与遵行惯例、行动可预测的官僚相对，皇帝是恣意的、非理性的、行动不可测的"①。在皇权专制下，能否将皇帝完全置于官僚制的对立面另当别论，就围绕"会匪"和"教匪"的处理方针看，皇帝确实是不确定的角色。根据具体需求而下达的上谕否定了律例的约束力，反过来似乎可以说，律例自身就是脱离现实的存在。

从嘉庆朝开始，上自皇帝下到地方官，在涉及与"会匪"和"教匪"有关的问题时，谈论"抚"的功用者越来越多。无疑，这是因为统治力的低下而不得不采取的对策，并不能掩盖清朝统治的暴力性格。西太后承认义和团的合法，将其锋芒引向外国人，试图化解政治危机的这一恣意的、非理性的

---

① John K. Fairbank, *China: A New History*, Cambridge Mass: Harvard University Press, 1992, pp.68-69.

做法使清朝陷入了空前的政治危机，最终被迫开启了新政改革。光绪三十四年（1908），在清廷颁布的具有近代意义的《结社集会律》中写道："除各省会党显干例禁，均属秘密结社，仍照刑律严行惩办外，其余各种结社集会，凡与政治及公事无关者，皆可照常设立，毋庸呈报。"① 会党依然属于禁止之例，不久之后这将成为新出现的权力的课题。

---

① 《宪政编查馆会奏拟订结社集会律折》，《申报》1908 年 3 月 23 日，第 2 版。

第二编 权力

第三章　会党社团化
——民国初年政治转型中的会党

一、中华民国绿林党

1912年2月25日《时报》"滑稽余谈"栏刊登了一篇题为《中华民国绿林党》的文章，内容如下：

> 语曰：盗亦有道。又曰：圣人不死，大盗不止。可知盗也者，其为术至精，其为道至广，磅礴两间，充塞天地，自生民以来未有无盗贼者也。方今汉运重开，胡虏运尽，党派纷纭，一时涌现，而矫首回望，独无盗党之设，岂以其蠹国殃民而无此手段耶？抑以其强横自私而无此心理耶？同人等怒也忧焉。爰是纠集同类，发起是党，盖恃以谋盗贼之日充，抢劫之日盛，群策群力，以期竞存于二十世纪天演剧烈之舞台；相提相挈，以祈争胜于民国元年攘权夺利之世界。想搏搏禹域，不乏狼心狗肺之人；芸芸众生，定多利禄熏心之辈。好货志士，盍兴乎来。
>
> 第一章 总则
>
> 定名：本党合五大族之暴客而组成，故名曰绿林党。
>
> 宗旨：本党以替天行道，劫富济贫，专杀贪官污吏，狙击争权谋利者为宗旨。

行动：本党全为促进世界之人道及排斥社会之蠹贼起见，故与各界共同进行，期达纯粹共和之精神。

第二章 组织

范围：本党不分男女种族宗教贫富国界，凡具有本党法定资格者，均得入会。

机关：本党设海陆总机关部于梁山泊及地中海，其分部则于名山大川原有绿林党改良组织之。

资格分四种：（天）海陆大盗为官兵所不敢捕者；（地）劫案累累屡逃法网者；（元）有狙击之能力具抢劫之思想者；（黄）凡与本党表同情而声誉卓著者，本党认为赞成员。

总机关内分六部：（甲）评议部；（乙）干事部；（丙）学务部；（丁）军务部；（戊）调查部；（己）经济部。部分设若干科，各支部如喽啰数目不大，设军务干事两部已足。

第三章 事业

（一）组织干事团：实行抢劫（遇有手段高强者，派特别干事充之）。

（二）组织拼死队：实行暗杀。①

作者感叹辛亥革命后"党派纷纭"，声言要集合"五大族之暴客"，"设海陆总机关部于梁山泊及地中海"，"以祈争胜于民国元年攘权夺利之世界"。这篇看似荒唐的文章敏锐地预见了即将到来的共和政治的乱象。② 而其"以替天行道，劫富济贫，专杀贪官污吏，狙击争权谋利者为宗旨"，则揭橥了中华民国绿林党绝非以"抢劫"和"暗杀"为业的"盗党"；"其分部则于名山大川原有绿林党改良组织之"，如预言昭示了在政治转型中被称为秘密

---

① 《中华民国绿林党》，《时报》1912年2月25日，第10版。
② 张玉法：《民国初年的政党》，台北："中央研究院"近代史研究所，1985年初版，2002年再版，第37—49页。

结社、会匪、哥老会、青洪帮等民间结社所占有的不可忽视的一席之地。

尽管如此，作者将会党与落草为寇的盗匪相提并论却表露出其对会党的偏见，一如前章所述，会党作为模拟亲缘关系的结社和人际交往的方式是民间日常秩序的一部分，之所以被与"匪"等而视之乃是特定政治诉求的产物。辛亥革命后，各省都督继袭了清朝的结社话语，不仅竞相取缔和镇压会党，还将会党作为差异话语用以诬蔑和攻击政治上的敌手。

撇开民国初年对会党的弹压不论，当时存在将会党纳入共和政治并使之社团化的现象。1912 年 5 月 6 日，孙中山在广东中国同志竞业社的演讲中说："惟现下汉族已复，则当改其立会之方针，将仇视鞑虏政府之心，化而为助我民国政府之力。"① 同年夏，戴季陶更提出了具体的改造会党的方案：在国家层面上解除秘密会党禁令，在社会层面上解决会党成员的生计，在组织层面上将会党改组为合法的团体。② 对于民国初年会党社团化的动向，以往的研究有不同程度的涉及。③ 本章在对史料谨慎使用的前提下，对该问题做进一步考察，具体涉及的会党有同袍社、中华和平会崇正团、中华国民共进会、社团改进会和中国社会党。

二、同袍社

最早尝试利用会党的是湖北都督黎元洪。黎于 1912 年年初成立"同袍社"，总部设在武昌，在鄂北的老河口、襄阳等地设有分社。关于同袍社

---

① 《孙中山全集》第 2 卷，北京：中华书局，1982 年，第 358 页。
② 戴季陶：《秘密会党之救济》，《戴天仇文集》，台北：文星书店，1962 年，第 50—51 页。
③ 小岛淑男「民国時期における江浙地区の会党——中華国民共進会を中心に」，『中嶋敏夫先生古稀記念論集』（下巻）、汲古書院、1981 年。胡绳武：《民初会党问题》，魏建猷：《试论社团改进会》，收入中国会党史研究会编：《会党史研究》，上海：学林出版社，1987 年。周育民、邵雍：《中国帮会史》，上海：上海人民出版社，1993 年，第 436—449 页。胡珠生：《清代洪门史》，沈阳：辽宁人民出版社，1996 年，第 524—533 页。

成立时的情形，史料里有一段颇为夸张的描述："民国元年，黎元洪在武汉请刘云青出名，请川贵滇及沿长江各省每一万人举代表一人，到武汉开会，共到代表一万人，成立同袍社，推潘家璧（襄阳人，民国三年病故）为社长。"① 有如此规模的成立大会，同袍社竟然没有留下多少可供追踪的痕迹。同袍社究竟是个什么样的组织？且看1913年1月黎元洪发布的解散文告：

> 前清季世，哥老会党倡为山堂口号，私相结集，鄂省亦所在多有。据称洪杨余党，因光复未遂，转而为此。起义以后，该党始公然出而响应。共和初定，尔时为绥靖地方起见，曾准该党在省城创设同袍社，区以名义，定章程，吸收同类，俾资约束。经年以来，该社亦尚改去习惯，顾全名誉。惟国家政令统一，会社名目例应取消。顷据该社长等公请解散，并呈明此后如有假该社名义在外招摇滋事者，请以军法治罪等情。②

黎元洪的文告有三层意思：第一，设立同袍社旨在"绥靖地方"。第二，于"吸收同类"的同时重订章程，"俾资约束"。第三，为使"国家政会统一"，解散同袍社。这三点概括了同袍社的发轫、发展和消亡的理由，文脉清晰，具体内容尚需其他史料旁证。

文告中所说的"共和初定"当指南京临时政府的成立，其时有关会党的报道充斥报端，鄂北江湖会十分活跃。黎元洪设立同袍社，表现出交好江湖会之意。据傅云亭回忆，当江湖会在老河口起义并进攻襄阳时，黎元洪派马牧良到老河口建立同袍社分社，吸收江湖会成员加入。③ 马牧良随身带了很

---

① 中国第二历史档案馆编：《民国帮会要录》，北京：档案出版社，1993年，第273页。《中国帮会》，香港：现代出版社，1990年，第101页。
② 《黎副总统为解散同袍社通电》，《时报》1913年1月9日，第4版。
③ 华中师范学院历史系编：《江湖会资料选辑》，武汉：华中师范学院历史系，1961年，第112页。

多事先印好的加入同袍社的申请书，入社条件有三：身家清白，不是盗匪；己身光明，未有不轨之行；有人担保。"同袍社规定发展江湖会组织，概由同胞社统一办理，各大爷均不得私自开山堂收兄弟，所以，这时候江湖会变得没有力量了。"① 在襄阳，同袍社也以同样方式设分社，收编江湖会会员。

随着"南北议和"和中华民国的成立，同袍社的使命也就此终结了。1912年8月，黎元洪指示："各处不得设各同袍社之分会，违者定即重究。"② 是为翌年解散同袍社的前奏。对于同袍社，时为日本驻沙市领事馆事务代理桥本贡在致日本外务大臣牧野伸显的信中写道：

> 在此次清国大变乱之际，该会成员和革命军士兵中的大部分均加入哥老会，共和民国成立后，哥老会成员以民国之一分子大摇大摆公开活动，无所忌惮……即使解散了该社，从根本上也不可能发生什么效力，该社仅仅在形式上停止公开活动而已。该社深深植根于下层社会，大体上匠人、无赖、士兵等皆其会员。③

这位外交官显然受到报章的影响，对会党的存在有过大评价之嫌，但有一点无疑是正确的，即要想根除同袍社之类的会党是不可能之事。④

同袍社公开存在仅仅一年，限于资料，笔者无法知道该会详细活动情况，但掌管一省的最高长官有意识地设立近代社团化的会党来统合自在于民间的各种复数的会党，昭示出如何安置会党是近代国家和地方建设中的大问题。

---

① 华中师范学院历史系编：《江湖会资料选辑》，武汉：华中师范学院历史系，1961年，第112—113页。
② 《严禁军人结会党》，《民立报》1912年8月25日，第10页。
③ 「哥老会即同胞社ノ解散ニ関シ報告ノ件」（在沙市领事馆事务代理桥本貢、大正二年二月二十七日）、日本外务省外交资料馆所藏「支那政党及结社状况调查」。
④ 在反袁世凯"二次革命"失败后，武昌就破获了一起由王固定所率领的同袍社案。

三、崇正团·共进会

如果说，同袍社还仅止于利用会党的话，那么"中华和平会"则有明确的改造会党的目标。辛亥革命后，以排满革命为职志的孙中山周边的革命党人开始考虑如何安置会党问题，中华和平会下属的"崇正团"反映了革命党人的最初构想。从中华和平会章程制定时间看，该组织还在孙中山任南京临时政府大总统时即已酝酿，发起人中有旧同盟会员陈其美、于右任、李燮和、张继、吴敬恒、谭人凤、宋教仁等37人。陈其美是沪军都督，辛亥革命前在上海与青帮过从甚密，其后列名中华国民共进会发起人。① 谭人凤任南京临时政府长江巡阅使，其后组织社团改进会。宋教仁为南京临时政府法制院院长，热衷议会政治，早年在给平山周编著的《支那革命党及秘密结社》（即《中国秘密社会史》）作序称："节制其群，广展宗义，化而如欧美民党工会。"② 最早提出将来要学欧美，将会党改造为工党或工会。

翻阅中华和平会章程，该章程第一条宣布宗旨为"协助共和，改良社会，化除党派，以维护世界平和，保护人权，以畅国计民生"。这些修辞之外的真正目的在于改造会党，安置引起社会不安的游民，为此章程第四条提出要于中华和平会内设立"崇正团"，其要义如下：

> 凡从前三点、三合会、哥老会、天地会、八卦会、大刀、小刀会、安清道友、红须帮、在理教，凡未光复前种种党会，无非同抱复仇主义，今目的已达，俱须一律取消旧会名目，改为本会崇正团团员，以合成一大团体。由本会发给徽章，汇齐册结，呈请政府承认，一体优待。

---

① 《沪都督复徐震书》，《民立报》1912年1月13日（第四百五十三号），第6页。原文日期辛亥年十一月廿五日（阳历一千九百十二年正月十三号）。《民立报》于1912年1月15日发行，采用阳历为主、阴历为辅的方式，并称阳历为"新纪元"。——引者注

② 《序二》（桃园逸士），〔日〕平山周：《中国秘密社会史》，上海：商务印书馆，1912年。

凡入本团后，即由本会会员考核，果系知识超远者，即可分任本团职务。如无职业者，即由本会代谋生计，设法安置。或编为民团，以任市町警察之制；或贷其资本，以归农工商贩之途，必使其各畅生机，无虞失业，倘仍各分党派，扰害公安，或并秘密结盟，行为不轨，即系甘堕下流，为民国公敌，本会既负维持和平之责，即有保卫治安之权，得以公共法律制裁之，迫令改散。①

不论是会还是教，是洪帮还是青帮，崇正团意欲吸纳包括三点会、三合会、哥老会、天地会、八卦会、大刀会、小刀会、安清道友、在理教等已知的民间结社，为无业者"代谋生计"。该章程里有"市町警察"字样，说明受到了日本社会管理方式的启发。该章程第五条有"将来南北各省，有受政府遣散各兵士及农工商各界人民入本会崇正团者，所有应享权利，均照第四条一律办理"，已经预测到"南北议和"后将会出现大量退伍士兵。该章程第十七条强调崇正团与以往会党之区别，一旦加入，"凡各党会首领既已取消从前一切名目，收入本会，自不得再有发生私立党会情事。其确有特别知识，独立精神者，得由本会公举为团长，或任为本会组织各事业之管理员"。中华和平会总部设于上海，准备在各省设立分会，设立"国民厚生银行"和工艺厂，一劳永逸地解决会党问题。

但是，中华和平会及其附属崇正团还仅仅停留在构想阶段，并未付诸实行，不久后出现的中华国民共进会似乎继袭了崇正团的旨趣。中华国民共进会，简称共进会②，因其会长应桂馨雇凶暗杀国民党人宋教仁而臭名昭著，这是后话。该会的成立得到了沪军都督陈其美的支持。1912年6月19日，陈其美、应桂馨等二十人联合署名在上海报纸上刊登广告，阐明共进会设立的

---

① 黄彦、李伯新选编：《孙中山藏档选编（辛亥革命前后）》，北京：中华书局，1986年，第388—389页。
② 关于中华国民共进会的先行研究，参阅周育民、邵雍：《中国帮会史》，上海：上海人民出版社，1993年，第436—443页。

旨趣："是以本会发起，就各地原有同志实行联合，共议进行，以期交换智识，增进道德，维持国内和平，振兴各项事业，聚兹民气，蔚为国光。"① 7月1日，共进会正式成立，应桂馨当选为会长，青帮名人张尧卿即席发表演说："共进会之成于公口及青红诸同志美意，今既三家合而为一，成一大团体，自应协同共济，振作精神，启沃固有之良能，研求旧遗道德为切要。"② 不消说，会长应桂馨背叛了这一旨趣。共进会成立后不久，应桂馨先是参与湖北马队打倒黎元洪兵变（9月底），后又秘密往来于南北、投靠袁世凯政府。据国务院总理赵秉钧称，12月中旬应桂馨曾进言："共进、会党均系青红两帮，抚无可抚，诛不胜诛，惟设法解散，以杀其势。"③ 稍后，应桂馨任职江苏巡查长，查禁会党无疑是其职权所在。因此，应桂馨本人的作为与共进会名目下的会党活动之间并不一定有直接关系，这是在阅读报章时应予注意的地方。

共进会成员之间以师父和学生相称。④ 报章上有关共进会的报道集中在江苏和浙江二省。1912年9月6日，共进会在杭州成立分会，传言有四五千人参加，会上决定向浙江其他地方发展支部。浙江都督朱瑞闻讯急忙颁布命令，禁止军人入会。⑤ 朱瑞的禁令并非杞人之忧，杭州共进会成立仅十余日，即有720余人入会，"大半为法政学员及各校肄业生，杭州附近的劳动者和农民也很踊跃"；"城厢肥业因反对公司垄断，官厅压抑，愤而议入共进会者五百六七十人"⑥。与同袍社成立后的情形相似，共进会成立后，围绕其支部的非法事件频频曝光，特别是1912年9月29日袁世凯政府颁布禁止秘密结社令后，共进会与会党的区别成为共进会必须面对的问题。如10月18日杭州草桥门一带发生了帮会分子"大肆骚扰"事件，巡警弹压无效，靠军队

---

① 《中华国民共进会广告》，《民立报》1912年6月19日，第1页。
② 《张尧卿宣讲共进会成立之理由》，《神州日报》1912年7月4日，第5版。
③ 章伯锋、李宗一主编：《北洋军阀》第2卷，武汉：武汉出版社，1990年，第125页。
④ 《浙省共进会发达》，《申报》1912年9月27日，第6版。
⑤ 《浙都督注意共进会》，《申报》1912年9月12日，第6版。
⑥ 《浙省共进会发达》，《申报》1912年9月27日，第6版。

才得以平息。此事与共进会无关,"事为共进会所闻,以若此横行不法,扰乱治安,非独情理难容,亦且法所不恕,特专函警察署,呈请都督严办,拟以军法处治"①。更为吊诡的是,作为受容会党装置的共进会,也成为各种真假难辨的污名装置。如杭州有"假托共进会,暗藏宗社党",这个伪共进会的白色票布里藏有政治图谋:"留发留须留我祖宗真面目,复明复汉复我民社旧河山。"②当然,不同的共进会支部,也不是没有被非议的问题的,《民立报》发自湖州的文章就批判该地共进会杨春生等痞棍"偏不共进"③。所有这些见诸报端的文字好似在给都督朱瑞取缔共进会制造舆论,12月14日朱瑞以"入此会者,莠多良少","本都督为大局安危计,为本省秩序计,所有浙江各属之共进会,决计概令解散,以弥巨患而保治安"④。同日,共进会宣布:"自应遵照取消,以免见疑社会。"⑤一位日本外交官观察道:"同会巧妙地聚集支那人下层社会之不良分子,自称为具有代表性的团体,要将其禁止是绝非可能之事。在今后时局纷乱之际,必然会进一步活动,进而对这些不良分子大加利用是无可置疑的。"⑥

共进会活动的另一个中心是江苏,被取缔晚于浙江。报章报道涉及共进会的案件主要有二类,一类如1912年年底宜兴帮会"嫁名共进会","扬言将为二次革命"⑦。一类如1913年年初散发票布,暗中结社。⑧较详细被报道的是无锡共进会,据说会长宜天顺(后为莫献之)在上海、常州、宜兴、江阴等地有"徒众数万人"。案发前,宜天顺在无锡东乡芙蓉山开山堂,"事

---

① 《军法治匪之快举》,《民立报》1912年10月19日,第8页。
② 《杭州通信·新昌人何以堪之》,《民立报》1912年11月11日,第8页。
③ 《共进会偏不共进》,《民立报》1912年11月9日,第8页。
④ 《浙都督解散共进会之通令》,《申报》1912年12月13日,第6版。
⑤ 《浙江共进会遵谕取消》,《申报》1912年12月15日,第6版。
⑥ 「中華國民共進會」(作者不明、大正二年)。日本国外務省外交資料館所蔵「支那政党及結社状況調査」。
⑦ 《宜兴通信·帮匪无法无天》,《民立报》1913年1月16日,第8页。
⑧ 《共进会肆意招摇》,《时报》1913年1月29日,第5版。《会匪闻信远飏》,《民立报》1913年1月30日,第8页。《松江共进会成立大会纪事》,《申报》1912年9月13日,第6版。

为应某所闻,电请都督严惩"①。此处的"应某"应是"应桂馨"。宜天顺等被捕后旋被释放,原因不得而知。其时,江苏都督程德全困扰于名为"九龙山"的秘密会党叛乱,而充斥于报端的各种围绕九龙山的说辞真假难辨。在程德全抓捕九龙山过程中,有位被处决的人名为李楚江。翻阅1928年《江苏省政府公报》关于追认李楚江为烈士并抚恤其后人的文字可知,原来沸沸扬扬的九龙山竟是污名革命者的装置。②

四、社团改进会

堪称继袭中华和平会宗旨的是该会发起人谭人凤创设的社团改进会。1912年秋,社团改进会获得北京政府的批准。③一如其名所示,社团改进会旨在吸纳和改造会党,这一主张得到了驻扎在扬州的陆军第二军军长、与青帮关系甚密的徐宝山的支持。《社团改进会草案》写道:"本会以改良旧有秘密会党,维持地方永久治安为宗旨。"入会资格为:"凡原属洪家兄弟姐妹","凡比丘僧、比丘尼、优婆塞、优婆夷","凡仿行洪家宗旨"的团体和个人,只要办理入会手续,皆可入会。④

谭人凤从五个方面阐述了创设社团改进会的理由:第一,"夫洪家唯一之目的,以排满为前提,而所以达此目的者,则有种种破坏之手段。今共和

---

① 《无锡共进会会长逮捕记》,《时报》1913年3月11日,第5版。
② 《李楚江为革命牺牲发还遗产》,《江苏省政府公报》第41期,1928年7月9日,第14页。拙稿:「『九龍山』秘密結社についての一考察」、『中国研究月報』第553号、1994年3月号)。驻南京日本外交官的报告均摘译自报章,基本不可信。「九龍山(秘密結社)ニ関スル件」(在南京領事船津辰一郎、大正二年二月二十日)、日本国外務省外交資料館所蔵「支那政党及結社状況調査」。「九龍山(秘密結社)首謀者処分ニ関スル件」(在南京領事船津辰一郎、大正二年二月二十五日)、日本国外務省外交資料館所蔵「支那政党及結社状況調査」。
③ 魏建猷:《试论社团改进会》,中国会党史研究会编:《会党史研究》,上海:学林出版社,1987年,第196—210页。
④ 中国第二历史档案馆编:《中华民国史档案资料汇编》第三辑,政治(二),南京:江苏古籍出版社,1991年,第806—812页。

宣布，五族一家，往昔复仇之目的已达，则破坏之手段，亦当因以变更"。第二，"党人不认有满清政府，自订法律，自为执行。今民国成立，从受治于统一法权之下，即人人享有法庭裁判之公权，凡昔时会中惩戒之手续，其与国家法律相抵触者，自当酌改，以求适法"。第三，"昔之会党，视政府为敌人，故党规以严守秘密为重。今国家改造，结社集会概许自由，所有会章，自应从新订定，公布天下，以求同意"。第四，"昔之会党以扩张势力为主，联络运动，不暇抉择，知识幼稚，无可曲讳。今组织变更之始，对于固有之会员，则宜有干涉之方，而导之进化；对于未来之会员，则宜有审查之法，而毋使败群"。第五，"轻财重义之风，最为会党特色，惟分利多，而生利少，适足养成社会游惰之习。夫国计民生，与国家荣瘁消长，至有关系，民力果困，国何由富？实业之振兴，固非仅为党人谋生活，亦以为国家开财源也"。① 以上五条理由层层递进，涉及多个方面，第一条讲时代由专制到共和，应该放弃"以暴易暴"。在民国时代，可以依法行事，无须会党私法（第二条）。而且会党要想存续下去，必须按照结社集会自由的法律，放弃"秘密为重"（第三条）。进而健全会党组织，约束会员（第四条）。最后，会党要放弃"分利"的原则，转向"生利"，从事实业。社团改进会为在共和制下安置会党提出了一个可行的方案。

1913年2月23日，湖南都督谭延闿许可社团改进会在湖南成立支部，并给予开办经费。② 社团改进会成立之初，谭人凤发表《谭人凤敬告洪家党派文》，就湖南会党现状指出，"假立山堂，私放票布，甚或掠劫，扰害乡间，是不特为五祖之罪人，亦国民之公敌"。而社团改进会"冀将一切秘密结社之团体一律改良，促之进化"。他呼吁各地会党：第一，"封闭龙口，不准再开。遇有私行放票出者，宜由本会人员查究来源，禀官惩治"。第二，

---

① 中国第二历史档案馆编：《中华民国史档案资料汇编》第三辑，政治（二），南京：江苏古籍出版社，1991年，第804—806页。关于《社团改进会意见书》另参阅《历史档案》1982年第1期，文字略有不同。

② 《改良秘密结社》，《民立报》1913年3月23日，第8页。

"各处粮台,宜一并裁撤,所有存款概由本会提贮湖南公立银行,作为开办各实业之用"。第三,"入会人员需洗心涤虑,具书愿书"。第四,"入会人员须分赴各属各乡负调查开导之责任"①。《谭人凤敬告洪家党派文》内容严重脱离实际,通过一纸空文呼吁各地互不统属的会党尽皆解散、成员加入社团改进会,无疑是毫无实现可能性的。

社团改进会的创设,隐含了谭人凤意欲借助社团改进会培育自己的政治力量的意图,但是,不久后发生的宋教仁暗杀事件以及继而爆发的"二次革命"打断了谭人凤的计划。而谭人凤作为策划湖南独立的"首魁"遭到通缉,社团改进会随之消亡。②

社团改进会的兴亡看似是政局变动的产物,内含与同袍社、共进会等相似的局限,即主张高远,行动力有限。在社团改进会成立后,湖南各地"票匪"、"叛匪"、"拳匪"等名目的会党的活动依然频繁。③1913年5月,社团改进会成员任玉和介绍来自湖北的"匪首"刘桂林入会,而刘"来湘密谋联络运动起事",引起地方士绅之不满,后者向谭延闿举报,谭责令社团改进会交出二人,但二人早已遁逃,改进会辩称"系属个人行为"④。其实,辛亥革命后,在围绕湖南政治权力的博弈中,会党始终是一个具体存在的政治问题,是污名政治敌手的装置,最早发动独立起义的焦达峰被杀即是一例。社团改进会在长沙开张之际,曾引起绅耆不满,原革命党人柳聘农家中还被人投掷了一颗炸弹,反对者就此喧嚷"会匪闹进城来了"⑤。

"二次革命"失败后,鉴于谭人凤曾参与反袁世凯革命,北京政府在解散国民党、弹压其他反袁势力的同时,对于社团改进会之类的政治化会党十分忌惮,1913年10月3日在颁布《严禁解散湖南会党令》中写道:

---

① 《改良秘密结社》,《民立报》1913年3月23日,第8页。
② 《二次革命史料》,《革命文献》第44辑,台北:"中央"文物供应社,正中书局,1958年,第463页。
③ 《湘中匪患之调查》,《民立报》1913年5月11日,第8页。
④ 《湘中匪患之调查》,《民立报》1913年5月12日,第8页。
⑤ 陈浴新:《湖南会党与辛亥革命》,《文史资料选辑》第34辑,北京:中华书局,1960年。

> 湘省会匪素多，自叛党谭人凤设立社团改进会，招集无赖，分布党羽，潜为谋乱机关……其余并有自由党、人道会、环球大同民党诸名目，同时发生举动，均多谬妄。着湖南都督一律查明，分别严禁、解散以保平安。至此等情形，尚不止湖南一处，并着各省都督，民政长一体查禁。①

1913年11月4日，在解散国民党、追缴国民党议员证书令里，诬指国民党为同盟会时代的"秘密结社之性质"，把"国家不能统一，地方逾遭糜烂"，尽皆归罪于国民党。②次年1月9日《严禁哥老会令》复道："嗣后各省如再有哥老会设立码头暨开山立堂，或另立共进（会）、改进（会）等项名目，应由该省都督，民政长严拿惩办，并通饬所属，一律悬为严禁。其已经设立各处，亦宜设法迅速解散，以杜乱萌，是为至要。"③

五、中国社会党

中国社会党与会党的关系颇值咀嚼。中国社会党由江亢虎倡立，还在清末，江亢虎就以学者身份宣扬该党的社会主义思想。民国成立后，在众多的政党中，中国社会党是唯一一个有意识地接近会党的政党。武昌起义后，1911年11月5日江亢虎撰文《中国社会党宣告》道："民军起义，假种族革命，演政治革命。惟政治由社会造成，故社会革命尤为万事根本。"④这里的"民军"和"社会革命"涉及革命中的会党。翌年11月，在中国社会党成立

---

① 章伯锋、李宗一编：《北洋军阀》第2卷，武汉：武汉出版社，1990年，第535—536页。
② 章伯锋、李宗一编：《北洋军阀》第2卷，武汉：武汉出版社，1990年，第502页。
③ 章伯锋、李宗一编：《北洋军阀》第2卷，武汉：武汉出版社，1990年，第540页。
④ 中国第二历史档案馆编：《中国无政府主义和中国社会党》，南京：江苏人民出版社，1981年，第175页。

一周年之际,江亢虎撰述《中国社会党宣言》:"生今日之时,处中国之地,欲社会主义纯乎其纯,惟有秘密结社则已。"① 此处的"秘密结社"虽然指结成以社会主义为宗旨的团体,但"秘密结社"的表述颇有意味。在思想上,中国社会党宣传的社会平等主张与会党的"分利"取向一致,而为了达成社会革命的目的,知识人必须走向民间,自然要与在民间有着很深的人际关系网的会党发生联系。在前述《中国社会党宣言》中,江亢虎已表达出对会党的关注:"民军既定为国是,本党亦极表同情,切望吾人顾名思义,实力推行耳。"②

中国社会党成立于上海,在许多省市设有支部。1912年8月,北京支部在成立之际发布的传单上豪言:"支部约届四百起,党员约届二十万。"③ 翌年天津支部成立时,这一数字增加到"支部四百九十余处,党员至五十二万三千余人"④。撇开虚夸的成分不论,社会党建立支部和吸收党员的方法值得关注。在四川,哥老会在其中起到很重要的作用。1912年3月,中国社会党四川支部在重庆成立,继而推及成都,支部长唐廉江为哥老会分子,支部里也有很多哥老会成员,后来唐干脆更党名为带有哥老会色彩的"汉流唯一社",自任社长,出版宣扬社会主义思想的《国是报》。对于成都哥老会与中国社会党的关系,《民立报》题为《哥老会变社会党》一文有较详细的描述:

> 成都哥老会林立,滚滚滔滔,不品不齐。自警团成立,公口形同赘瘤,民政部巡警厅令改为社会,以符法律行为,江南馆总公口即更名

---

① 章伯锋、李宗一编:《北洋军阀》第1卷,武汉:武汉出版社,1990年,第273页。
② 中国第二历史档案馆编:《中国无政府主义和中国社会党》,南京:江苏人民出版社,1981年,第175页。
③ 中国第二历史档案馆编:《中国无政府主义和中国社会党》,南京:江苏人民出版社,1981年,第184页。
④ 中国第二历史档案馆编:《中国无政府主义和中国社会党》,南京:江苏人民出版社,1981年,第190页。

目联合自治同盟会。现有张知竟由重庆来筹议改良之法，决计更名社会党，以便参与政治，并协力总会组织中华国民社会党。四川本部闻其组织法，系袭社会党之名，行哥老会之实，并未有深明社会党派学说与纲领之人。①

这是说公口即哥老会主动迎合新的政治形势，放弃原来的名称，改为具有现代色彩的"社会党"、"中华国民社会党"等，对此，作为现代政党中国社会党知道后也无可奈何。稍后，另一则记事则写道：

> 又成都设立公口后，以名不雅驯，后称社会，现又改为社会党，名中华民国国民社会党四川本部，组织《社会新闻》为机关，内部人员均系哥老会中人。袍哥、汉流不明社会主义，徒假其名以示高尚，定阴历三月二十日开成立大会。②

这两则记事都道明了一个事实，即社会党是成都哥老会的新装，哥老会与其说对社会党的思想感兴趣，毋宁说对社会党的招牌属意。在成都，"大汉公"首领尹昌衡作为地方官迫于舆论压力取缔哥老会。③ 以此为契机，哥老会又纷纷改名，取名"太平弭兵会"、"少年强国会"、"少英学堂"、"红黄十字会"等。④ 当成都的社会党成为哥老会的变名后，在江亢虎所号称的支部四百余中，肯定包括仅仅换了一个社会党招牌的哥老会。

中国社会党因提倡废除世袭遗产制等激进社会革命主张，没有得到袁世凯北京政府承认，其本身与"秘密结社"无异。1913年8月，袁世凯政府

---

① 《哥老会变社会党》，《民立报》1912年3月31日，第8页。
② 《公口社会》，《民立报》1912年4月8日，第8页。
③ 陈祖武：《煊赫一时的风云人物尹昌衡》，中国人民政治协商会议全国委员会，文史资料研究委员会编：《文史资料选辑》第77辑，北京：文史资料出版社，1981年，第73页。
④ 《公口社会》，《民立报》1912年4月8日，第8页。

发布《解散中国社会党令》，宣告了中国社会党的终结。中国社会党重新公开活动是在 20 世纪 20 年代，而回到四川并和哥老会发生密切关系则是三十年后的事情。

六、代结语

1912 年 2 月 15 日，孙中山在卸任临时大总统之前率众参谒了位于南京东郊的明太祖朱元璋的陵墓——明孝陵。在夏威夷加入洪门并得到过海外洪门众多物质支援的孙中山的参拜行为无疑有着报告"反清复明"使命达成的政治象征意义。意味深长的是，在孙中山撰写的两篇祭文中只字未提洪门——秘密会党，这似乎暗示了他与会党的诀别。①

但是，即使清朝覆灭、民国肇建，会党仍是重建国家和地方秩序时不可回避的问题，从上文的概述可见，在各省都督查禁会党的同时，民初有一种安置会党并使之转型为现代合法社会团体的动向，黎元洪的同袍社着其先鞭，旧同盟会革命党人策划的中华和平会崇正团则提出了完整的规划，继起的中华国民共进会，特别是社团改进会试图践行吸纳和改造会党的目标，就这三个会党型社团的初衷而言，它们所寻求的是会党的非政治化和社团化。即使在四川联络哥老会并意欲进行社会革命的中国社会党，其将哥老会的政治化也是止于政党政治的范畴之内的。因此，民初会党社团化的取向既合乎《中华民国临时约法》关于结社集会自由的条文，也与袁世凯北京政府的社会统合意志并行不悖。1912 年 9 月 29 日，袁世凯电令各省都督、民政长的《通饬严禁秘密结社文》中写道：

近日沿江海各地方，尚有巧立会社，种种名目，一切组织，均取

---

① 《孙中山全集》第 2 卷，北京：中华书局，1982 年，第 95 页。

秘密，既无宗旨，又无政纲，惟日以号召党徒为事。若辈假托名词，当缘误解自由所致，殊不知《约法》上之自由，惟书信乃能秘密，其余权利，无一非与国民以共见。是以东西立宪各国，无如自由程度如何，而对秘密社会，莫不各有限制之法条。我国国体甫更，人心未定，此等秘密之集会结社，若无先事预防，小之则流毒社会，大之则危及国家。①

"近日沿海各地方"云云，无疑包含了共进会。该禁令特别强调了除"书信乃能秘密"外，一切未经许可的结社均为不合法。11月9日，袁世凯再次发表解散秘密结社集会令，除重复各省都督查禁会党时的套句——"且查秘密各会，结集之初，多出明代遗老愤痛神州陆沉，迫而为此，今民国告成，五族联合，皆如一家一人"，还重复了清朝"不论会不会"的话语——"凡以前秘密结会，如能知悔自首解散者，均准不究既往；其愿改组社会者，但能不背法律，不扰公安，自应在保护之列"②。稍后，袁世凯在接获广东都督胡汉民"各省立心不正之徒，每以二次革命为口实，若不严诛一二，将何以遏止乱萌"电文后，指示各省都督和民政长，"凡有倡言革命者，敢为国民公敌者，查存实据，即行按法严惩，以寒匪胆，而顺民情"③。无论地方的都督还是中央的袁世凯，均在防止会党的政治化。具有反讽意味的是，唯有"政治"才使民间自在的会党成为表显的社会问题，而政治派系之间的博弈又进而使会党"政治化"了。

---

① 章伯锋、李宗一编：《北洋军阀》第2卷，武汉：武汉出版社，1990年，第1360页。
② 章伯锋、李宗一编：《北洋军阀》第2卷，武汉：武汉出版社，1990年，第1363页。
③ 章伯锋、李宗一编：《北洋军阀》第2卷，武汉：武汉出版社，1990年，第1363—1364页。

第四章 土匪政治
——民初华北的土匪与军阀

一、引言

如果翻阅民国初年报章的报道,土匪数目之多,为害之烈,触目惊心。在20世纪20年代,土匪问题曾引起广泛的关心和研究。[①]20世纪末,在有关中国社会史的研究中,土匪问题又获得了研究者的关注,先后出版了若干研究论著。[②]这些研究显示,学者们对民国土匪的认识基本一致,产生分歧的地方是如何理解霍布斯鲍姆(Eric Hobsbawm)的"社会土匪"(social bandits)概念。霍布斯鲍姆认为,社会土匪是那些受到公众舆论同情和赞扬的以劫富济贫为首务的罗宾汉(Robin Hood)似的集团,"社会土匪只是拒不屈从的农民,不是革命者"[③]。霍布斯鲍姆的这一看法曾在欧洲历史学界引起很大争论,稍后波及中国学界。美国学者裴宜理(Elizabeth Perry)在研究白朗的个案中对霍布斯鲍姆的观点提出了批评,认为白朗的土匪军队拥护政

[①] 比如何西亚:《中国盗匪问题之研究》(上海:泰东图书局,1925年);長野朗『支那の土匪と軍隊』(燕塵社,1924);納武津『支那土匪の研究』(世界思潮研究会,1923)等。

[②] Phil Billinsley, *Bandits in Republican China,* Stanford: Stanford University Press, 1988. 吴蕙芳:《民初直鲁豫盗匪之研究(1912—1928)》,台北:台湾学生书局,1990年。蔡少卿主编:《民国时期的土匪》,北京:中国人民大学出版社,1993年。

[③] Eric Hobsbawm, *Bandits*, Penguin books, 1969, p.24.

治革命，并能够成为资产阶级革命的同盟。①

笔者认为，社会土匪是个差异性概念，试图区分土匪这一符号装置里存在的不同性，而在实际研究中很难找出一个典型事例；该概念只能作为区分不同土匪或土匪集团的分析手段，而不能作为一个实质性的概念来使用。因此，与其讨论土匪能否成为革命者（就像讨论其他任何阶级/阶层的人能否成为革命者一样），不如讨论在怎样的社会政治和思想的背景下土匪能够或不能够成为革命者；如果土匪能够成为革命者，是成为怎样意义上的革命者。本章限于主题，对该问题不拟专门讨论，只在史料上罗列一些现象。

一如许多论著所指出的，民初的军阀主义植根于晚清以来的地方军事化，政治上的武化色彩是军阀政权的品格。1916年袁世凯死后，北洋系军阀分裂，北京政府成了军阀政治的影子。陈志让认为，尽管民国时期军阀政权有一套完整的现代化的官僚制度，其基层仍是建立在和原有的地方士绅结合的基础上的。②如果将"军绅政权"概念置于民初华北这一特定的空间，该概念还是一个有效的分析性概念吗？以下，笔者主要根据中国第二历史档案馆所藏的陆军部档案和报章资料，具体考察土匪在地方社会和军阀政治中的位置。在这个意义上，土匪既是本章研究的对象，也是理解民初华北地方社会和政治的一种方法。

二、土匪的生成

土匪的生成与地方自然环境和人文环境相关联。20世纪20年代中叶，马君武撰文指出："今中国固遍地皆匪遍地皆兵矣。人民何以乐于为匪为兵？因贫穷矣。何以贫穷？因失业矣。何以失业？因近百年生产事业起大变

---

① Elizabeth Perry, "Social Banditry Revisited, The case of Bai Lang, a Chinese Brigand," *Modern China*, Vol. 9, No. 3, 1983.
② 陈志让：《军绅政权》，北京：生活·读书·新知三联书店，1980年。

迁也。"① 这段文字解释了作为社会现象的土匪得以生成的经济机制。

20 世纪一二十年代的苏（北）鲁豫皖（北）地区，匪患严重，这种局面的形成除了一般性的原因外，与地方社会的特质相关联。所谓地方社会只是一个方便的说法，因为即使是在相同的地方环境内，具体情形也往往大不一样。在经济发达、地方政府控制较严密的地区，土匪问题不是地方社会"内在"的问题，如何应付"外在"的土匪的滋扰才是更为急迫的问题。此外，还可看到，在自然、人文环境基本相当的地区，有时甚至是相距几十里或仅十数里的两个"基层市场共同体"（William Skinner 语）或村庄，情形也大不相同：一边可能匪患炽烈，村落为墟；一边可能武装防匪，村落自治。1919 年，山东督军张树元谈及山东北部情况时称："至各民团均已举办，具有规模，而器械精神尤以临清、冠县、清平、寿张为最。"② 这是说在地方驻军的扶持下，县级武装业已发展为防匪、剿匪的重要力量。这种保卫团性质的武装不很发达，以红枪会为代表的各种枪会成为乡村应付土匪和其他外部压力的组织是 20 世纪 20 年代中期以后的事情。

黄宗智认为："各个村庄对这些新的压力（指来自官方）所作出的反应，随村庄内部的结构而不同。紧密内聚的自耕农村庄，大多团结起来应付外界，甚至集体武装起来保护自己的利益。高度分化松散了的村庄，则多任凭为外界权势服务的投机分子摆布。半无产化了的村庄，则在官僚机构与村庄社团的拉锯战中来回折腾。"③ 黄考察的是乡村半无产化和地方政权的关系，对于研究乡村社会危机与土匪生成之间的关系无疑是有启发意义的。

限于资料，笔者还难以对地方社会与土匪生成的关系进行具体研究，目前所能做到的仅是对苏鲁豫皖土匪产生的地方特质进行一般性概括。在苏鲁豫皖（特别是淮河以北），土匪出没地区具有相似的生态环境。乡村居于主

---

① 马君武：《战争为人口增多生产缺乏之结果》，《国闻周报》第 1 卷第 13 期，1924 年 10 月 26 日，第 18—19 页。

② 《1919 年 2 月 4 日张树元电》，中国第二历史档案馆的陆军部档（以下简称"二档"），（北十一）1198（1）。

③ 〔美〕黄宗智：《华北的小农经济与社会变迁》，北京：中华书局，1986 年，第 314 页。

导地位的小农经济，频年不断的旱涝灾害和高密度的人口使本地区的经济长期陷于贫困状态。以豫西著名土匪白朗（当时报章谓之"白狼"）而论，一家四口，有旱地二百余亩，雇一名长工和若干短工，在宝丰县大刘村，如果论阶级的话，白家算得上富农或地主。就是这样一个家庭，白朗还必须参加农业劳动，农闲时出外打工（运送官盐、冶铁）。①

需要批评的是把土匪与区域民性勾连起来讨论的方法。伴随周而复始的贫困化，该地区形成了匪盗不止的"传统"。对于这一现象，时人归因于地方社会特征：民性强悍。1918年有人指出，山东之所以多匪是因为人民"其性质习于骄惰，骄则不能下人，惰则不能自给，故骄惰之民，不为兵则为匪"②。北京政府时期的剿匪报告在诠释土匪何以生成时，也大都强调民性强悍。如豫南，"民俗强悍，惯性难驯"；豫西"民情强悍，习俗使然"③；苏北，"人性强悍"④；等等。这些评论显然都带有地域歧视的色彩，是"他者化"的地方形象，和在方志里看到的地方"自画像"形成了鲜明的对比，因此，本章以下所描述的只能说是地方社会一个非常特殊的剖面。

三、土匪世界

民初苏鲁豫皖匪患不绝。在苏北，时人评论道："江北土匪，无岁无之，每值天寒岁暮，其势尤炽。"⑤"在江北每一县中是没有一天没有盗案，没有杀人案的，洗劫一个村庄，或是掳了大批的人去勒赎，都不算什么一回事。"⑥

---

① 《白朗起义调查报告》，《开封师范学院学报》1960年第5期，第81—82页。
② 《1918年11月20日呈大总统》，二档（1011）2263。
③ 《1912年11月25日，4月21日信阳电》，二档（北十一）118。
④ 《1912年10月徐州电》，二档（北十一）1180。
⑤ 《江北匪祸与联防》，《时报》1924年2月9日，第6版。
⑥ 吴寿彭：《逗留于农村经济时代的徐海各属（续）》，《东方杂志》第27卷第7号，1930年4月10日，第65页。

苏北匪患最为严重的三个地区为徐州、淮阴和盐城。徐州地接鲁皖二省，当南北交通要道。辛亥光复后，"地方糜烂较江北各属为最惨"①，土匪十分猖獗，加之邻省土匪的影响，始终为著名的匪区。1918年7月，在此剿匪的徐州镇守使张文生电告陆军部道："数月派队剿匪，虽屡获利，终以兵单，不克大举廓清。青纱帐起，正在戒备，而萧县突被匪祸，闻警驰救，匪散无踪。"②徐州土匪此剿彼窜，令官军莫可奈何。徐州以外的淮阴和盐城，土匪也很滋盛，它和当地的会党、青红帮、盐枭等会匪、帮匪一起构成了有相当影响力的力量。如"匪风素炽，抢案纷纷"③的盐阜地区，其中从事私盐贩运的帮匪"极为强悍，枪械异常快利，缉私之役，实不减陆军战事前线危险"④。除却上述三个土匪滋盛区域，苏北其他广大地区散布着各种百十成群的股匪，活动也很猖獗。

南接苏北地区的山东，匪祸之炽烈仅次于河南。山东土匪以鲁西南地区为最，据1912年秋至1913年春《顺天时报》统计，山东十几股有名的土匪主要集中在此。⑤1912年6月，陆军第五镇统制官马龙标报告称："东省土匪蜂起，南北勾结，警告频闻，省西南一带十数州县几天完土，虽有驻防各营，不足显以资镇慑。"⑥1915年1月，兖州镇守使田中玉在剿灭滕、峄、费三县交界之匪后亦谓："若不急谋善后，以为一劳永逸之计，则兵队一去，难保不死灰复燃。"⑦鲁西南之外的山东东部、中部、北部，土匪也很多，1918年前后，由于退伍兵和溃兵的加入，土匪不仅人多势众，而且遍布的地区更加广大。

北接河南、东邻苏北的皖北地区，也是一个土匪猖獗的地区。土匪百十

---

① 《江北各属光复以后情况报告》，二档（1011）2169。
② 《1918年6月1日张文生电》，二档（北十一）1193。
③ 《江北护军使刘之洁呈》（1913年3月3日），二档（北十一）1181。
④ 《苏属盐枭》（1920年3月9日），二档（1002）230。
⑤ 《鲁省六匪》，《顺天时报》1912年9月13日，第4版；《山东盗匪蜂起》，《顺天时报》1912年12月22日，第4版；《鲁省匪徒之猖獗》，《顺天时报》1913年3月15日，第4版。
⑥ 《陆军第五镇统制官马龙标呈》（1912年6月25日），二档（北十一）1176。
⑦ 《1915年1月田中玉电》，二档（北十一）1177。

成群，在蒙城、宿县（今安徽宿州）、凤阳、定远等县，抢劫焚烧事件，民元以来不断发生。① 而亳州以北地区更是"群盗如毛"，"难民呼吁无门，束手待毙"②。悍匪程在洛在1918—1920年四处窜扰，祸及八县。③ 皖北土匪，既有本地土匪，还有外省流窜而来的客匪，客匪尤以河南为多。由于客匪流动性更强，影响面也大，所经之处，激起小股土匪的竞相附和。

河南"盗风之盛，甲于各省"，土匪分布地区概言之有四个中心地带：一是土匪"猖獗扰害，无县无之"④的豫西，这里产生出白朗、老洋人、樊钟秀等名噪一时的土匪；豫西的宝丰、鲁山、临汝、郏县、洛宁和嵩县因为匪患不断，几乎成为匪区的同义语。二是以邓县、新野和南阳为中心的豫西南，与以泌阳、舞阳、方城和叶县为中心的豫南。南阳一地，据1923年的调查，共有32股土匪盘踞于此，人数从百人至千人不等。⑤ 一位西方人指出，南阳"天无宁日，时人仅闻土匪之名，即噤若寒蝉，唯恐避之不及"⑥。三是"界连数省，匪迹飘忽"⑦，以永城、虞城为中心地带的豫东。苏鲁二省的土匪常流窜至此，"百十成群，或积杆成股，焚杀掳掠"⑧。四是黄河北岸的豫北地区和河南中部广大地区，这些地区由于土匪杆小人少，相对说来，影响力较弱。

关于土匪人数的估计，基本来源于当时报章的观察和官军剿匪报告，这里先看贝思飞（Phil Billingsley）整理的一组统计数字⑨：

---

① 《皖北匪情电报》，二档（1011）2262；（1011）6066。
② 《宿县、亳州之匪势》（1912年12月7日电），二档（1011）6329。
③ 《怀远县知县李松材呈皖省匪首程在洛被获正法》（1920年11月8日），二档（北十一）757。《1923年2月倪嗣冲等电》，二档（1014）276。
④ 二档（1004）2126。无文件名。——引者注
⑤ 《南阳杆匪为患之调查》，《时报》1923年7月7日，第3版。
⑥ Phil Billingsley, *Bandits in Republican China*, p.53.
⑦ 二档（北三）28。无文件名。——引者注
⑧ 《豫东土匪》（1914年），二档（北十一）625。
⑨ Phil Billingsley, *Bandits in Republican China*, p.29.

表1 20世纪20年代鲁豫皖匪股人数和规模（1923—1924年）

省	匪股数目（股）	土匪总人数（人）	最大匪股人数（人）	统计者及统计时间	备注
山东	47	18400	1000	何西亚1925年统计	
	47	25760	3000	朱新繁1930年统计	
	54	39170	5000	长野朗1938年统计	
河南	52	51100	6000	何西亚1925年统计	全部数目的1/4
	40	21850	3000	朱新繁1930年统计	
	42	25280	3000	长野朗1938年统计	
安徽	8	6500	3000	何西亚1925年统计	整个安徽
	13	4310	1240	朱新繁1930年统计	
	15	8060	5000	长野朗1938年统计	

这个统计有两个特点：其一是以匪股为单位统计的，其二是部分统计，最高值和最低值相差甚大，其原因何在呢？兹以山东省为例说明。

第一，官方报告。1918年前后，山东土匪的滋生达到了民元以来的顶峰，咨议员马海龙呈递陆军部的匪情侦察报告认为，山东三十余州县土匪共计3万余名，各种枪械2.88万支。[①]另据同年山东督军张树元的统计，山东的十一大股土匪人数约在2.8万人，"其精锐及持利械者每股约居十分之四五"[②]。这两条统计数字大体相当，即1918年前后，山东土匪人数约在3万人左右，这是官方的统计数字。

第二，报章估计。如果考虑季节和社会动乱因素，对土匪的计算，必须包括临时性的、亦农亦匪者和兵匪等。据1919年《时报》报道，鲁西南地区的土匪人数在2.3万人左右。[③]1919年，菏泽等县绅民称曹州（今山东曹县）一带，"遍地皆匪，现已达三四万人"[④]。以此类推，则整个山东土匪人数

---

① 《马海龙呈递陆军部报告》（1918年），二档（1002）51（2）。
② 《1918年11月张树元电》，二档（1011）6069。
③ 《鲁陕匪乱之京讯》，《时报》1918年4月8日，第3版。
④ 《1919年5月21日陆军部致张树元电》，二档（北十一）1198（2）。

在20万人左右之说不虚,占山东总人数千分之4—6左右。①

可见,不同角度的估计,结果出入很大,实际人数是很难把握的。特别是,土匪的活动和破坏力影响到人们对土匪人数的看法,报章上频繁出现的"遍地皆匪"、"无处无匪"的言辞反映了大众的这种心理感受。长野朗甚至推论1930年山东土匪的人数有百万人之众②,也即每百人中就有三人为匪。

那么,土匪主要来自什么阶层呢?先看两个陆军剿匪统计报告。

表2　河南南阳镇守使署1914年2月12日执行死刑人犯职业③

职业	游民	缺	屠(厨)夫	惯匪	军人	匠人	赌徒
人数	24	5	4	4	2	1	1
总数	41							

表3　曹州镇守使造报1914年6月份正法人犯职业④

职业	游民	无正业	军人	务农	佣工
人数	17	2	1	1	1
总数	22				

表4　曹州镇守使造报1914年4月份正法人犯职业⑤

职业	游民	个体劳动者	捕快	务农
人数	21	9	2	1
总数	33			

---

① 山东人口数按3200万人算,参阅张玉法《中国现代化的区域研究》(山东省),上册,第13—14页。20万土匪数字经常见诸报章,参见集成:《各地农民状况调查——山东省》,《东方杂志》1927年第24卷16号,第134—136页。
② 長野朗『支那兵、土匪、紅槍会』、燕塵社、1924年、第197—199页。
③ 《南阳镇守使署民国三年二月、十二月份盗匪案件执行死刑人犯一览表》,二档(1011)2598。
④ 《曹州镇守使造报1914年6月份正法人犯职业》,二档(1011)2598。
⑤ 《曹州镇守使造报1914年4月份正法人犯职业》,二档(1011)2598。

上述统计显示，土匪成分复杂，其中脱离农业生产的"游民"（包括离开军队的士兵）所占比例最高，这应合了前引马君武的评论。

关于土匪的行动样式，有指挥剿匪经验的张钫在20世纪30年代指出，河南盗风从清末到20世纪20年代有过三次大的变化：

> 在清末，土匪大多啸聚山区，"犹知戒淫戒杀，只与仇人为难；或飞名片于富室，亦止借粮而已；继而有拉牛犊、拉老犍以勒赎者，亦从不拉妇女，且赎价至低，绝不过份诛求；继而即有'快票'、'快上快'等新名词，然亦不伤贫人，不害善人，讲人道，去远乡，讳盗之名，不敢公然为匪也"。
>
> 民国初年，土匪"犹知假借题目，以美名资号召，以事功相诱胁。抢而不奸，烧而不杀，穷人及中户，尚可偷息幸存也"。
>
> 民国七年后，土匪"任侠之风之泯，至有所谓'要作官，去架杆'的荒谬口号。夫然后无亲疏远近，无老幼男女，无天理、国法、人情，一切不顾，惟枪及钱是要……所有奸杀烧房，残忍凶狡，缅常毁法，无恶不备"。①

这幅"盗风"日下图勾勒出土匪行为残暴的轨迹。在20年代的报章上，有人谈到邓县土匪时云："土匪所到之村，从前只拉富户，今则不论贫富，逢人便拉……全县人民除土匪外，人人皆有当肉票资格。"②

关于土匪的影响力，从时间上看，表现为匪祸不断，愈演愈烈；从地区上看，受到频繁破坏的大多为经济发达地区的边缘地带；从结果上看，匪祸破坏经济，造成人口大量外逃。贝思飞指出，民国年间，禹县13年中被土匪洗劫26次，正阳20年中至少27次，淮阳11年中22次，西华21年中26

---

① 张钫：《河南全省清乡总报告》，转引自王天奖：《民国时期河南土匪略论》，《商丘师专学报》1988年第4期，第3页。

② 《河南邓县匪祸之惨状》，《时报》1923年9月1日，第3版。

次。① 在土匪滋盛的豫西临汝、伊阳、宜阳一带，土匪盘踞之地，人民外逃，田地荒芜，荒地日久往往落入少数豪绅手中，"这是促成豫西南一带田权高度集中的主要契机"②。

土匪不仅对农业造成极大破坏，对商业也一样。土匪四出骚扰，致使社会不靖，商旅裹足。1923年，在地处苏鲁皖三省交界的宿县，由于股匪范明新等的滋扰，"商贾不敢经营，农民不能收获"③。在山东曹州，土匪"高揭旗帜，征收钱粮"④。在河南，传说土匪发行"保险票"，系一红牌印有文字，或一种特别的小旗帜，"领有此证者，遂通行各地，不有戒心"⑤。农村经济的商品化加剧了小农经济破产，而土匪的抢掠影响了商品流通，对农民生活不啻雪上加霜。在土匪滋扰的地区，交通中断，淮南北、东北的铁路线，陇海线、津浦线及沪宁线上，屡屡出现土匪拆毁铁道之事。⑥

劫掠焚杀是土匪达到利己目的的手段。如果关注土匪意识深处，可知绝大多数土匪并不以"落草为寇"为永久可靠"职业"，通过"为匪"，或蓄积钱财，或为官军收抚，过上"体面"的生活，这是绝大多数土匪渴望的结局。土匪中有一句话，"闹得越凶，得官越大"，意思是越是枪多人众，越能够成为日后被收抚的资本。姚雪垠在小说《长夜》中，以其亲身经历（作者曾当过土匪的"肉票"）描述了豫西土匪群中的这种心态。1915年8月，一个被俘的白朗手下的小头目在供词中说道："嗣念为匪终无好处，将杆众及枪炮子弹交给余占魁、继（丁）万松、崔云朝诸人领着，自己单身携带银两，于去年四月间，从小道至驻马店，搭车潜往汉口、武昌、黄州各处，浪

---

① Phil Billingsley, *Bandits in Republican China*, p.47.
② 薛暮桥、冯和法编：《中国农村论文选》（上册），北京：人民出版社，1983年，第446页。
③ 《宿县各公团全体公民》（1923年10月15日电），二档（北三）183。
④ 《山东曹州公民代表呈》（1921年12月7日），二档（1014）289。
⑤ 《豫匪有保险票》，《顺天时报》1923年1月10日，第7版。
⑥ 《山东匪情》（1918年10月25日），二档（1002）251。《张树元1918年6月21日电》，（北十一）1198（1）。《1918—1920土匪拆毁铁路报告》，二档（北十四）（1）。《土匪抢入浚县车站》（1920年9月），二档（1014）272（1）。

游数月，所带川费渐次用完，听说伙友多被收抚，意欲回豫投诚。"①

土匪既有上述复杂的成分和社会意识，是怎样聚合起来的呢？作为一个利益群体，土匪内部有一定的分肥原则，如梁山泊"大秤分鱼肉，小秤分金银"，按等级、功劳大小进行分配。这一原则之外，强调"有福同享、有难同当"的江湖义气，一般表现为"家法"、"帮规"②。土匪组织是由等级序列构成的：既有大小头目与一般匪众的区别，又有先入伙和后入伙的不同，做头目的，资格老的，有枪的，相应处于较高地位。土匪队伍少则十几人、数十人，多则成千上万人。小股土匪之间的结合形成大股土匪。1918年，徐州丰县知事陈葆恒指出：

> 北方土匪之猖獗，由于土匪与土匪集合成股，多则数百人为一股，少则数十人为一股，故以股匪称。每股有一小头目，若辈尊之曰大掌柜，又曰某老大，即悍首是也。此种悍首，皆系积匪。悍贼声气广通，能力出众者充之，余匪一入其股，无不听从其指挥。若有非常举动，自揣本股力有未逮，则又纠合其他各股，成一临时大股，以行事。③

这是土匪合股或合杆的一般情形。土匪所以合股，目的在于壮大势力，抵御官军、巡警和其他地方武装的攻击。有时合股是强制性的，如有个名叫王传心的小匪首，由于不愿并入白朗队伍，结果被白朗枪毙了。④合股后，各个匪股的原有状况基本未变，只是实际上或名义上服从调遣而已。⑤随着遣散、哗变士兵和溃兵的加入，土匪军事化程度提高，内部组合方式亦发生了很大变化。如在白朗的杆匪内部，有马、步、炮兵等类别："分为步、马、

---

① 杜春和编：《白朗起义》，北京：中国社会科学出版社，1980年，第222页。
② 何西亚：《中国盗匪问题之研究》，上海：泰东图书局，1925年，第37—38页。亦可参阅 Phil Billingsley, *Bandits in Republican China*, pp. 113-114。
③ 《江北匪讯》，《时报》1918年4月11日，第4版。
④ 《匪供白狼内容》，《顺天时报》1914年4月2日，第10版。
⑤ 《白朗起义调查报告》，《开封师范学院学报》1960年第5期，第87页。

工、炮、辎，扎立营寨，放哨巡逻，悉如军队。"① 1918年以后，随着以军队士兵为主干的兵匪队伍的出现，河南老洋人，山东毛思忠、庞子周、史殿臣、孙美瑶等匪部，从服装、枪械到编制，均俨如军队。

四、防匪与剿匪

军阀对地方社会的统治是通过州县行政机关和驻军来维系的。清末，许多州县曾举办巡警队（团），至民国地方社会形成了两级控制系统：地方官绅之有形力量，即保卫团、保安队、公安局之类；维系地方民众之潜伏力量，即保甲组织或秘密结社（指枪会之类的地方自卫武装）之类。②

就保卫团"有形力量"言，一县之武装平均在150—300人之间③，远远不敷防匪。山东督军张怀芝在谈到防、剿匪计划时承认："及（土匪）啸聚之势已成，非少数县队警备队所能捕治。"④山东旅京公民王谢庭等19人概述了山东吏治的腐败：

> 往往有盗劫近郭十里内外，被害者火急报案，而官僚方环坐博赌，置之不理，仅于一二日后循例验视而已。……人民控诉过急，则官反诬以通匪，缘此，破家罹害者甚众。其间虽有贤明知事，亦但求旦夕为自保计，而不暇更顾其他。⑤

---

① 《随县匪乱之详情》，《大公报》（天津）1913年5月14日，第3版。该说法不确，白朗队伍在入陕前尚不会使用大炮，参见《白朗起义调查报告》，《开封师范学院学报》1960年第5期，第87页。
② 闻钧天：《中国保甲制度》，上海：商务印书馆，1935年，第365页。
③ Phil Billingsley, *Bandits in Republican China*, p.154. 贝思飞的估计大体不错，但有些县的保卫团或警备队人数不足百名，且每杆枪子弹仅一百粒。《山东博平县知事吴容禀》（7月24日。年代约为1919年），二档（1014）297。
④ 《张怀芝咨呈关于全省防剿事宜规则训令》（1918年6月20日），二档（1002）251（3）。
⑤ 《山东旅京上民王谢家筹呈》（1918年11月9日），二档（1014）251（3）。

保甲组织或秘密结社之类无形力量是以地主为中心的地方武装。地主武装的力量一般也十分有限，所持枪械除个别例外，一般均在七八条到二三十条枪不等。地主武装凭借枪楼、壕沟，勉强可以对付小股土匪，广大无助民众则任凭土匪滋扰，无力抵抗。在淮北有的农村："小农无力筑枪楼，夕则抢卧于野，盖在室内易为匪所获也。日间操作，夜间备匪，精神不继，憔悴无人色，然偶一不慎，即为匪所取。"①

在上述"无形力量"里，地主、士绅具有什么样的地位呢？1913年3月，倪嗣冲关于亳州《清乡章程》十二条明确界定了其功能：（1）各乡绅董辅助地方官办理清乡局；（2）挨村稽查盗匪窝户；（3）各保董事办一团体；（4）各保董事如清匪不办，以庇匪罪治。②可见，地方绅士担负着防匪的重任。然而，正如有人评论曹县情况时指出的："（地方官）临事未竟剿办之功，事后空有清乡之名，酿成巨祸，致劳大军，而地方残破，人民扰害实已不堪。"③

州县—民间防匪武装的力量有限，地方驻军剿匪如何呢？先看各省军队人数统计：

表5　苏鲁豫皖四省驻军人数表　　　　　　　（单位：人）

省份 年代	江苏	山东	河南	安徽
1912年	33500	42236	21500	26176
1915年	35500（苏北）	55300	35451	
1919年	88000	64000	44000	35000
1924年		200000	200000	

资料来源：

1.《北洋陆军史料》，天津：天津人民出版社，1987年，第32—43页。

---

① 张介候：《淮北之农民生活状况》，《东方杂志》第24卷16号，1927年8月25日，第73—74页。

② 《1913年3月12日倪嗣冲致陆军部电》，二档（1011）2261。

③ 《地方长官粉饰太平》（1918年12月26日电），二档（1002）251（1）。

2.《南北兵兴后各省区兵力一览表》,《东方杂志》第 16 卷第 4 号。
3. 文直公:《最近三十年中国军事史》(上册),上海,出版者不详,1930 年,第 160 页。

从上表的四个年份可知,军队人数不断上升。一般而言,军阀混战时,军队人数达到顶峰;战事结束后,军队人数急剧下降,大量裁兵的流入壮大了土匪力量。1918 年山东驻军共计 4 万人①,是时,仅大股土匪人数就在 2.8 万人,兵力不敷布防。在鲁西南剿匪的唐天喜旅,所部十营,每营 500 人,共 5000 人,这些兵力分防三十余处,平均一处不到 160 人,而大股土匪因为是准军事组织,富有战斗力。唐天喜称:"于无可设法之中,拟采用剿抚并用之计。"②

五、政治势力与土匪

土匪群体一般缺乏明确的政治意识和政治目标,其结局要么被剿灭,要么被招抚。在政治混乱的民国初年,各种政治势力均关注土匪的存在,力图将这一社会力量转化为实现政治目标的资源。

革命党人对土匪的利用。民国建立初期,革命党人主持的军政权对土匪采取了镇压措施。1912 年 4—6 月,南京留守黄兴调兵遣将,责成江北各地守军对土匪实行剿抚。③ 及至袁世凯北京政府破坏共和,只有政治主张而无军队武装的革命党人转而对土匪进行利用,试图引导其从事政治斗争。这主要集中在 1913 年的"二次革命"和 1915 年的"护国运动"前后两个时期。

1913 年"二次革命"发生后,革命党人分别在苏北、皖北和河南联络

---

① 《土匪肆孽,官军剿匪不力,百姓遭殃》(1918 年 5 月 12 日电),二档(1002)512。
② 《旅长唐天喜》(1918 年 3 月 31 日电),二档(1002)251(1)。
③ 中国第二历史档案馆编:《中华民国史档案资料汇编》(第二辑),南京:江苏人民出版社,1981 年,第 142—147 页。

土匪。在苏北，革命党人韩恢通过丁明俊（丁三花子）①联络盘踞在泗阳、沭阳一带的丁明斯等土匪武装，进行反袁斗争，封丁明斯为"江北义军总司令"。②从1914年夏至1915年秋，据说丁部从事了反袁斗争。③在皖北，革命党人的活动也很活跃。由革命党、青红帮和社会会社联合组建的皖北三义会，势力漫及五县，密谋起事。④在河南，1915年黄兴等联络豫南土匪和江湖会；在曹州、青岛等地也有革命党利用土匪活动的报道⑤，另外，还有所谓"乱党给土匪接济军火，煽惑土匪与官军作对"⑥。

白朗是民初著名的土匪，他打着"劫富济贫"的旗帜，一定程度上博得了民众的欢迎。白朗匪部在北方兴盛之时正当"二次革命"发生，革命党对其倍感兴趣，黄兴致函白朗，希望他乘"袁军以大兵分道南来，内地空虚，乘虚直捣，必获优胜。足下占领鄂豫之间，相机进攻，可以窥取豫州，若能多毁铁道，使彼进路阻碍，为功实非浅鲜"⑦。黄还派人与白朗联络。白朗队伍中就有革命党人做参谋。⑧白朗之所以公开反袁，亮出"中华民国抚汉讨袁军"旗号，甚至主张"设立完美之政府"⑨，皆由于革命党人的从中策划。

---

① 《徐州电致陆军部》（1914年6月26日电），二档（1011）6092。《泗阳桃源匪炽》（1914年10月25日电），二档（北十一）757。《时报》（1915年9月21日）作丁明清，称丁明斯"外恃裙兄丁明清与乱党勾结"。

② 《苏军统领白宝山电》（1915年9月21日），二档（北十一）1183。

③ 《十九师师长杨春普致冯国璋等电》（1915年8月15日），二档（北十一）1184。

④ 《皖北会匪》（1914年8月13日），二档（1011）2262。此件年份系推测。——引者注。另，革命党人柏文蔚亦派人来此活动，参见张侠等编：《北洋陆军史料》（1912—1916），天津：天津人民出版社，1987年，第529—530页。宿县巨匪王富春与革命党人暗中来往，称"讨袁计表军苏五旅"。《李绍臣牛维霖电》（1914年5月3日），二档（1011）2243。

⑤ 《兖州镇守使田中玉致段芝贵电》（1915年4月15日；4月25日），二档（北十一）1177。《曹州绅民周宝廉等电》（1918年5月6日），二档（1002）51（2）。

⑥ 《山东督军张树元电》（1918年4月30日）；《张怀芝，张树元电》（1918年4月24日）；《参谋部抄山东谍报》（1918年11月21日）。二档（1002）51（1）（2）（3）。

⑦ 杜春和编：《白朗起义》，北京：中国社会科学出版社，1980年，第226页。

⑧ 杜春和编：《白朗起义》，北京：中国社会科学出版社，1980年，第35页。《白狼之东奔西窜录》，《时报》1914年2月23日，第4版。邹永成口述，杨思义笔记：《邹永成回忆录》，《近代史资料》1956年第3期。

⑨ 闲云：《白狼始末记》，《近代史资料》1956年第3期，第141—157页。

革命党人联络土匪旨在"化匪为兵以救省,事成则化兵为工以救国"①。后者无从谈起,前者亦未达到。革命党既未给土匪提供饷械,更未对其进行组织改造,仅仅是提出一些空洞的口号,发给一纸委任状。土匪的队伍不可能变为革命的军队,践行革命党的政治主张,一些与革命党联系的土匪依然从事"抢掠主义"活动。

日本人对山东土匪的支持。1918年,山东青岛的日本人暗中资助土匪,特别是参与了东北胡匪窜扰山东的行动。②陆军少将、京师警察督察长钱锡霖在1918年5月的报告中指出:"在济南商埠之日人处,假称欲购枪枝。该日人确认承包送至各处皆可,每十响毛瑟手枪(随子弹二百发)索价四百元,此其确有经济匪人之明证。"③同年11月,钱锡霖担忧道:

> 日人垂涎山东已久,自占领青岛后,设守备司令官以大将充之,其重视山东可知。胶济路线长八百余里,车站六十余座,每站至少有宪兵十名,每日往来通信,俱按战时动作。又复派学生数百名,游历各处,暗与土匪交通,其计划先以子弹、鸦片、吗啡等物吸尽山东现金,人民困于生活,匪势愈形扩涨,俟机会成熟,偶尔肇隙,则随起国际交涉。土匪扰于前,日军乘于后,进据津浦,实行占领,我东壁主权固早已成竹在胸,默操胜算。④

当时胶济铁路线上,随处可见日本"浪人",其中不少人专门向土匪出售枪械子弹。⑤山东督军田中玉致曹锟等电称:"有谓主使人,作用人在,传

---

① 蒋作新:《韩恢事略》,《中华民国史事纪要》(民国十一年十月三十日),第863页。
② 《胡匪二千来烟埠》(1919年6月14日电),二档(1011)6363。该电称:"内有某国人若干,携盒子枪炮着便衣。"
③ 《钱锡霖呈》(1918年5月4日),二档(1011)2263。
④ 《钱锡霖呈》(1918年11月29日),二档(1011)2263。
⑤ Phil Billingsley, *Bandits in Republican China*, pp.217-218.

闻异辞,未可臆度。"① 似指日本人参与此案。

军阀对土匪的态度。对苏鲁豫皖的土匪,北京政府一直存在两种不同意见:

一曰严剿不抚。1917年,安徽督军倪嗣冲说:"如欲增加军队,不妨呈明添募,万不可纳降匪众,编入军队,致贻日后无穷之患。"② 1923年,陆军中将孟效曾亦认为:"治盗不可招抚。"③ 在政府的公开布告里,从来都是禁止军队招抚土匪的。

二曰剿抚兼施。《时报》载文道:"零星之匪可抚,大宗之匪不可抚,匪势将败者可抚,匪势方张者不可抚。"④ 1918年10月,山东巨野县商会会长魏翰卿认为:"夫治贼之法,不外剿抚。顾剿而不抚,无以开其生路,而抚而不剿,无以警其邪心。"⑤ 这些是民间多数人的看法,亦为不少政府官员所认同,如钱锡霖就认为:"编成一营之兵,则减去五百之匪;山东减去五百枝枪械,则万无大枝杆匪可决定;其余小枝之匪则速速扑之。剿抚兼施,必易平静。"⑥ 从上述引文可见,即使主张剿抚兼施的意见,也存在较大的分歧,一种主张可以收抚"零星土匪",一种则主张收抚大股土匪,"小枝之匪则速速扑之"。

审视苏鲁豫皖军阀对土匪的态度,尽管其高唱"严剿不抚"或"剿抚兼施",而实行的举措多是"抚而不剿"或"以抚为主"。这首先是因为土匪人多势众,不易剿灭。其次大小军阀在为其利益角逐中,都把拉拢、收抚土匪作为壮大自己和进攻敌手的筹码。土匪善战,只需发给饷械即可编入军队,比之招募、训练士兵要便捷得多。

---

① 《田中玉致曹锟等电》(1923年6月13日),转引自胡菊蓉选辑:《临城劫车案文电一组》,《历史档案》1981年第2期,第62页。
② 《倪嗣冲致陆军部电》(1917年9月18日),二档(北十一)757。
③ 《孟效曾呈治匪妙策》(1923年11月),二档(北三)157。
④ 迦:《张敬尧之治匪》,《时报》1917年10月7日,第4版。
⑤ 《魏翰卿呈》(1918年10月22日),二档(1014)297。
⑥ 《钱锡霖呈》(1918年5月9日),二档(1011)2263。

综上所述，各种政治力量对土匪的关注使得土匪这种社会力量进入地方政治的角逐中。军阀据有地盘、握有资源，可以给土匪封官、发械给饷，这与土匪群体的价值目标一拍即合。因此，在对土匪的利用上，军阀比其他政治力量更有优势，土匪作为政治力量的存在也主要表现在与军阀的关系上。

六、兵匪合流

在军阀政争的时代，各派军阀对土匪的争夺激烈。在"免为他人利用"的指导思想下，竞相招募土匪。在山东，"各省招兵，多半在山东，而遣散一兵，山东即来一匪"①。山东土匪的滋盛又反过来促使各派军阀纷纷前来招抚，于是形成了如1918年陆军第一混成旅旅长吴长植所形容的局面："刻下来鲁收抚者颇不乏人，树帜张罗，大声号召。该匪等左右回翔，如鸟择木。"②1920年直皖战争期间，段祺瑞勾结东北土匪天下好，以期"扰乱奉地"③。在苏北，1922年初夏，江苏军阀王瑚、齐燮元指斥山东军阀张宗昌"分遣党徒"，在苏北煽动土匪，"以期到处扰乱，分我兵力"④。

兵和匪是两个水火不容的存在，有诸多区别。军阀对土匪的招抚，将这种社会力量引入军队，造成了"兵匪合流"的政治现象。"兵匪合流"是指兵和匪的角色可以互相转换，彼此界限并不明晰，以及兵和匪的行为的趋同。

先看兵和匪的角色转换。兵和匪的角色转换起因于军阀对土匪的招抚，而军阀裁撤兵员，军队哗变、溃败，又使得昨日的士兵转眼变为土匪。⑤在

---

① 《钱锡霖呈》（1919年），二档（北十四）186。
② 《陆军第一混成旅旅长吴长植电》（1918年8月9日），二档（北十一）1196（2）。
③ 第二历史档案馆编：《直皖战争》，南京：江苏人民出版社，1980年，第111—114、136页。
④ 《王瑚、齐燮元致陆军部》（1922年6月5日），二档（北十一）1202。
⑤ Diana Lary, *Warlord Soldiers, Chinese Common Soldiers,1911-1931*, New York: Cambridge University Press, 1985, p.60.Phil Billingsley, *Bandits in Republican China*, p.206. 蔡少卿、杜景珍：《论北洋军阀统治时期的"兵匪"》，《南京大学学报》1989年第2期，第47—57页。

苏鲁豫皖普遍存在兵流为匪、匪变为兵之现象。

（一）兵流为匪

兵流而为匪有三途：第一条途径是被遣散。民国初年被裁撤之军队，既有前清的旧军队，也有各地的民军。在徐州，"遣散淮军勾结为害，四乡焚掠殆尽，掳及妇孺，苛待勒索，惨难名状"①。对于遣散的军队官兵，北京政府一般都发给一定的遣散费，但并不是所有被遣散的士兵都能回乡。每次战争结束后，大批的退伍兵会加入土匪行列。

兵流为匪的第二条途径是战败溃散的军队。民初有人指出，苏鲁皖交界的徐州、归德和曹州素号多盗，"后乃有多数溃军掺入其中，势遂猖獗"②。张勋复辟失败后，溃败、遣散的定武军流入四省交界，"四处抢劫，为害日深"，约有数千之众。③这些流为匪的士兵，"器械精勇悍善战，小股之匪归附者颇多，所以愈聚愈众，至不可收拾也"④。其中一股聚集在山东峄县韩庄（今属山东微山），"专以打劫火车为重"的定武军匪，和徐州一营为匪士兵，各聚众千人，成了山东、安徽两省军阀竞相招抚的对象。⑤在著名悍匪毛思忠、史殿臣匪股内，定武军士兵是核心力量。原系定武军军官的史殿臣仍自称匪股为"定武军"。1918年，钱锡霖指出："山东土匪之分子由定武军及在逃兵士、退伍兵士与被害难民集合而成，其中以定武军为最强，以难民为最多。"⑥1923年山东临城发生劫车事件，劫车的孙美瑶匪部就是由张敬尧、赵倜和张勋的旧部组成的。1921年5月，齐燮元称徐（州）淮（阴）

---

① 《徐属土匪须苏鲁合剿》（1913年1月16日电），二档（1011）6329。
② 《曹州府单县黄子阿、钜野县郭占元等呈》（1912年10月30日），二档（1011）6066。
③ 《鲁省匪势炽之原因》（1918年4月30日电），二档（1002）251（1）。
④ 《呈大总统》（1918年11月18日），二档（1011）2263。
⑤ 《韩庄有辫兵劫掠火车》，《民国日报》（上海）1917年7月23日，第7版。
⑥ 《钱锡霖呈》（1918年11月29日），二档（1011）2263。

海（州）匪焰大炽：" 系受邻省溃、裁军队影响。"①

兵流为匪的第三条途径是士兵哗变。"吃粮当兵"对一般青壮男子极具诱惑力，因为士兵的薪饷收入较之普通人劳动所得为高。②1913年《时报》载述苏鲁皖穷人当兵心切的情景："张勋之所部兵队多鲁、徐、颍、寿之人，其兵之乡亲随同来宁，希冀补入兵籍者不下万人。"③但另一方面，军队一旦积欠薪饷过多，又会致使士兵哗变。陈志让统计的1908—1936年发生的300多起兵变，1919—1929年就有206次，兵变的原因大多由于欠饷过多所致。④军队哗变后大多要进行抢劫，并与土匪合流。陈志让指出："内战的破坏性主要不在战争的过程之中，而在战前战后。"⑤"战后"的破坏应该包括兵流为匪所造成的破坏。

（二）匪变为兵

匪变为兵主要是军阀收抚所致。河南土匪之多，为各省之首，1925年有人指出："考其原因，则以土匪之领杆者皆有得军官之希望也。杆愈大，势愈大，及至收抚，非团长即旅长，营连微职，不值一顾。因之近两年来，各县富户之子弟，亦皆以领杆为荣。"⑥自民国初年受抚为官的河南土匪，有名的有王天纵、樊钟秀、张寡妇、刘镇华、老洋人等，在豫西洛宁县，受抚做官至团长以上的土匪有丁老八等十余人。

河南以外的山东、皖北、苏北也有不少受抚做官的土匪，其中以山东为盛。张敬尧收抚毛思忠可谓开山东收抚大股土匪的先河。毛思忠是活跃于苏

---

① 《齐燮元电陆军部》（1921年5月27日），二档（134）（北十一）1202。
② 陈志让：《军绅政权》，北京：生活·读书·新知三联书店，1980年，第73页。
③ 《张勋近况纪闻》，《时报》1913年11月18日，第4版。
④ 陈志让：《军绅政权》，北京：生活·读书·新知三联书店，1980年，第81页。
⑤ 陈志让：《军绅政权》，北京：生活·读书·新知三联书店，1980年，第80页。
⑥ 《开封境内发现土匪》，《时报》1925年7月10日，第2版；3月1日的《时报》亦谓："匪众自居为奇货，待价而沽。"参见《豫省兵匪混合详情》，《时报》1925年3月1日，第1版。

鲁豫皖交界的著名土匪首领，据说聚众万余。曾任四省剿匪总司令的陆建章"首以主抚之说话政府"而遭拒绝，北京政府另派张敬尧为剿匪督办，张敬尧借口兵力不足，力主招抚，结果将毛思忠匪部收抚编为步兵三营、马队一营，任命毛为四营总稽查，号称"新编陆军"，统由张本人辖制。自此之后，"为匪知有利无害，于是大股益务劫掳蓄聚金钱，以图购买枪械，招集亡命"①。

兵流为匪，匪变为兵，使兵和匪的角色发生了转换，这种"兵匪合流"现象证明兵和匪的行为趋同。

兵和匪行为的趋同最根本的一点即烧杀奸掠。在苏鲁豫皖各地的驻军普遍存在劫掠民众的现象，如1912年驻扎山东曹州的二十营军队皆"抢架妇女，焚烧村庄，惨杀良民，无日无之"②。这种现象尤其发生于有军事行动的地区和时候。如战前，军队征集民力，搜括民财，"车辆兵差征调不时，则车辆必须啒嗟立办。虽遇装载粮食、乘坐妇女之驴马，亦必令委置于此，而驱之以去"③。战后，"兵过之处，供给粮草，供给车辆，供给夫役，强占房屋，男女老幼，争相趋避，哀哭遍野"④。这是军阀之间战争时的情况，军队剿匪时亦然。如1918年4月，鲁军新十八团在博平朱家庄，以匪匪为由，将该庄富户洗劫一空，掠得钱财计万余元。⑤

军队扰害百姓，与匪如出一辙。那么军队对待土匪又是如何呢？在分析兵和匪行为趋同这一点时不能不涉及。照理，兵和匪是讨伐者和被讨伐者的关系，然而揆诸史料，军队不仅消极剿匪，而且还和土匪暗中勾结。

1912年7月，洛阳发生土匪滋扰事件，在被击毙的土匪死尸中竟有十余具来自当地驻军。⑥1913年底，豫皖军队联合剿击河南永城土匪，剿匪司

---

① 《山东曹县团绅为鲁省匪患禀大总统》（1918年4月23日），二档（1002）51（2）。
② 《参议员议员彭占元》（1912年9月16日），二档（1011）6066。
③ 《山东东临道属绅商学界公民等呈》（1919年12月4日），二档（北十四）193。
④ 中国第二历史档案馆编：《直皖战争》，南京：江苏人民出版社，1980年，第241页。
⑤ 《大劫大掠之鲁军》，《上海民国日报》1918年4月19日，第7版。
⑥ 《河南第六镇第十二协统领周符麟电》（1912年7月14日），二档（1011）6075。

令李传业指责河南防军消极怠慢,"情形似与匪通"①。1914年2月,有人指责围剿白朗的张镇芳的五十营军队,"无一营不与白匪酣战,亦无一营不与白匪暗通"②。1918年,《字林西报》发自山东德州的通信曰:"盗似与北京方面暗中有联络,不然何以每官兵出派剿匪,盗已先得报他窜,而官兵之报告,乃曰盗已四散矣。"③1918年12月12日,山东省督署悬赏捉拿赵全德等匪首,同日警兵拿获赵等三匪,正待捆缚送署,陆军94团出面干涉,声称赵匪等系招抚之人,强迫警兵释放。④省督署在一日之内,不可能自相矛盾,显然是军队在庇护土匪。1921年,南阳镇守使呈报的10月份匪犯一览表中,有四名涉及贩卖枪械子弹的人犯。其中一名代人贩卖子弹,一名自己贩卖子弹,一名托人代卖枪械,一名则专门贩卖军火。⑤这种情况在山东更为普遍。"济南迤西北之匪,其子弹仰给于官军,官军击匪一次,若打去十响,则报称二十响,以此十出子弹可换银洋五元。"⑥据说曹州悍匪范玉琳,"闻其子弹之来源,半由山东军队之接济。"⑦山东之所以较其他地区更为普遍存在军队济匪子弹问题,和奉系军阀在山东时的作为不无关联。奉军在山东公开售卖枪械子弹,自来得(手枪)每支400元,大枪每杆200元,子弹每粒1元。⑧

"兵匪合流"是军阀统治下一种特殊的社会政治现象,这种现象的产生使土匪不再单纯是一种社会力量,而成为军阀军队的预备队。在苏北淮阴,绅民在受到土匪焚抢勒索之后,复遭讹诈滋扰。江北护军使辖下军队,剿匪不力,而纳匪为兵、冒领饷银却是行家里手。江苏涟水县朱亦甫,系前清贡生,历充市总董、市议长等职,办理团练,颇有佳绩。然而,与其结怨的土

---

① 《驻宿(县)剿匪司令李传业电》(1914年1月6日),二档(1011)2262。
② 《豫军通匪之骇闻》,《顺天时报》1914年2月13日,第3版。
③ 《鲁省匪祸之西讯》,《时报》1918年5月15日,第3版。
④ 《赵全德等匪首是否已招抚》(陆军部致张督军怀芝电,1919年1月10日),二档(北十一)1198(2)。
⑤ 《南阳镇守使呈报十月份匪犯一览表》(1921年1月),二档(1011)2598。
⑥ 《钱锡霖呈》(1918年5月4日),二档(1011)2263。
⑦ 《山东调查员报告》(1918年12月2日),二档(1002)251。
⑧ 《山东各路土匪》(参谋部抄山东谍报,1918年11月21日),二档(1002)251(3)。

匪投军后，竟污其为"乱党"，将朱氏父子二人一并枭首。朱妻状告北京，申述冤屈。另有该县商民、绅董被驻军勒索者凡二十余起。[①] 1918 年，山东谍报员的报告指出："倘军队追至询问，村民皆不敢实告，实恐军队去后，匪必加以惨杀焚烧。"[②] 1920 年 12 月，河南洛宁县十三里民众状告宏威军林起鹏旅。林系土匪出身，为兵后担任营长，1919 年因种烟发财，一跃而升为旅长。林旅在洛宁有种种不法行为，民众的控词为：一草菅人命，长养匪势；二破坏禁烟，病国殃民；三劫掠民物，奸淫妇女；四以兵饷不继，大肆勒索。控告信末尾指出："夫兵以保民耳，似此绝无军纪，比匪尤坏之军队，不为查办，则岁荒兵逼，百姓敢怒而不敢言，此足愚民同陷罪戾矣。"此信由 13 人共同署名呈上，要求北京政府："万祈勿使该军知之，恐一经泄漏，即有覆宗灭门之患也。"[③] 而河南地方政府次年 1 月"密派妥员前往查访"的结论是，纯系诬告，谓之为"希图妨害军声"[④]。民众备受扰害，冒死向北京政府控告，换来的是如此结果。

七、结语

以上，本章考察了苏鲁豫皖的土匪现象，从中可以看到，以打家劫舍为目的的土匪在民国初年混乱的背景下，业已成为地方社会一支重要的政治力量。农村经济的破产和农民的贫困化为土匪提供了源源不断的预备人员。在广大的华北地区，活跃着各种大小股匪，他们持枪带械，极具破坏力。面对军事化土匪集团的出现，乡村固有的自卫组织和地方县级政权显得十分无

---

① 张侠等编：《北洋陆军史料》，天津：天津人民出版社，1987 年，第 600—604 页。
② 《抄山东谍报员报告》(1918 年 11 月 27 日)，二档（1002）251（3）。《第一旅长吴长植电》(1918 年 5 月 23 日)，(北十一) 1196（2）。
③ 《河南洛宁县十三里公民禀》(1920 年 12 月)，二档（1014）272（1）。
④ 《河南督军代署公函》(1921 年 11 月 8 日)，二档（1014）272（1）。

力,根本无法组织有效的抵抗。

吊诡的是,原本应该站在后者立场、维护地方治安的军阀政权却和土匪集团形成了一种"共犯"关系:军阀政权既欲剿灭土匪,保证在势力圈内实行统治,又需要土匪这个准军事集团的奥援;土匪一边躲避和袭扰军队的围剿,一边期待着被收编入军队。结果,在华北出现了"兵匪合流"的怪异现象。在军阀备战、战时和战后,兵与匪的角色转化加速了,对地方社会来说,他们都是不受欢迎的"外来者"。

关注土匪的不仅有军阀,还有反对袁世凯和军阀的革命党人,以及趁第一次世界大战占领胶东德国势力圈的日本人。从1913年"二次革命"开始,革命党人发动的每一次政治斗争,都有土匪的影子。史料的片断记载虽然扑朔迷离,使人无法得知更多的细节,但是,革命党联络土匪并非空穴来风。同样,觊觎山东的日本人在与军阀的勾结和争斗中也将目光朝向了土匪集团。土匪成为各种政治力量争取的对象。

于是,当我们重审晚清以来出现的"军绅政权"时,不能不承认,如果真的存在所谓"军绅政权"的话,这个"军绅政权"在民国初年的华北不复存在。地方士绅不仅是军阀经济榨取的对象,还是兵匪合流的最大的受害者。地方绅民对土匪固然痛之深,对军队更是恨之烈。1922年8月,河南商丘兵变后,损失惨重的商人致书大总统道:"商等窃思政府养兵,本以卫国,非以残民也。人民纳税供政府养兵,期其保安,非期其反噬也。"[①] 从这哀嚎中隐约可以感到华北大地以"防匪御兵"为本旨的红枪会兴起的足音。

---

① 中国第二历史档案馆编:《北洋军阀统治时期的兵变》,南京:江苏人民出版社,1982年,第251页。

第五章 救赎结社的困境
——伪满洲国统治下的红卍字会

一、引言

1934年6月10日《南京人民晚报》刊载了一则批评红卍字会的文章，题为《告世界红卍字会》，文中提到内田良平所著《满蒙之独立与世界红卍字会之活动》一书。①曾经参与孙中山反满革命的黑龙会首领内田良平，在书中披露了其试图利用红卍字会分裂中国东北三省、热河和内蒙（即所谓"满蒙"）的政治企图。《告世界红卍字会》刊出后，在社会上引起轩然大波，红卍字会总部急忙致信《南京人民晚报》，强调红卍字会"为纯粹慈善团体，以救济灾患为宗旨，一方面本救人之精神而努力世界工作，一方面本爱国之精神而服从本国法律"②。

如所周知，1931年九一八事变后，日本关东军占领东北，于1932年3月1日扶植傀儡政权"满洲国"，对东北进行殖民统治。在大敌当前的政治环境下，红卍字会的普世主义宗旨和爱国主义立场还能并行不悖吗？对于伪满统治下包括红卍字会在内的宗教结社，以往研究虽有不少涉及，但大多停

---

① 内田良平『満蒙の独立と世界紅卍字会の活動』、先進社、1932年。
② 世界红卍字会中华总会：《抄致南京人民晚报社函稿》，1934年6月18日，上海市档案馆Q120-4-122。

留在话语分析层次上。驹込武在其关于日本殖民地文化统合的研究中未加论证地断言："万国道德会和红卍字会等在满州国的支配下，作为'宗教化的团体'得到了发展。"① 沈洁在其关于社会慈善事业的研究中，误将红卍字会视为"超越中国固有信仰范围，试图进入政治世界的宗教"②。与这些研究不同，杜赞奇（Prasenjit Duara）提出"救赎宗教"（redemptive religion）概念，以救赎宗教（道德会、红卍字会等）的不分种族与文明话语，探讨近代东亚国家主义、帝国主义以及"跨国界民族主义"（Transnationalism）之间的相互关系。③ 杜赞奇的研究富有启发意义，但在强调伪满跨国境、跨族群的"王道思想"与红卍字会宗旨相似之处时，他没有具体顾及二者之间的支配和被支配关系。基于上述理由，本章在对史料梳理的基础上，首先概观东北红卍字会及其与大本教之关系，通过分析红卍字会在伪满统治下的经历，讨论在民族主义和帝国主义对立时代作为"救赎宗教"的红卍字会的困境。

二、红卍字会在东北

"东北"，即历史文献所称之"满洲"（又作"满州"，本书除征引外，一般作"满洲"）。17 世纪中叶，满人打倒汉人明王朝，建立了涵盖中国全土的多民族国家——清王朝。清王朝在确保满人政治上的优越性的同时，对于满人发祥之地的"满洲"实施禁止内地汉人迁入的"封禁"政策。尽管如此，汉人不断移入，到清末更有急剧增加的态势。民国后汉人成为东北主要族群，占总人口九成。④ 伴随汉人的移入，汉人宗教在东北得以迅猛发展，

---

① 駒込武『植民地帝国日本の文化統合』、岩波書店、1996 年、第 265 頁。
② 沈潔『「満州国」社会事業史』、ミネルヴァ書房、1996 年、第 124—130 頁。
③ Prasenjit Duara, "Transnationalism and the predicament of Sovereignty: China, 1900-1945," *The American Historical Review,* No. 4, 1997. Prasenjit Duara, *Sovereignty and Authenticity: Manchukuo and the East Asian Modern*, Lanham: Rowman and Littlefield, 2003.
④ 据统计，在 1908—1928 年间，东北人口由原来的 1715.6 万人急剧增加到 2678.46 万人。満州国史編纂刊行会『満州国史』（総論）、満蒙同胞援護会、1970 年、第 73 頁。

除正统的佛教、道教等外，还有在理教等民间宗教；民国时期新兴的宗教结社红卍字会、道德会等则是后来者。

红卍字会传入东北的时间有明确记载。1922年6月24日，红卍字会在沈阳开设分会，会长为曾任张作霖政权秘书长、教育厅长等要职的谈道桓。① 沈阳红卍字会之设立，除谈道桓外，张海鹏、马龙潭、熊希龄、许兰洲等也助力甚多。据日本关东厅警务局1923年5月调查，不到一年，东北三省红卍字会分会增加到八处，具体是：辽宁省三（昌图、榆树、沈阳），吉林省三（吉林、长岭、滨江），黑龙江省二（卜奎、绥化）。② 截至九一八事变，沈阳、大连、营口、铁岭、长春、安东（今辽宁丹东）、锦州、哈尔滨、吉林等20多个地方都有红卍字会分会。③

红卍字会在东北的发展始终受到日本人的关注。关于辽宁省红卍字会，1930年11月驻郑家屯日本领事大和久义郎称，该会总部在奉天，地方大城市皆设有分会，当地著名士绅或当权者充任分会会长，会员多为地方官员、绅士、商人。太和久义郎认为，正如共产党以实行土地政策招揽人心一样，一些野心家向红卍字会捐赠金钱，旨在提高在会中的威望，使红卍字会成为可资利用的政治力量。④ 关于哈尔滨红卍字会，1930年11月驻哈尔滨日本领事八木元人报告称：道外太古街设置的分会于10月移至道里买卖街后，会势扩大，会员大半为有产阶级和知识分子，除任意捐赠外，会员每月根据各自经济情况捐献一定钱财，现在分会已经集聚了相当多的财产。会员中，以道里华洋百货店公和利老板、道外新世界老板为代表，合计人数在370余名。山东同乡会长傅宗渭（道名为"道言"）为会长，孔立尉（道名为"傅

---

① 民生部厚生司教化科『教化団体調査資料第二輯満州国道院・世界紅卍字会の概要』（1944年），第161頁。以下略为『満州国道院・世界紅卍字会の概要』。
② 「最近ニ於ケル道院ノ情況」、関東庁警務局、1921年5月27日。外務省外交資料館「各国ニ於ケル宗教及布教関係雑件・在家裡関係」，以下同。
③ 松尾為作『南満州に於ける宗教概観』教化事業奨励資金財団、1931年、第35頁。
④ 「在鄭家屯領事大和久義郎より外務大臣幣原喜重郎宛」、1930年11月4日。

诚")为副会长。①东北移民大多来自山东,哈尔滨的事例说明红卍字会在东北的发展借助了同乡会的力量。

1923年1月,鲁迅在与日本记者橘朴谈到红卍字会时认为:"搞扶乩迷信的多为官吏和有钱人,穷人是进不去的。"②从上文日本方面的观察看,此话同样适用于东北。有钱人(知识阶级、商人、政客)参加红卍字会各有信仰和实际所需,他们将募集的钱财主要用于地方公益事业。1938年4月,为救济山东难民,红卍字会在吉林和黑龙江募集粮食,通过大连分会分发给难民。同年10月,红卍字会通过大连、奉天、营口、长春、安东、吉林、哈尔滨、锦州等分会赈济山东省胶东一带灾民。③这些公益事业无疑提升了红卍字会在民间社会的地位。

托克维尔(Alexis de Tocqueville)在《美国的民主》(Democracy in America)一书中,将结社视为构成民主的基础。④对此,霍夫曼(Stefan-Ludwig Hoffmann)指出,以往关于结社的看法以英美为理想型,以中产阶级、自由主义等概念来理解"结社"会导致将市民结社的理念和实践视为特定阶级——中产阶级的所有物。而实际上,在欧洲大陆,截至1914年第一次世界大战爆发,在从法国、德国到中欧、东欧的广大地区存在众多的民间自发结社,这些结社并没有进入托克维尔的视野。⑤霍夫曼对托克维尔的批判,与笔者的思考不谋而合。和欧洲大陆一样,中国同样存在大量民间结社,这些结社以往被冠以秘密结社的污名,其实,除去一小部分结社或特定时期,绝大部分结社要么以兄弟互助为宗旨,要么以个人修行为特征,前者类似于共济会,后者如果剔除宗教因素(如红卍字会),和近代欧美俱乐部、

---

① 「在哈爾賓総領事八木元人より外務大臣幣原喜重郎宛」、1930年11月18日。
② 樸庵「周氏兄弟との対話」(下)、『京津日日新聞』、1923年1月13日第3版。
③ 松尾為作『南満州に於ける宗教概観』、第35頁。
④ 托克维尔:《论美国的民主》上卷,董果良译,北京:商务印书馆,2009年,第218—221页。
⑤ Stefan-Ludwig Hoffmann, Civil Society, 1750-1914 (Studies in European History), Basingstoke: Palgrave Macmillan, 2006.

协会等以道德向上为目的的结社并无多大不同。①

作为社会团体，红卍字会广施善举，无疑有助于自律的民间社会的形成。然而，红卍字会所信奉的普世价值因为具有超越近代民族—国家的特征，当1927年南京国民政府建立后，它遭到国民政府的压抑。一方面，国民政府基于近代国家统合之需要，对不合近代科学精神的红卍字会"扶乩"（"迷信"），鄙夷有加；另一方面，对倡言不分国家畛域和超越党派的红卍字会活动，猜疑重重。因此，在20世纪20年代末反迷信运动中，红卍字会每每成为政治冲击的对象。②而在1931年东北九一八事变、1932年上海一·二八事变等中日交恶的政治环境下，红卍字会更不断成为被怀疑和批判的对象。③前引《南京人民晚报》的告示虽是一个小插曲，但却深刻地透显了作为"救赎结社"红卍字会的外在困境。实际上，出乎红卍字会的预料，它引以为豪的在中日两国之间所进行的慈善活动，其背后始终萦绕着政治影子。

三、大本教的政治作用

1923年10月，红卍字会跨出国门到日本慰问关东大地震灾情后，开始和大本教合作，但二者行动趋向并不相同。红卍字会在神户设立分会，旨在华侨中传道；而大本教希望将红卍字会纳入大本教的范畴中，在此过程中，大本教和日本"传统的右翼"头山满、内田良平暗中合作，其活动背后还隐含着分裂中国、开拓帝国边疆的政治意图。除个别人外，红卍字会并不知道，在日本有一个名为"红卍字会日本总会"的组织，会长出口王仁三郎、

---

① 参见孙江『近代中国の革命と秘密結社——中国革命の社会史的研究（1895—1955）』、汲古書院、2007年。
② 张振之：《革命与宗教》，上海：民智书局，1929年。
③ 其中最严重的事件是1937年上海崇明县一个打着红卍字会旗号的分会（总部不承认），在会中悬挂太阳旗，引起国民政府的怀疑。虽经红卍字会的反复交涉，直到南京沦陷，此事仍未解决。

责任会长内田良平、顾问头山满。1925 年，出口王仁三郎豪言：所有宗教团体的思想都成为大本设想的那样的话，大本教即可统一世界了。① 内田良平曾经在日本松江市参加的一次大本教欢迎会上（1929 年 11 月 19 日）公言：当今社会矛盾纷纷，必然会发生大乱，为防止之，唯有信奉惟神大道。我们要与大本教携手，根据圣师（出口王仁三郎）的教导，为国家服务。②

红卍字会内流传着一本名为《东瀛布道日记》的书，记录了 1929—1930 年间应大本教邀请红卍字会三次访问日本的情况，系程妙因（总会副会长）、任惟登（济宁分会长）记录。③ 关于此书，因为人名皆以"道名"（包括日本人，比如出口王仁三郎名为"寻宗"）出现，长期以来，无论红卍字会的信徒，还是一般研究者，都不得其详。简言之，本书记录了红卍字会在大本教的一再邀请下，欲借助访问日本，扩展传教空间，给国内水灾募捐。而从大本教方面来说，安排红卍字会访日团巡游各地，似乎在显示其在中国的影响力，为向东北传教做准备。就在红卍字会访日本后，出口王仁三郎访问了东北。一年后，关东军发动九一八事变，出口王仁三郎的政治企图和日本帝国主义的扩张同步。九一八事变发生后，大本教内欢呼大本教与红卍字会合作的意义彰显无遗。④ 出口王仁三郎兴奋地从京都赶往东京，面见川岛浪速等，征求意见，声言现在世界正处于"最终战争"（Harmagedon）的状态。⑤

九一八事变后，出口王仁三郎给沈阳日本宪兵致电，要求保护红卍字会人员。⑥ 出口王仁三郎乃一介平民，何以能给关东军宪兵致电呢？原来，奉

---

① 大本七十年史编纂会『大本七十年史』（上卷）、非公开出版、第 768 頁。《出口王仁三郎全集》（第 6 卷）、天声社、1935 年、1925 年 8 月 15 日条。
② 大本七十年史编纂会『大本七十年史』（上卷）、第 35 頁。内田良平『満蒙の独立と世界紅卍字会の活動』、第 116 頁。
③ 《东瀛布道日记》，沈阳道院刊，1932 年。
④ 「日出磨再渡支」、『真如の光』214 号（1931 年 10 月）、大本教资料室藏。
⑤ 出口王仁三郎「全会员に望む」（1932 年 3 月 19 日）、池田昭编『大本史料集成』（Ⅱ 运动编）、三一书房、1982 年、第 554 頁。
⑥ 大本七十年史编纂会『大本七十年史』（下卷）、第 96 頁。

天（沈阳）宪兵队长三谷清夫妇是热心的大本信徒。①9月24日，大本教派遣出口日出麿等六人到东北，表面为援助难民，实则有扩大势力之目的。大本教重要干部、长期担任与红卍字会交涉的北村隆光对于出口日出麿一行的意义解释说：在慰问皇国军队的同时，与当地红卍字会协力展开赈恤工作。②其实，出口日出麿抵达长春后，仿照"满洲青年联盟"等日本人政治结社的做法，召集青年人，组织"昭和青年会"。据说在青年会成员中，大本教徒仅三四名，中国人有30名，一般日本人十五六人。③出口日出麿在以"昭和青年会"展开活动的同时，自称还从东北红卍字会获得了"流通责任统掌"的称号。④

大本教的活动受到关东军方面的首肯。受命前往东北视察的日本参谋本部远藤三郎曾说：出口王仁三郎之所以受欢迎，固然得益于与红卍字会的合作，另一方面是由于他很有说服力地解释了事变发生的必然性。按：西历1931年日语音意为"いくさが始まる"（战争之始），是年相当于日本皇纪2591年，音意为"じごくの始まり"（地狱之始）。中国愚民们很相信他的说法。⑤实际上，该流言并非出口王仁三郎之发明，而是当时日本坊间的流言。⑥大概经由大本教的宣传，而为一些在东北的日本人及与其有接触的红卍字会人员所知。另一个大本教干部出口宇知麿甚至声称，此次事变被"扶乩"所预测，因而中国人并不恨日本。⑦这里的"扶乩"预测，应该和上述"战争之始"、"地狱之始"的流言附会有关。

至于说"中国人并不恨日本"，肯定不属实。如果有不恨日本的，那是指背离红卍字会宗旨、投靠日本的一些红卍字会重要成员（如身为溥仪侍从

---

① 大本七十年史編纂会『大本七十年史』（下卷）、第97頁。
② 北村隆光「道院、世界紅卍字会に就て」、『神の国』154号（1931年11月）、大本教資料室蔵。
③ 「青年の叫び」、池田昭編『大本史料集成』（Ⅱ 運動編）、第534頁。
④ 北村隆光「道院、世界紅卍字会に就て」。
⑤ 松本健一『出口王仁三郎』リブロポート、1986年、第32頁。
⑥ 松本健一『出口王仁三郎』、第33頁。
⑦ 「満州実感」、池田昭編『大本史料集成』（Ⅱ 運動編）、第542頁。

武官的张海鹏等)。事变之后,红卍字会为救助难民和治疗伤病,成立"四民治安维持委员会",协助关东军维持"秩序"。红卍字会重要干部张海鹏、董树棠、马龙潭等声言要与北京"世界红卍字会中华总会"断绝关系。① 1932年3月,在纪念伪满洲国成立和红卍字会成立十周年会上,东北红卍字会在新京(长春)召开"全满红卍字会代表大会",宣布与内地的总会和济南母院断绝关系。② 次年,该会以"满州国总道院世界红卍字会满州国总会"名称正式成立。1935年12月,伪满成立三年之际,东北红卍字会再次申言:"对于国内外其他卍会,概处同等地位,脱离以往连带关系,不受何种限制与往来交际。"③ 就此,东北红卍字会完全背离了红卍字会的创会宗旨,滑向了附和伪满的政治道路。

颇为反讽的是,积极拥护日本对东北殖民统治的大本教,由于其激进的政治改革主张,在日本国内掀起了巨大政治波澜,最后以"不敬罪",于1935年12月再次遭到日本政府的弹压。该事件不久扩大为对所有未经"公认"的新宗教结社的弹压。对大本教的弹压是日本战前发生的最重要的宗教弹压事件,它昭示了明治以来在如何处理国家与宗教关系上帝国政府的困境,因此,弹压事件的发生标志着国家对社会、言论控制的加强。从后文伪满对红卍字会态度上亦可见,事件影响到伪满处理政治与宗教之关系。

在伪满,如何处理中国宗教和结社始终是一个大问题,管理红卍字会等宗教结社的有三个部门:民政部门、警察部门和文教部门。后来,管辖权分别移交给治安部(警务司)、民生部(厚生司)、文教部(礼教司,后改为教化司)。此外,以动员和统合民众为主旨的协和会也占有一席之地。多个机构的介入反映出伪满在对红卍字会政策上的矛盾:如果由治安部(警务司)来管理红卍字会的话,红卍字会便属于需要监控的对象;由民生部(厚

---

① 『満州国道院・世界紅卍字会の概要』、第162頁。
② 『満州国道院・世界紅卍字会の概要』、第162頁。
③ 《世界红卍字会满洲总会致北平世界红卍字会中华总会》,1935年12月5日,(二五七)43,中国第二历史档案馆藏。

生司）来管理的话，红卍字会则是从事公益事业的慈善团体；而由文教部（礼教司、教化司）来管理的话，红卍字会就被定位为贯彻统治意识形态的教化团体。检索伪满时期关于红卍字会的称呼，至少有三种：类似宗教、慈善团体和教化团体。混乱的称呼并不妨碍伪满对红卍字会的基本方针：去宗教化。

四、类似宗教

"类似宗教"是带有意识形态偏见的概念。伪满在"王道国家"的口号下，一方面要将红卍字会纳入自身的支配下加以利用，与此同时，又将红卍字会视为"类似宗教"，这意味着所谓"王道国家"的超国家主义宣传依旧沿袭了"近代国家"的统合原理。回到本章开头引述中提到的内田良平的著作，在这本书中，内田在讨论"满蒙独立"中红卍字会的作用时写道："无疑，世界红卍字会正是满蒙独立国家建设的最好的精神基础，通过满蒙乐土的建设，（以红卍字会的主张）作为日本、中国和蒙古民族提携亲善和共在共荣的精神契机。"①内田积极推动大本教和红卍字会"合作"。②他对红卍字会寄予希望乃是因为该会倡言不谈政治、不论种族和国家的普世主义。

具有讽刺意味的是，在建设伪满国家过程中，红卍字会这一"跨国界"性格因逸出伪满"国家"统合原理而遭受猜忌。第二次大本教弹压事件波及东北后，滨江省双城县大本教外围组织"人类爱善会"被强令解散，红卍字会被置于当局的监视之下。③伪满统治者质疑："扶乱不涉党派，不谈政治。……这里不谈政治是对政治不关心呢，还是要排斥政治运动，还是对于

---

① 内田良平『満蒙の独立と世界紅卍字会の活動』、第102頁。
② 初瀬龍平『伝統の右翼　内田良平の研究』、九州大学出版会、1980年、第291—305頁。
③ 〔日〕大谷湖峰：《宗教调查报告书》，《长春文史资料》1998年第4期。

国家所要达到的目的无条件的予以支持呢？对此，完全欠缺明确性。"① 甚而，基于担心红卍字会慈善活动会把民众引向不关心政治的方向，有意见主张对红卍字会加以限制。②

上述矛盾在1943年5月由国民精神文化研究所出版的西顺藏《满洲国宗教问题》中得到充分的展开。西顺藏在书中指出，出于纯粹宗教动机的宗教结社非常罕见，中国的宗教都以现世利益为中心。如果宗教结社是自卫的、相互扶助的、修道的和开展慈善事业的，那么大体可视为稳健的宗教。但是，即使是自卫的，从中还可派生出排他的闭锁性，在中国表现为反对官府的秘密结社。如果赋予宗教结社一定的秘密性，那么这种结社就成为秘密结社，其秘密性如果注入巫术性的秘密，就会成为非常坚固的结社，成为乱世中堪忧的结社，其弊害不容小看。基于这一认识，西顺藏认为类似宗教结社的存在对于"满洲国"国家建设不利，应该予以排除。③ 可见，即使是"公认"的红卍字会，因为其信仰中含有超国家要素，对于正在发挥作为"国家"功能的伪满统治来说，如何排除红卍字会"类似宗教"的色彩成为一个大问题。

五、慈善团体

伪满对于"类似宗教"的认识存在很大不确定性，被划分为"类似宗教"的红卍字会有时和"正统"宗教一样被称为"宗教"，有时被称为"慈善团体"和"教化团体"，有时甚至还被称为"邪教"。这样的称呼混乱不

---

① 『満州国道院・世界紅卍字会の概要』，第171頁。
② 〔日〕大谷湖峰：《宗教调查报告书》，《长春文史资料》1998年第4期。
③ 西顺藏『満州国の宗教問題』、国民精神文化研究所、1943年、第45—46頁。酒井忠夫认为，不能因为大本教是邪教，而把与其有关系的道院视为中国社会中的邪教，这样违背了中国民族宗教的本质。参见酒井忠夫『近代支那に於ける宗教結社の研究』，第142—143頁。

单是"名"的问题，也反映了伪满宗教政策的矛盾。

解决"类似宗教"的方法是将其改变为慈善团体。关于红卍字会组织情况，据伪满民生部厚生司教化科1944年2月的统计，1934年新设分会22个，次年新设15个，分会总数由39个增加到76个。到1941年底除总会外，共有99个分会。① 兹将其列表如下：

表6 伪满红卍字会分会设立年度表

伪满省市 年份	新京特别市	吉林省	奉天省	四平省	锦州省	安东省	通化省	龙江省	热河省	滨江省	三江省	牡丹江省	兴安南省	间岛省	东安省	兴安西省	合计
1926			1														1
1927	1	1	1							1							4
1928				2	1		1			2		1					7
1929		1	1	1	2		1		3				1				10
1930		1	2	1			1			1							6
1931									1	1							2
1932		1	2	1	1												5
1933		1	1	1	1												4
1934		1	5	7	3	3	1					1		1			22
1935		4	1	2	1	2	1					1	2	1			15
1936							1							1			2
1937							2										2
1938																	0
1939		1	1														2
1940			3	1		2	1							1	1		9
1941			1	3	1	1	1								1		8
合计	1	11	19	18	10	11	6	4	4	3	2	3	2	3	1	1	99

资料来源：民生部厚生司教化科『教化団体調査資料第二輯満州国道院・世界紅卍字会の概要』（1944年）、第169—170页。

---

① 『満州国道院・世界紅卍字会の概要』、第163页。

第五章　救赎结社的困境——伪满洲国统治下的红卍字会　117

从上表可知，在 1934—1935 年和 1940—1941 年两个时期，红卍字会的规模增大。在伪满成立最初的二三年间，红卍字会分会平稳增加。1934年"红卍字会满州总会"正式成立后，两年内增加了 37 个分会，分会总数几乎翻了一倍。但是，1936 年以后，其发展陷入停滞状态，1938 年只增加了一个分会；到 1940 年后，才出现再次发展的势头。① 从后文可知，在伪满政权的限制下，很难想象分会数目的大增，这里所谓"新设"应该理解为正式到民生部"登记"的数字。

慈善事业原本是红卍字会活动的中心内容，红卍字会开展的慈善事业如下：1. 医院或诊疗所。免费为患者施诊和开药。2. 贫民工厂。收容贫民为员工，招募技师，将员工培养为熟练工人。3. 平民学校。为贫寒子弟提供免费教育。4. 惜字会。节约用纸，将竹制或木制的惜字箱置于街道旁，给需要用纸的人提供方便，最后将纸收集起来置于炉中焚烧。5. 因利局。向贫民无利息贷款，贫民按月偿还。6. 育婴堂。收养双亲无力抚养的子女，置于幼儿院或小学校，其后送给愿意抚养者。7. 残疾院。收容身有残疾者，教授简单技能。8. 卍字报，宣传主张。9. 慈济印刷所。10. 粥厂。冬日和饥馑时，向贫民施粥。11. 平籴。向受灾地按平时价格出售粮食。12. 施棺。为家贫无法安葬者提供棺材。13. 施药。疫病流行时，发放药品。14. 冬赈。冬天给贫民发放衣食。② 此外，红卍字会还会有一些临时性的赈灾活动。

在伪满时期，红卍字会具体是怎样从事慈善活动的呢？从上述分会数增加的变化看，1936 年以前红卍字会发展平稳，其后分会断断续续地增加。据"满州国民生部厚生司教化科"的统计，该会的慈善事业支出在 1938 年约为 44.8736 万元，1939 年约为 96.8662 万元，1940 年约为 129.5253 万元。③ 沈洁根据这三个数字认为红卍字会投入民间慈善的资金呈年年增加趋

---

① 该统计参见"满州国民政部地方司社会科"：『満洲国中央社会事業聯合会』、1934 年 5 月。遠藤秀造『道院と世界紅卍字会』、東亜研究所、1937 年。
② "满州国民政部地方司社会科"：『満洲国中央社会事業聯合会』，第 56—57 頁。
③ 『満洲国道院・世界紅卍字会の概要』、第 165 頁。

势。① 确实,有个别分会多方面展开慈善活动,但是,1936—1939 年的四年间红卍字会的分会数并没有增加。实际上,有些年份在慈善活动中投入的资金还减少了。比如,红卍字会在 1941 年活动经费约为 52.2149 万元(会费除外),前述 1940 年度投入慈善费用约 129.5253 万元。② 分会数增加而经费减少,二者的差异如何解释呢？在笔者看来,在缺乏红卍字会资金来源和慈善事业实际报告的情况下,单从文本上的数字是无法断言慈善事业是否发展的。从下表新京(长春)红卍字会可知,1936 年以后一些红卍字会分会的慈善事业比 1936 年前有所减少。

表7 伪满新京红卍字会慈善事业及经费

内容	1932 年	1937 年
施粥	1200 元	3552 元
施诊	640 元	696 元
施衣	1500 件	300 件
施棺	250 个	100 个
救灾	16000 元	167 元
学校	11000 元	3439 元
种痘	2000 人	无

资料来源：
（1）"满州国民政部地方司社会科"《满州国中央社会事业联合会》、1934 年 5 月、第 141 页。
（2）"民生部厚生司教化科"『教化团体调查资料第二辑满州国道院·世界红卍字会の概要』、第 178—179 页。

值得注意的是,1937 年度活动经费并没有比 1932 年度增加。红卍字会慈善事业主要依靠会费和捐赠,以此为资金展开的慈善活动有其局限性。1945 年在参观完沈阳著名慈善团体——同善堂的育婴事业后,饭家浩二写

---

① 沈洁「『满州国』社会事业史」、第 126 页。
② 『满州国道院·世界红卍字会の概要』、第 169 页。

道:"满洲事变后,日本人开始接管经营同善堂,开始向营利本位倾斜,同善堂与其说是介绍工作的地方,不如说是使用幼年童工的工厂,说是慈善事业,反而让人觉得名不副实。"① 而关于这一点,在奉天同善堂慈善活动的报告中并没有记载。因此,红卍字会如果不能开拓慈善资金来源,却不断扩大慈善事业,要么是虚言,要么必然会出现如同善堂一样的变质现象。

六、教化团体

伪满虽然鼓励红卍字会进行社会慈善活动,但是,慈善是手段,贯彻殖民统治的教化政策才是目的。按理教化团体属于教化司的管辖范围,但在促使红卍字会去"宗教化"过程中治安部发挥了更大作用,治安部的监控仿佛给红卍字会的活动加上了紧箍咒。

关于"类似宗教",治安部声称:"无论其设立的动机如何,必须和中国方面断绝关系,而对于邪教和秘密结社则要彻底消灭。"② 作为具体步骤,1932年9月12日治安部颁布《治安警察法》,明文规定"禁止秘密性结社"(第五条),对于"组织秘密结社、加入秘密结社者要处以三年以下徒刑,或罚款二百元以上千元以下"③。这就是说,没有在伪满政府登记或没有得到警察许可的"类似宗教"均属于惩罚对象,这旁证了前文所说突然增加的红卍字会分会与其说是新设的,不如说是登记数在增加。

第二次大本教事件后,伪满对"类似宗教"的控制更加严厉。1936年11月出版的《省政汇览》(奉天省)严格限定宗教结社的活动,指出:"宗教是国民精神生活的源泉,在文化建设上负有重要使命,对于民心具有重要

---

① 飯塚浩二『満蒙紀行』、筑摩書房、1972年、第48頁。
② "満洲国治安部警務司"編『満洲国警察史』、1942年、第565頁。
③ 加藤豊隆『満洲国治安関係法規集成』(全)、元在外公務員援護会、1979年10月、第641、643頁。

影响。但是，以往满州国各宗教非常杂乱，没有系统，教派纷繁，人民信仰程度各不相同，在寺庙中自我修行的僧侣缺乏救世济民思想。国民文化程度低，缺乏科学知识。现在信仰迷信、邪教者甚多，宗教逐渐失去了指导国民精神生活的作用，实在堪忧。"①这里所说"宗教逐渐失去了指导国民精神生活的作用"，意味着试图将宗教定位为"教化团体"的方针并未实现。鉴于此，1937年4月，治安部强调："整理以往乱立丛生的结社，将其纳入警察的监视内，以满州帝国道德会、世界红卍字会、满州大同佛教会、满州国博济慈善会、五台山向善普化佛教会、满州全国理善劝戒烟酒会、孔学会、佛教龙华义赈会、满州回教会等为基础，实行宗教结社许可制。"②1940年以降，治安部加大取缔和镇压"类似宗教"的强度，声称要"对邪教进行不断强化取缔，严防那些潜伏地下活动，或假宗教之美名而组织合法团体，或蚕食公认结社者。最近有'中共满州党'利用结社事例，如不严厉取缔，将来有可能纠合反日满势力，从事反对国家的活动。"③

经由治安部认可的"类似宗教"划归民生部管辖。1939年，伪满民生部开始对东北各宗教教派的性质、信仰等进行大规模调查。红卍字会亦在调查之例。前一年，即1938年9月民生部颁布《暂行寺庙及布教者取缔规则》，规定所有寺庙、教会、布教所，在新设、变更、移转、合并、废止时，都须向"民生大臣"申请许可。④1939年10月，民生部仿照清王朝向佛教僧侣、道教道士发放"度牒"的做法，给布教者发放"身份证明书"，强化管理。⑤这两个法令依据的是关东厅在1922年制定的有关宗教法令。⑥1940年以降，民生部制订四年调查计划，分别在1941年调查基督教及民间信仰，1941年调查佛教，1942年调查日本教派神道和回教，1943年调查道教和道

---

① "国务院总务厅情报处"『省政彙覧』(第八辑奉天篇)、1938年、第514页。
② "满州国治安部警务司"编『満州国警察史』、第565页。
③ "满州国治安部警务司"编『満州国警察史』、第571页。
④ 加藤豊隆『満州国治安関係法規集成』(全)、第319—321页。
⑤ 加藤豊隆『満州国治安関係法規集成』(全)、第322页。
⑥ 松尾為作『南満州に於ける宗教概観』、第153—161页。

院（红卍字会）等。据《满州国史》（各论）说，调查结果成为"制定宗教法案的重要资料"①。

在统合宗教结社中，协和会的作用亦不可忽视。协和会是1932年7月为动员和控制民众成立的官方团体，溥仪为名誉总裁，协助伪满维持治安和"宣抚工作"。1934年，溥仪就任伪满皇帝后，协和会自称是"满州国认可的唯一民众性的国民统一机关"，与"满州国"政府形成一体关系。②标榜要吸纳三千万民众为会员的协和会当然会关注红卍字会。1941年，"红卍字会满州国总会获得协和会首都本部的同意，在二道河子建筑贫民住宅，共花费六千百六十六元九十七钱"③。红卍字会的慈善事业需征得协和会"同意"。

从上可见，伪满治安部、民政部（民生部）和协和会对红卍字会的策略虽不尽相同，分别着眼于治安、教化和思想统一，但指向完全一样，即如何使合法的红卍字会成为伪满统治的工具，按照伪满教化团体的方针，红卍字会慈善、学校教育和卍字报纸等必须宣扬与教化有关的"王道思想"。"扶乩"原本是红卍字会决定行止的重要宗教工具，但是，坛训被伪满政治利用。如滨江宗坛设立时，1939年7月26日的坛训有"国家性的宗教意识高扬"字句。④1942年，在伪满建国十周年庆祝祈祷大会上，8月13日、14日的坛训均出现讴歌伪满和大东亚战争的文字。⑤

日本战败投降后，1946年东北红卍字会重组，成立"世界红卍字会东北临时办事处"。该办事处在发布的公函（第七号）中沉痛地回顾了伪满统治下的历史，指出在1932年和1933年红卍字会尚可与南京、济南、天津等地红卍字会来往，其后则完全失去自由。"概自东北沦陷后，所有东北各红卍字会处于日寇强迫淫威之下，受尽种种压制取缔，一切慈业，咸遭打击，

---

① 满州国史编纂刊行会『満州国史』（各論）、第111頁。
② 平野健一郎「満州国協和会の政治的展開——複数民族国家における政治の安定と国家動員」、『日本政治学会年報』一九七二年度（1973年3月）。
③ 『満州国道院・世界紅卍字会の概要』、第177頁。
④ 『満州国道院・世界紅卍字会の概要』、第173頁。
⑤ 『満州国道院・世界紅卍字会の概要』、第173—175頁。

尤其使我整个卍会之统系无形阻断，呼吸相通之机运，遽尔隔绝。"①

七、结语

红卍字会和大本教的"合作"开启了"跨国界"民间宗教交往的历史。借助大本教的帮助，红卍字会得以在日本设立分会，开展国际救灾活动。但是，同样作为"跨国界"的宗教结社，红卍字会和大本教的"合作"可谓同床异梦：红卍字会信奉普世价值，不问种族、文明，对所有宗教一视同仁；而大本教提倡的"万教同根"之"根"在日本，在大本教。企图分裂中国东北的日本"传统右翼"内田良平等的介入使二者宗教性交往增加了政治因素，从而在红卍字会和大本教之间的宗教关系之外，又派生出另一组近代民族主义和帝国主义之间的对立关系。

与大本教的"合作"，给红卍字会带来了诸多困扰。在民族主义和帝国主义的对立下，红卍字会同时遭到双方的疑忌。在伪满统治下，红卍字会失去了自我主张的权利，被迫"去宗教化"，将慈善事业变为服务于伪满统治的教化工具。而在南京国民政府节节退败之际，在沦陷区内展开救援的红卍字会面对纷至沓来的质疑，一面艰难地继续救援活动，一面不得不四处申辩，开除附敌分会成员，力求保持政治中立。杜赞奇敏锐地指出红卍字会作为"救赎结社"在近代东亚思想史上的意义，而对红卍字会而言，这一普世价值因为无法超越民族主义和帝国主义的对立，给其自身演绎出一段无法自赎的历史。

---

① 《世界红卍字会东北临时办事处公函》，1946年3月8日，中国第二历史档案馆（二五七）62。

第六章　袍哥政治
——战时国民政府的社会统合与哥老会

一、问题所在

1950年，江苏常熟出生的历史学者周少平在回忆其参加哥老会的经历时写道：

> 哥老会势力在四川甚盛，如以重庆地方来讲，几乎每一条街上（每一个角落）都有它的组织，四川人中十分之八九都是参加哥老会的，有的自小就参加了哥老会。它的势力很大，伸展在各处。①

为躲避战争的炮火，周少平一路亡命至重庆，以摆摊谋生，在多次被人找"麻烦"后，于1945年11月加入当地的一个哥老会组织。或许因为是读书人，入会不久，周就得到"大哥"的地位，生活为之改变了许多。

在四川，哥老会被称为"袍哥"。关于"袍哥"的来历，有两种说法：一种认为"袍哥"源于《诗经》中的"与子同袍"，另一种认为"袍"与"胞"同义，"袍哥"即"兄弟"。②"一袍通天下"，意为四川遍地袍哥，成

---

① 周少平：《我参加帮会的情况》，1950年3月25日，南京大学中国民间社会研究中心所藏。
② 木每：《四川的袍哥》，《警声月刊》第二、三期，1946年，第10—13页；Liao T'ai-ch'u, "The Ko Lao Hui in Szechuan," *Pacific Affairs*, Vol. 20, No. 2, 1947, pp. 161-173.

为袍哥后朋友满天下。清末四川布政司在一份告示中写道："川省民气嚣浮，动辄拈香拜把，烧会结盟，自号江湖弟兄，不知自己已堕入强盗行径，此皆误于小说捏造，遂认假为真，群思效法。"① 这虽揭示了哥老会的部分实情，但官方文书中屡屡出现"民气嚣浮"之类的言辞，显示出地方官有敷衍和推诿之嫌。撇开官方文书记载，在地方志里，人们不难看到截然相反的记述。《重修南溪县志》在回顾三百年来该县结拜哥老会的风习时指出，由于受民间道教影响，"因果报应诸书真为多"，"其朴鲁狂悍者，又束缚于哥老会之五伦八德，而不敢逞其欲望"。② 哥老会的"五伦八德"制约着会众的行动，哥老会并非扰乱日常秩序的要素。③ 1949年的一份调查显示，直接或间接与哥老会有关系的四川人超过1700万。④ 1949年以前，重庆市有500多个哥老会组织，以袍哥为业者近10万人。⑤ 而据《新新新闻》1935年9月的统计，成都有约600个哥老会组织。⑥ 1949年，成都哥老会组织增至千余个。⑦ 不管这些统计是否准确，如果考虑到哥老会拥有如此广泛的民众基础，论者便不能简单地将哥老会视为"反社会"和"反体制"的存在。

回顾有关民国时期四川哥老会的研究，司昆仑（Kristin Stapleton）从秘密结社与都市政治的关系角度对成都与上海进行了比较。⑧ 王笛通过对哥老会秘密语的探讨揭示了哥老会所承载的大众文化。⑨ 山本真对战后民意机构

---

① 《四川省布政使扎发劝戒赌博争斗拘烧会告示》（光绪十一年十月），巴县档案，清六-897-11，四川省档案馆藏。

② 《重修南溪县志》卷四《礼俗》，1937年9月。

③ 参见周育民、邵雍：《中国帮会史》，上海：上海人民出版社，1993年；王纯五编著：《袍哥探秘》，成都：巴蜀书社，1993年。

④ 《四川帮会调查》（1949年印），转引自赵清：《袍哥与土匪》，天津：天津人民出版社，1990年，第223—224页。

⑤ 《重庆帮会调查》（1950年印）、《四川帮会调查》（1949年印），转引自赵清：《袍哥与土匪》，天津：天津人民出版社，1990年，第220页。

⑥ 王纯五编著：《袍哥探秘》，成都：巴蜀书社，1993年，第168页。

⑦ 《四川帮会调查》（1949年印），转引自赵清：《袍哥与土匪》，天津：天津人民出版社，1990年，第221页。

⑧ Kristin Stapleton, "Urban Politics in an Age of 'Secret Societies': The Cases of Shanghai and Chengdu," *Republican China*, Vol. 22, No. 1, 1996, pp. 23-64.

⑨ Wang Di, "Mysterious Communication: The Secret Language of the Gowned Brotherhood in Nineteenth-Century Sichuan," *Late Imperial China*, Vol. 29, No. 1, 2008, pp. 77-103.

与哥老会关系的分析展示了权力与民众之间的张力关系。① 与本章以下讨论的第一部分论旨最为接近的是曹成建的研究,作者爬梳了四川省政府查禁哥老会章程的制定过程,将其置于国民政府推行的"新生活运动"中予以解读。② 本章继袭了笔者以往研究的旨趣,将秘密结社视为一种差异性的话语装置,就哥老会而言,哥老会既指各种性质别异的兄弟结拜组织,更指原初的人群结合与交往方式。基于这一问题意识,本章将首先概观抗日战争时期国民政府推进的社会统合与哥老会取缔政策之间的关系,进而反观哥老会所承载的利益群体对国民政府的态度。

二、从取缔到限制

在抗战时期的国民政府档案中,四川省警察局为了取缔哥老会活动不断向市县下达各种指示,这些指示经常会援引 1935 年和 1936 年颁布的两个取缔哥老会的章程,两个章程反映了国民政府在四川的代理机构(行营)和刘湘的省政府试图对扎根于地方的哥老会进行社会统合。

1935 年 1 月 12 日,军事委员会行营入川参谋团主任贺国光进驻重庆,开始着手打破军阀割据的"防区制"。③ 正如柯白(Robert Kapp)所指出的,中央政府进入四川,其原因不仅来自四川军阀内部的危机,也与 1933 年徐向前率领的中共红军进入四川后各地军阀无法组织有效的抵抗有关。在共产党势力进入四川后,军阀中势力最强的刘湘于 1934 年 11 月前往南京,被中

---

① 山本真:「一九四〇年代の四川省における地方民意機構——秘密結社哥老会との関係をめぐって」、『近きに在りて』第 54 号、2008 年 11 月、第 73—86 頁。山本所关心的问题与笔者有共通之处,参阅孙江:「戦後権力再建における中国国民党と幇会(一九四五——九四九)」(一)、『愛知大学国際問題研究所紀要』第 114 号、2000 年 12 月、第 141—171 頁。

② 曹成建:《政府查禁四川哥老会政策的出台与重申(1935—1948)》,《历史教学》2010 年第 22 期,第 20—26 页。

③ 吴光骏:《四川军阀防区制的形成》,四川省文史研究馆编:《四川军阀史料》第二辑,成都:四川人民出版社,1983 年,第 199—212 页。

央政府委以四川省主席。作为交换，刘湘同意中央政府派遣参谋团进驻四川，对共产党进行"包围讨伐"。① 这是贺国光参谋团进入四川的契机。参谋团名义上对付中共红军，但从其行动看，其目的远过于此，还试图通过一系列的改革将四川置于国民政府的控制之下。1935年10月，参谋团解散后改名为重庆行营，从此以刘湘为代表的本土势力与蒋介石中央政府之间的对立越发凸显出来了。②

国民政府对四川的社会统合始于废除"防区制"，从军阀手上夺回人事任命权和征税权。1935年2月10日，四川省政府成立，刘湘就任四川省主席。在参谋团的助力下，刘湘要求各地军阀将所辖区域的指挥权上交省政府。1935年5月，行政督察区取代"防区制"，全省148个县被分为18个专区，每个专区各辖若干县。专区设有专员，专员兼任所派驻县县长。此外，国民政府还对保长、联保主任及县政府的差役等进行培训，强化对基层的控制。1935年5月，南昌蒋介石行营秘书长（后为重庆行营秘书长）杨永泰在四川县政人员训练所发表演讲，强调这一改革对强化县政府行政机能的重要性。为直观起见，以图1示之：

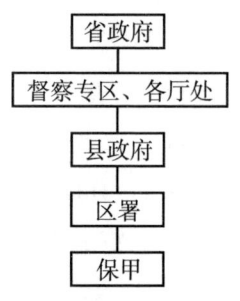

```
省政府
  │
督察专区、各厅处
  │
县政府
  │
区署
  │
保甲
```

图1 行政改革后的四川省行政结构图

这一控制体系与四川原有的权力体系之间必然产生一定的紧张关系。

---

① Robert Kapp, *Szechwan and the Chinese Republic: Provincial Militarism and Central Power 1911-1938*, New Haven and London: Yale University Press, 1973, p. 98.

② 邓汉祥：《四川省政府及重庆行营成立的经过》，中国人民政治协商会议全国委员会文史资料研究委员会编：《文史资料选辑》第33辑，北京：中国文史出版社，1963年，第124—125页。

如，行政督察区虽在四川省政府的管辖之下，但专员的任命却需要蒋介石行营的批准。新的权力机构试图通过保甲制取缔哥老会，但直到1936年保甲制才得以推广。即便如此，恰如贺国光在一次讲话中所承认的，保甲制很难立刻起到作用：

> 藏污纳垢之哥老会青红帮……等——川省尤多——非法组织，忧泪入民间，其支配社会之力，远过政府，官吏尚多仰其鼻息，下焉者更无论矣。国光入川时，上书言事者，恒以取缔为请。然若辈潜势甚大，猝言取缔，反虑生变。厥惟利用保甲组织，使其潜移默化，范我驰驱。①

刘湘迎合国民政府推行的"新生活运动"，采取了比较可行的策略，颁布禁止哥老会集会及宴会的命令，理由是哥老会首领的生日宴会过于豪奢，如不加以迅速而严厉的禁止，会妨碍地方治安和人民的生计。②禁令针对的是哥老会的活动——集会及宴会，而不是哥老会存在的本身。

1936年6月上旬，重庆行营召开了四川、贵州两省行政督察专员会议，中心议题之一是讨论取缔哥老会、同善堂等。首先提出议案的是第六行政督察区专员冷薰南。冷原为军阀刘文辉部队的师长，他提到1935年四川省政府发布的禁止同善社及洪善祥等结社的命令，"此等团体吾川最多，即不有反动份子，而迷信神鬼、煽惑愚民、诈骗钱财、抛弃正业等事，所在皆有，实有严行取缔之必要"③。行营对冷的意见颇为赞许，"四川各县慈善团体，流品复杂，多以玄门乩盘降神为诱召中心，一般民众，趋之若鹜，纯为人心混乱一种表征，现在各处教匪之乱，不无与有因缘，应准如所拟取缔"④。四川

---

① 参见《国民政府军事委员会委员长行营参谋团大事记》（中），出版年代、出版者不详，影印本，第498、537—538、525页。
② 《为哥老会集会宴客流毒社会通令查禁仰遵照严拿办由》（1935年3月5日），《四川省政府公报》1935年第2期，第9—19页。
③ 《四川六区专员冷薰南建议取缔慈善团体案》，《四川省政府公报》1936年第52期，第21页。
④ 《奉委员长行营令为准川黔专员会议冷薰南提议取缔四川慈善团体一案令仰遵照并转饬遵照由》（1936年7月31日），《四川省政府公报》1936年第52期，第20页。

省政府在 7 月 31 日向各县传达了这一命令。

第十三行政督察区专员鲜英提出的禁止哥老会议案意义最大。鲜英曾是刘湘部队的参谋长,他认为 1935 年颁布禁止哥老会集会及宴会后,各地哥老会暂时安分下来,但为了防患于未然,应制订切实的取缔方案。行营认可鲜英的提案,命令四川省政府制定取缔哥老会条例,由此产生了于 8 月 6 日颁布的《惩治哥老会缔盟结社暂行条例》,具体内容如下:

> 第一条 四川省政府为禁止哥老会缔盟结社,维持治安起见,特制定本条例。
>
> 第二条 自本条例公布之日起,各县政府应将各该地哥老会一律解散,由会中首领出具切结并缴销戳记名册,有底金者应提作该县救济事业基金。
>
> 第三条 哥老会不遵令解散或再有缔盟结社者,得拘捕其首要,处一年以下有期徒刑或三百元以下罚金。
>
> 第四条 哥老会于命令解散时以暴力抗拒者,得按照刑法各条治罪。
>
> 第五条 各县政府应密派探警调查报告并设密告柜,准由当地民人举发,但不得挟嫌诬陷,如经查明不实,应以诬告治罪。
>
> 第六条 本条例自呈奉委员长行营核准之日公布施行。
>
> 第七条 本条例如有未尽事宜,得呈准委员长行营修正之。①

条例虽然明确取缔哥老会,但由于没有执行力,发布多月而未能实施。同年 12 月,鲜英对条例加以修订,形成共 22 条的《惩治哥老会实施规程》。② 与前者相较,内容更为详细,可归纳如下:取缔公口、结社、神会、结盟等(第 2 条);对参加哥老会的学校教职员工、保甲人员、保安人员、

---

① 《惩治哥老会缔盟结社暂行条例》(1936 年 8 月 6 日),社会处档 186-01-1385,四川省档案馆藏。

② 《十三区各县惩治哥老会实施规程》(1936 年 12 月),秘书处档 41-1868,四川省档案馆藏。

军官及机关人员予以重点监管（第3、6—9条）；退出哥老会之际，本人需将亲笔声明书张贴于公共场所（第4、5、7、21条）；通过调查与告密等方法掌握哥老会内部情况，将各会土地、房产及现金等财物上交县政府，最后由省政府另行处置（第11—18条）；哥老会需在一个月内宣告解散，三个月内彻底解散所有组织，对继续进行活动者施以严惩（第19、20、21条）。在这一提案中，社会统合与取缔哥老会合为一体。与之前的哥老会禁令相比，《惩治哥老会实施规程》加入了经过深思熟虑的具体措施，可视为中华民国历史上最为整严的哥老会禁令。

上述条例与规程在部分地区得以实施[①]，在其后国民政府发布的哥老会禁令中屡被提及。如1938年6月四川省政府、川康绥靖主任公署的布告重复了《惩治哥老会缔盟结社暂行条例》中的主要内容，声言为了取得四川这一抗战后方的安定，对于行动秘密、不为人知的哥老会应予禁止。1941年，四川省政府发布的哥老会禁令中提及《惩治哥老会缔盟结社暂行条例》及《惩治哥老会实施规程》，认为这些禁令内容甚为详细，如能切实实行，不难根除哥老会。[②] 1944年11月12日，渠县龙凤乡育英总社发生内部纠纷，乡长陈致和告发了哥老会头面人物陈泽之，结果依照《惩治哥老会缔盟结社暂行条例》第2、3条和《惩治哥老会实施规程》第6条，陈泽之被处以200元罚款。陈致和则因不遵守禁令，暗款哥老会而被免去职务。[③]

通过保甲禁止哥老会根本上与清朝所使用的方法相同。在行政督察区—县—保甲这一控制体系中，保甲被赋予了重要功能，这清楚地写在上述两个哥老会禁令中，尤其体现在鲜英所拟定的《惩治哥老会实施规程》之中。以

[①] 例如，三台县安乐乡第一区党部书记谢逎周在1933—1934年红军进入四川北部时结成哥老会组织新民会，编成"剿共义勇挺进队"。1935年，谢返回三台就职后，从社员中选拔国民党党员充实党务，每月召开国民月会。接到禁令后，谢解散了新民社，向县党部上交了社员名簿。参见《呈为遵令退出哥老会自动解散新民社团体请予备案存查》（第一区党部书记谢逎周，1936年10月），社会处档186-1385，四川省档案馆藏。

[②]《四川省警察局通令政字第0047号》（1941年9月12日），（93）1961，成都市档案馆藏。

[③]《渠县县长唐锦柏呈省政府主席张处理龙凤乡陈泽之等秘密集会组织哥老情形》（1944年12月25日），社会处档186-1351，四川省档案馆藏。

三个月为限的哥老会禁令发布后，虽然哥老会的活动在表面上并不彰显，但新的问题接踵而至——如何界定处于保与行政机构区署之间的连保和连保主任的权限。保甲以十户为甲，十甲为保，十保为连保，此外，还有类似民兵的"壮丁队"。四川省政府原想将旧有的乡、镇长任命为连保主任，但中央政府认为这样容易滋生"土豪劣绅"而加以反对。① 在四川，共实施了4期连保主任培训计划，受训者多达4000余人。培训负责人为省政府秘书长邓汉祥，培训的内容是拥护刘湘、警惕蒋介石。② 另一方面，四川省政府对保甲人员进行考核后发现："查各市县保甲人员，大都良莠不齐，而壮丁队各级队附人选，亦属瑕瑜互见，即各区办理之壮丁队干部训练班，以当时匆匆选格不严，亦难免有不肖之徒，滥竽其间，一但毕业任职，因有所恃而不恐，往往借受训以为护符，横行乡里，甚至变本加厉，作奸犯科，言念及兹，殊堪浩叹。"③ 保甲并不能起到查禁哥老会的作用。实际上，在各地有关哥老会的报告中，甲长、保长、连保主任等保甲人员中有不少受到哥老会的掣肘④，很多保甲人员在禁止哥老会上虚与委蛇。这些人员几乎都在1935—1936年间接受过培训，其中一部分人本身就是哥老会成员。结果，虽然国民政府三令五申禁止哥老会，实际效果却十分微弱。

　　从1939年开始，国民政府将查禁哥老会改为控制及利用哥老会，起主导作用的是国民党中央委员会社会部。社会部首先命令各省社会部调查含哥老会在内的特殊社会团体，据笔者所阅一份四川省36县调查表，调查的重点是哥老会成立经过、组织特征及经费来源。哥老会均自称系明末清初遗留下来的结社，在清代只能暗中活动，进入民国后始能公开活动。哥老会虽然

---

① 《国民政府军事委员会委员长行营参谋团大事记》（中），出版年代、出版社不详，影印本，第531页。

② 邓汉祥：《四川省政府及重庆行营成立的经过》，《文史资料选辑》第三十三辑，第120页；Kapp, *Szechwan and the Chinese Republic*, p.126.

③ 《为令发本省各县保甲人员考核表一份并限于文到十五日内列表具报查核一案令仰遵照办理由》（1936年9月22日），《四川省政府公报》1936年第58期，第11页。

④ 关于哥老会的影响力，可参看四川省档案馆所藏社会处档（全宗号186）及中央档案馆、四川省档案馆编：《四川革命历史文件汇集》甲种，成都：四川人民出版社，1989年。

标榜结义，并有一套大同小异的仪式，但组织相当涣散，成员多为下层劳动者或无业者。哥老会的经费来自会员的定期缴纳和捐赠，没有一项来自所谓的非法经营，这与一般资料所说的从事鸦片走私等非法活动并不一致。① 社会部将宗教结社与哥老会相区别，针对前者（如岳池县）予以取缔；对于后者（如安岳县）则实施"哥老会组织既普遍，应善加领导，以期增强抗战力量"② 的方针。

在社会部对哥老会进行调查的同时，中央调查统计局（简称"中统"）也对哥老会进行了调查。③ 从有限的资料看，中统关心的主要是哥老会与共产党等"异党"的关系，强化对哥老会的控制清楚地展示了国民党政权防范共产党的意图。通过在广元县及昭化县进行的调查，中统察觉到中共及其他政党势力已经进入四川省北部，由此下达了监视各重要人物的命令。广元县与昭化县位于四川省北部，属于第十四行政督察区。中统对与陕西、甘肃两省接壤的广元县共产党的活动异常敏感，调查报告中称："该地帮会已为中共所利用，组织帮会支部，积极活动，参加人数日渐增多，殊堪注意。"④

三、政府的理由与哥老会的理由

1940年3月1日，名为国民自强社的哥老会在重庆召开成立大会。⑤ 哥

---

① 《四川省昭化等县帮会调查表》（1939年6月），社会部档（11）7416，中国第二历史档案馆藏。
② 《民众组织处审核文件福字第104号社会部对射洪等36县各种社会调查表的意见》（1936年11月4日），社会部档（11）7416，中国第二历史档案馆藏。
③ 中央调查统计局在1938年成立之初，其第二组便负责管辖党派、帮会及宗教团体。刘恭：《我所知道的中统》，柴夫编：《中统头子徐恩曾》，北京：中国文史出版社，1989年，第105页。
④ 《中统关于广元昭化帮会分子之调查》（1940年4月8日），社会部档（11）2-1445，中国第二历史档案馆藏。
⑤ 唐绍武和李祝三在回忆参会情景时均提到国民自强社成立于1932年夏天，1939年夏天后停止活动。参见唐绍武、李祝三、蒋相臣：《重庆袍哥史话》，《河北文史资料》编辑部编：《近代中国帮会内幕》下卷，北京：群众出版社，1992年，第289—290页。

老会成员之外，洪帮杨庆山和向海潜，重庆国民政府党、政、军、警等界代表参加了大会，会议场面盛大：

> 昨天重庆有一个盛大的集会，就是国民自强社的成立。这是社会内层的秘密结社，所谓青帮、洪帮、洪门、哥老、汉流等，现在于抗战洪流中涌现出来，团结起来，组成这个国民自强社，公开的在国家的纪律及政府的指导之下，来为抗战建国而努力。这个社，是代表四川七百万同胞的一个社团组织，这力量已经很大。[1]

国民自强社的成立受到了国民政府各方面的欢迎，两个月后出版的《四川哥老会改善之商榷》道出了其中的原委。《四川哥老会改善之商榷》的编者是傅况麟，他将国民自强社视为彻底改组哥老会为合法社会团体的样本，对其成立赞许有加。哥老会在成为合法社团后，被寄望于协助地方政府从事公益活动，巩固地方自治基础。[2] 此外，傅况麟还将"忠义社"的纲领视为合法社团的典型。忠义社纲领的主要内容如下：第一，"观念上之纠正"。哥老会为标榜兄弟结义的狭隘的民间组织，书中认为应该将国民政府的三民主义理念导入哥老会，"哥老会应知三民主义为抗战建国之最高准绳，一致信仰奉行"。第二，"组织会员及职名之更改"。书中认为应该将各种名称之哥老会一律改为"忠义社"，其成员不应以兄弟相称，而应改称呼为社长、副社长、会员等。第三，"仪式之改良"。改变哥老会仪式，开会时唱国歌，挂国民党党旗，并在孙中山遗像前三鞠躬。第四，"社会资格之限制"。哥老会内上自老人，下至儿童，男女老少，尽皆有之。该书认为应该限定入会年龄为16岁以上。第五，"应呈报官厅备案"，以使哥老会变成现代社团，获得

---

[1]《晶国民自强社》，《大公报（重庆）》1940年3月2日，第2版。有关报道，另可参阅《渝市昨日盛大集会 国民自强社成立》，《大公报（重庆）》1940年3月2日，第3版。《全川青红帮奋起为国效劳》，《大公报（香港）》1940年3月3日，第3版。

[2] 傅况麟主编：《四川哥老会改善之商榷》，四川地方实际问题研究会丛刊之三，1940年，第8页。

合法存在的根据。傅况麟书中忠义社组织如图2所示：

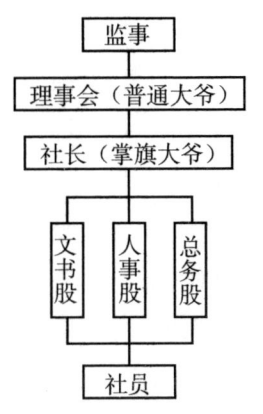

```
                    ┌──────┐
                    │ 监事 │
                    └──────┘
                       │
            ┌────────────────────┐
            │ 理事会（普通大爷） │
            └────────────────────┘
                       │
            ┌────────────────────┐
            │ 社长（掌旗大爷）   │
            └────────────────────┘
               │      │      │
            ┌────┐ ┌────┐ ┌────┐
            │文书│ │人事│ │总务│
            │ 股 │ │ 股 │ │ 股 │
            └────┘ └────┘ └────┘
                       │
                    ┌──────┐
                    │ 社员 │
                    └──────┘
```

图2　忠义社组织结构图

《四川哥老会改善之商榷》体现了政府改造哥老会的逻辑。如果这一改造计划得以落实，哥老会便不再是原来的民间结社，无论名实如何，都将变成带有政治属性的社会团体或国民党的外围团体。

国民自强社成立前后，四川各地的哥老会活动趋于活跃。1940年4月，渠县王庭五无视县政府的警告，召集仁、义、礼字哥老会，成立国民自强社。①5月，蓬安县杨德成与邓炼卫结成具有政党特质的哥老会，倡言锄强扶弱，以实现社会主义为目标。四川省政府下令该县党部予以监视并取缔。②6月，绥宁县四川北部防区副司令官王德滋以国民党员名义结成怒潮社，纠集哥老会及收编土匪，并寄给蒋介石一封以"民族复兴"为旨趣的信函。③国民政府军政部将之视为没有得到许可聚集的乌合之众，严令立刻停止活

---

① 《渠县县政府判决书》（1944年8月），社会处档186-1386，四川省档案馆藏。
② 《杨德成筹组哥老进行活动令蓬安县监视其行动》（1940年5月），秘书处档案（41）110，四川省档案馆藏。
③ 《王德滋呈委座函》（1940年6月27日），秘书处档41-1878，四川省档案馆藏。

动。①1940年9月底，喧嚣一时的国民自强社被解散。同年11月，国民党中央执行委员会提出了新的帮会对策：一、禁止党组织与帮会组织有直接关系；二、如必须与帮会发生关系，只能以个人名义，而且还需在特务机关的监督之下；三、不承认帮会合法化并禁止帮会公开活动。②

围绕国民自强社的一系列事件告一段落后，1942年11月，以忠勇社为名的哥老会出现于四川多地，颇受瞩目。国民政府立即向四川省政府及各市、县政府下达调查及禁止命令。通过调查，得到一份忠勇社的政治纲领——《哥老会组织大纲》，但对该组织的具体活动则不甚了了。③从《哥老会组织大纲》可知，忠勇社是"统一四川哥老会组织之名称"，其组织构成如图3：

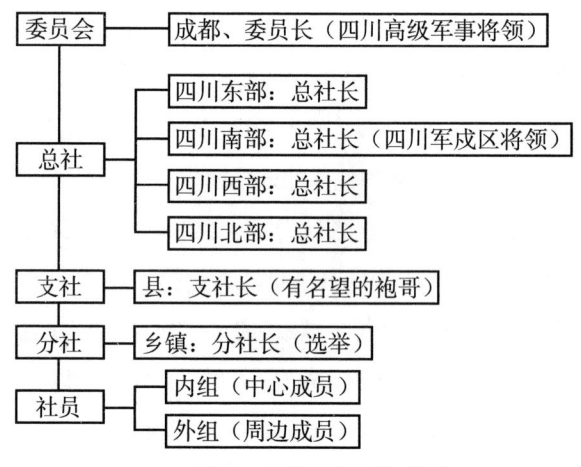

```
委员会 ── 成都、委员长（四川高级军事将领）
         ┌ 四川东部：总社长
总社 ────┼ 四川南部：总社长（四川军戍区将领）
         ├ 四川西部：总社长
         └ 四川北部：总社长
支社 ── 县：支社长（有名望的袍哥）
分社 ── 乡镇：分社长（选举）
         ┌ 内组（中心成员）
社员 ────┤
         └ 外组（周边成员）
```

图3 忠勇社组织构成图

---

① 《军政部致四川省政府严令制止王德滋等组织"怒潮社"》（1940年9月3日），秘书处档41-1878，四川省档案馆藏。

② 周育民、邵雍：《中国帮会史》，上海：上海人民出版社，1993年，第671页。

③ 《国民政府军事委员会成都行辖致四川省政府》附件《哥老会组织大纲》（1942年11月10日），社会处档186-1387，四川省档案馆藏。

忠勇社规定了成员的权利、义务及内部管理方法，"均以忠、义、勇、信四德为精神"（第2条），活动经费来自成员缴纳的会费。忠勇社的核心成员由四川军阀出身的将领及哥老会头面人物构成，它要求社员对忠勇社绝对忠诚，竭尽全力保护社员的利益。社员分为内组与外组，内组成员持枪。如欲加入外组，需要两位介绍人和一位保证人；如要进入内组，在介绍人和保证人之外，还要求本人有胆有力，不畏死难。为此，加入内组者有许多是所谓的下层出身的"浑水袍哥"。当然，内组与外组成员的权利及义务也不同，"凡加入内组社员后，不知国家有官吏，不知政府有法律，以社内之纪律为至尊，以社长命令为至上，以社员利益为至重"（第10条）。不难看到，忠勇社的《哥老会组织大纲》与上文所述《四川哥老会改善之商榷》性质截然相反，带有反国民党政权的色彩。与此相关，忠勇社带有很强的地方本位色彩，《哥老会组织大纲》第1条写道："哥老会组织之宗旨，为四川谋生存，为社会谋幸福，集中人力奠定四川之基础，领导社会，以拥护中央抗战建国为宗旨。"统合四川社会的思想不是三民主义，而是忠、义、勇、信等"四德"；四川的领导者不是国民政府，而是哥老会。关于忠勇社的目的，《哥老会组织大纲》第18条露骨地表达了与中央政府对决的姿态：

  本社之目的，以发扬忠义勇信四德之精神，团结川人，拥护政府，建设四川事业，培植四川青年，恢复四川地位为目的。如有防（妨）害吾川团结，消灭吾川之事业，摧残吾川之青年，制止忠义勇信之实行者，由委员会集中全力，以制止而歼灭之，完成社员唯一之使命，以达其目的。

文中"制止忠义勇信之实行者"，指的是下令取缔忠勇社者，也就是说，如果忠勇社遭禁，全体社员均需全力保卫组织。

忠勇社纲领中体现出的地方本位情绪有其特定的背景。在刘湘任四川省政府主席期间（1935—1937年），国民政府推行了一系列改革措施，以刘湘所代表的地方实力派表面上恭顺执行，暗地里不断抵制。① 随着抗日战争的全面爆发，四川的地方军队被大批调至省外，这有利于中央政府强化对四川的控制。② 1938 年 1 月，刘湘客死汉口，王瓒绪、潘文华、邓汉祥、邓锡侯等地方实力派围绕省主席人选产生了意见上的对立，结果与蒋介石关系较近的王瓒绪被任命为主席，但因其他地方实力派的反对，王旋即被迫辞职，蒋介石只得亲自兼任省主席。③ 1940 年 11 月，深受蒋介石信任的张群就任四川省主席，这标志着中央势力取代四川地方实力派掌握了四川政治的主导权。在军事方面，此后数年间四川军阀潘文华的部队被解散，邓锡侯部队仅有少部残存，刘文辉虽然保住了实力，但被调至偏远的西康地区，失去了参与省内权力斗争的机会。④ 在四川政治权力发生更替之时，伴随国民政府迁都重庆以及抗战的推进，四川人的负担骤然加重，征税、征兵等引起了许多人的抵制。

虽然有些哥老会的活动涉及鸦片、赌博、抢劫等，但不应忽视哥老会是地域社会中各种社会关系的集合体，拥有长久传统的哥老会业已深深扎根于人们的日常生活中。在哥老会的人际关系网里，汇集着拥有共同利害关系的人群，四川人对国民政府的不满自然也反映在哥老会的行动中。1941 年 6 月，出现了一个名为联德社（别名新华社）的哥老会，军阀时代师长级将领有 11 名参与其中，会员人数多达 3000 人，大多数是劳动者，来自礼、智、信三个字号的成员最多。联德社内设有长江旅行社，会员只要缴纳 15 元会费，如果失业就可在此工作。联德社声称："中央排挤四川人，连潘文华都没有办法，我们必须团结起来。" 由此可见，联德社是失意四川军人的聚合体。同年

---

① 邓汉祥：《刘湘与蒋介石的勾心斗角》，中国人民政治协商会议全国委员会文史资料研究委员会编：《文史资料选辑》第 5 辑，北京：中华书局，1960 年，第 53—71 页。
② 周开庆：《四川与对日抗战》，台北：台湾商务印书馆，1987 年，第 169—173 页。
③ 邓汉祥：《蒋介石派张群图川的经过》，中国人民政治协商会议全国委员会文史资料研究委员会编：《文史资料选辑》第 5 辑，北京：中华书局，1960 年，第 75—80 页；何智霖：《张群入川主政经纬》，《第二届讨论会中华民国史专题论文集》，台北："国史馆"，1993 年，第 753—769 页。
④ 刘文辉：《走到人民阵营的历史道路》，《文史资料选辑》第 33 辑，第 1—58 页。

8月，来自重庆的共产党的报告中也有"哥老会多为地方势力所把持，对中央是抱着极端不满的情绪"等语。① 威远县新场哥老会原分为仁、义、礼、智四个堂口，"除部份不肖份子外，大体尚能安分"。1942年8月初，退伍军人黄初年"为增加势力，扩大组织，乃纷函各方，召集资、内、荣、仁各县帮会合组四合兴社"，成立了以他为主席的架构严密的四合兴社，黄阐释该哥老会的意义如下："一为敌人将攻入四川，我们要团结全川哥老，必要时揭竿而起，作游击战，抗日救国。一为四川人非团结，不足以驱逐外省人。"② 1943年年初，哥老会"和叙同"在成都举行成立大会，虽然省政府下达了禁令，但仍然有数千名袍哥代表参加了会议。彭焕章（潘文华部队164师师长）、严啸虎（164师副师长）等支持合叙同。严啸虎甚至派出军队维持大会秩序。③

和叙同大会与前述忠勇社之间是否有联系，限于资料，尚不能确定，其时正当四川省政府秘密查禁忠勇社。查禁忠勇社始于1942年12月26日四川省政府的密令，该密令要求各行政专区"认真查究，限文到一月内"具报。第五行政督察区行政专员兼保安司令在查禁前专门拟定《防范忠勇社注意事项》，一方面动员"有声望之士绅"，"接近哥老份子，激发天良，效忠党国"。另一方面发动各县厅"党团及政工人员"研究对策，于各地"严密侦查"。特别强调在处理具体案件时，"切勿孟浪"，"以免引起群众反感"。这说明档案和报章上的哥老会形象和"群众"心目中的哥老会并非一回事。更有意味的是，要求各级公务人员"束身自爱"，不得加入忠勇社，业已加入者，限期退出。④

---

① 以上引文参见《四川革命历史文件汇集》（1940—1941），甲14，第279—280、351页。
② 《函请查办威远新场哥老会由》（1942年10月），社会处档186-1385，四川省档案馆藏。
③ 绍云：《成都"袍哥"史略》，《成都志通讯》1988年第1期，第55—64页。
④ 《第五区行政专员兼保安司令公署拟定防治忠勇社办法》（1943年3月），民186-1387，四川省档案馆藏。

四、禁止公务员加入帮会

虽然国民政府不断下达关于哥老会的禁令，但各种哥老会组织层出不穷，究其原因，一如哥老会三省公首领、军人出身的唐绍武所言：第一，为了增加入会人数，部分哥老会废除了香规、仪式、入会手续等；第二，放宽了"身家清、己事明"这一哥老会的入会条件；第三，设立了新的公口（分会），甚至开设了女性袍哥公口，而新设的具有政治背景的公口，废除了原有的仁、义、礼、智、信五个字号的区分，人们可以不问公口、字辈自由参加；第四，统一所有袍哥公口，设立袍哥总社。规则的变更使得哥老会这一人群结合方式被广泛运用。以重庆为例，重庆的哥老会在 1941 年至抗战结束期间获得了很大发展。在仁、义、礼、智、信各堂中，除仁字堂外，一律由礼字堂统一。此外，虽然有大约 600 个仁字公口，但许多徒有虚名。仁字堂中有正伦社（田得胜，军统）、兰社（石孝先，复兴社）、三省公（唐绍武，军政界）三个组织，每个组织都与政界保持密切关系。义字堂哥老会的势力比仁字堂更大，多数成员是军统特务和保甲人员。义字堂在 1944 年 10 月成立总社时，仿照近代政党在内部开设了公司，总社长冯什竹，副社长杨少宣。另一方面，礼字堂人数虽然较少，但却比义字堂更早设立总社。除了一部分中小工商业者外，大多数成员都是底层的劳动者、失业者及退役军人。总社的内部构成与义字社类似，总社长是范绍增，副社长是何占云、廖开先。①

面对哥老会势力的扩张，国民政府既无法推行取缔方针，还苦于中央及地方公务员（政府职员与军警）也加入了哥老会。前述《惩治哥老会实施规程》含有禁止公务人员加入哥老会的条文，但是这一规定未能阻止公务人

---

① 唐绍武、李祝三、蒋相臣：《重庆袍哥史话》，《河北文史资料》编辑部编：《近代中国帮会内幕》下卷，北京：群众出版社，1992 年，第 307—309 页。

员加入哥老会，政府职员及警察加入哥老会者反而不断增加。对此，国民党中央执行委员会在强化对哥老会的禁令的同时，专门下达了禁止公务员加入帮会的命令。1939年1月5日颁布的《严禁公务人员参加任何帮会组织令》称，若放任国家公务员加入帮会，他们"势将移爱护党国思想，一变而为爱护帮会。而呼朋引类，行动诡秘，且亦影响抗战力量，殊非一般公务人员所应有之现象，此种恶习，亟应查禁，以杜流弊"[①]。此后国民政府陆续出台了旨趣相同的禁令。1941年7月23日，四川省政府发布的禁令中有如下一段文字：

> 近年以来，虽经本府迭次统令严禁，而各市县政府未免阳奉阴违，甚至机构中之公务员亦有暗行加入哥老会，为其护符，作奸犯科，恬不知耻。
> 查公务员本为人民公仆，服务国家，允宜尽忠职守，共赴事功，乃竟有少数不良份子，侧身于此种非法组织之中，相缘为恶，败德丧行，推其至极，小则影响社会秩序，大则妨碍地方治安，往事昭然，可为殷鉴。若不从严查禁，何足以巩固后防，安定社会。[②]

然而，国民政府有令难行，甚至连蒋介石侍从室也有一人加入哥老会。蒋介石知晓后十分惊愕，下令中央执行委员会立刻制定新的禁令，此即1942年年初颁布的《严禁党员、团员及公职人员参加帮会办法》。这是抗战期间国民党政权颁布的相关禁令中最为严厉的一个，"为贯彻党纪，推行政令"，它明确规定党员、团员、政府官吏及国营事业机关员司、军警以及教职员学

---

① 《准中央秘书处函知严禁公务人员参加任何帮会组织令仰知照由》（1939年1月17日），内政部档（12）2-1365，中国第二历史档案馆藏。
② 《为严禁公务员加入哥老会组织饬遵照由》（1941年7月23日），社会处档186-1385，四川省档案馆藏。

生等，不得参加帮会。① 这里的帮会指包括哥老会在内的青洪帮。禁令颁布后，内政部警察总队一些警员陆续退会，具体情况见表8②：

表8　内政部警察总队退出帮会者人数统计表　　（单位：人）

年份	青帮	哥老会	人数小计
1929	2		2
1938	1		1
1939	2	2	4
1940	1	1	2
1941	5	1	6
1942	7	6	13
1943	7	63	70
合计	25	73	98

从表8可知，警察总队中加入帮会者绝大部分在1943年退会，也就是说，中央与四川省政府虽然自1939年起就颁布了禁止公务人员加入帮会的条文，但到1943年为止的4年间没有起到多大效果。1942年11月，第九区行政督察专员兼保安司令曾德威向四川省政府主席张群直言，其在巡视辖区各县后发现哥老会组织名目繁多，"甚有公务人员，亦侧身其中"，相缘为恶，致使政令无法推行。曾德威要求"如有早经加入者，一律勒令具结退出，否则立予撤职。其未加入者，亦应出具永不加入切结，并分别觅人保证"。③ 1943年9月，成都市北区草市街警察分所三等警察队长余汉魂因加入

---

① 《严禁党员、团员及公职人员参加帮会办法》（1942年），内政部档（12）2-1365，中国第二历史档案馆藏。

② 该资料详细记录了退出帮会的98人中警察队长、中队长及一般警官、职员的姓名、职业及退会时间。参见《内政部警察总队退出帮会警员表》（1943年），内政部档（12）2/1365，中国第二历史档案馆藏。

③ 《四川省第九区行政督察专员兼保安司令曾德威呈省府兼理主席张群》（1942年11月20日），社会处档186-1315，四川省档案馆藏。

哥老会及贩卖麻药等嫌疑被捕。据余供述,他于8月中旬在警备部北区侦缉主任李合田的诱导下,加入了以县长梁中藩为首的北义社,入会的理由是:"我为了想联络地方感情,好便利今后工作,一时糊涂,便允加入。"最终,余贩卖麻药罪名不成立,而加入哥老会乃因"便利今后工作",且"临讯即能自白",仅被判处15日监禁。① 在大致相同的案例中,一个名叫朱伯屏的人被控贩卖鸦片、武器及加入哥老会而被捕,结果被处以一年监禁。②

五、结语

以上,本章考察了抗战期间国民党在四川的社会统合与哥老会的关系。如本文所言,军事委员会参谋团在1935年进驻四川后,试图通过取缔哥老会来实现地域社会的统合,但遭致以旧军阀为首的地方实力派的抵制。本文所分析的两个哥老会文本显示,在围绕哥老会问题上有两种不同的意见,《四川哥老会改善之商榷》试图将哥老会纳入国家秩序中,《哥老会组织大纲》则执着于固有的地域社会秩序。此外,国民政府在统合哥老会问题上,还须直面公务员及党员、团员加入哥老会这一严重问题。禁止公务员与党员、团员加入帮会表明,国民政府怀疑这些人对国家和党团的忠心。耐人寻味的是,同一时期南京的汪精卫伪政权也面临着同样的难题,同样颁布了禁止公务员加入帮会的命令。③

1943年4月14日,四川省政府接到一通电报,内容是关于彭县哥老会集合成都、什邡、温江、郫县等地哥老会成员召开会议,试图串通军队进

---

① 《审理违禁加入哥老会余汉魂案》(1943年9月),案卷号:(93)3-31,成都市档案馆藏。
② 《审理朱伯屏缔盟结社一案》(1945年5月),案卷号:(93)3-31,成都市档案馆藏。
③ 《为严禁警务人员不得参加帮会重申禁令仰转饬所属一体切实奉行由》(1943年12月4日),案卷号:R2-1-48,上海市档案馆藏。

行武装叛乱。① 收到电报后，省政府秘书处视察室派遣视察员陈翰珍赶赴彭县。6月，陈翰珍完成了一份厚厚的报告。据此可知，事件与两个哥老会组织——青年社与友诚商店——有关，前者聚集了一批不谙世事的青年，后者组织了具有社会经验的上层人士。哥老会确实在4月14日召开了会议，但是"惟决议案购买枪弹一节，无法查明。陈鸿文师长曾否出席该会，亦未获确据"。继而，陈翰珍指出：

> 社会上一般哥老，本属无声无臭之组织，近来其所以积极联络增厚实力者，多由于当地政府推行兵役、粮政，措施有所未当，舞弊、偏私层出不穷，俾人民始而生疑，继而生怨，终而联络党羽，团结实力，初心出于非法自卫，遂一变而为作奸犯科之徒。②

"无声无臭之组织"与"初心出于非法自卫"堪称了解哥老会屡禁不止的关键，前者揭示了哥老会无处不在的"日常"状态，后者表明哥老会在事件中由"日常"转向"非日常"。陈翰珍认为，哥老会的"恶事"主要与反抗征兵与征粮有关。③ 沿着本文的问题意识整理有关哥老会的事件可知此说不无道理。1944年8月，丹棱县国民党部第一分区某党员揭发仁字总公社社长孙述先，称其以入社可以免除兵役及缴粮为幌子骗取他人金钱。④ 同年11月，乐山县太平乡乡长冈学谦向省政府主席张群报告李成太私自成立群乐公社，"尤以入党保险不当壮丁，引诱无知青年，为破坏兵役"⑤。对苦于战争的民众来说，加入哥老会或许是摆脱窘状的一个手段。

---

① 《国民政府军委会代电》（1943年5月8日），秘书处档41-1889，四川省档案馆藏。
② 《省府秘书处视察室派视察员陈翰珍调查员呈报》（1943年6月），秘书处档41-1889，四川省档案馆藏。
③ 笹川裕史与奥村哲研究了四川民众对政府征兵和征粮的反应。参见笹川裕史、奥村哲『銃後の中国社会——日中戦争下の総動員と農村』、岩波書店、2007年。
④ 《丹棱县党部第一区分部党员呈控》（1944年8月），社会处档186-1384，四川省档案馆藏。
⑤ 《乐山太平乡公所代理乡长冈学谦呈省主席张》（1944年11月23日），社会处档186-1386，四川省档案馆藏。

第七章 帮会政治化
——战后国民党权力重组中的帮会

抗战时期重庆国民政府的哥老会政策经历了从取缔到限制、再到禁止公务人员加入帮会的变化。从这一时间序列上的变化可见国民政府不但放弃了1935年以来制定的几个哥老会禁止令，而且一如四川省社会处处长黄仲翔在致社会部长谷正纲的公函中所陈述的，《惩治哥老会缔盟暂行条例》与特种刑事案件诉讼条例抵触，当《惩治哥老会缔盟暂行条例》不再适用，各县市政府对哥老会事件的处理，只能根据事件的性质依照相关法令来处理。"惟各县市取缔哥老会无统一法规可循，处理情形极不一致。且哥老如未发生显著之事迹，明知其为哥老，但无法令依据予以惩治。"① 在这一情景下，伴随抗战后国民政府开启从地方层面到国家层面的选举，包括哥老会在内的帮会不仅在结社自由下得以"合法"，而且自身也出现政治化和政党化的趋势。推动这一趋势的是国民党之外的在野党，一部分在野党为了扩大社会基础，在地方选举中获得胜利，或吸收帮会成员入党，或将自身的地方支部纳入帮会的关系网中。对此，国民党政权开始调整其统合帮会的政策，推出积极与消极的防止帮会政治化的方案。本章根据有限的资料，试图勾勒出战后政治变局中帮会与选举政治之间的关系。此处所使用的帮会一语既专指袍

---

① 《四川省社会处长致社会部长谷正纲》（1946年7月），社会处档186-1388，四川省档案馆藏。

哥、青帮、洪帮等结拜组织，也泛指利用这种模拟亲缘关系而建立起来的人际交往方式。

一、选举与帮会

战后初期，国民政府推行的选举有三级：市县参议会选举、国民大会代表选举和立法委员选举。以重庆施行的选举看，首先是民众普选区民代表和区民代表会选举区长；其次是民众普选市参议员和参议会选举议长，进而选举制宪国大代表；再次是民众普选行宪国大代表、立法委员和参议会选举监察委员等。直接选举提高了拥有众多成员及其人际关系网的哥老会的重要性，也激发了哥老会头面人物的参政意识。特别是区一级的选举，哥老会有很大发言权，而由区代表会选举出的区长也多与哥老会有关系。在重庆各区的区长选举中，甚至出现仁、义两堂哥老会之间的争斗和妥协现象。与区级相比，市议员的选举由于是高一层的民意机关，国民党、三青团及市政府均十分重视，其推举的选举人十分重视与哥老会的关系。袍哥大爷谭备三回忆道：

> 虽然可以利用政治压力和经济收买来控制争夺选票，但是不把袍哥组织的关系搞好，仍然感到没有可靠的把握。因此竞选的人都采用了各种各样的关系，来联络拉拢袍哥组织，甚至临时找人引进来加入袍哥也不在少数。①

由谭备三引进仁字袍哥的工商界的李奎安、由陈攸序引入仁字袍哥的CC系的中统特务吴人初等都是典型例子。因此，重庆市议会选举出的80余

---

① 唐绍武、李祝三、蒋相臣：《重庆袍哥史话》，《河北文史资料》编辑部编：《近代中国帮会内幕》下卷，北京：群众出版社，1992年，第313页。

名议员（民社党、青年党两党议员十余名为后来所加），加入袍哥者竟然多达80%。在后来举行的国大代表、立法委员选举时也有类似现象发生。据国民党方面的报告，袍哥义字大爷冯什竹曾宣称：

> 我们袍哥界今后在本市立足，无论仁义礼各堂哥弟在任何地方活动，必须继续操纵该地选举，把持该地政权，将来另有作用，不便明言。如下届上至参议员、市长，下至正副区长、区代表主席、保甲长、调解员等非选举袍哥不可，否则即开除袍籍，并将另有处分。①

从冯什竹所言，可以强烈地感受到哥老会的参政欲望，以至于外界的印象是："此次听说重庆参议员的竞选人物差不多都是袍界人物。他们以仁、义、礼、智、信分辈，仁字辈都是大亨"，计有田得胜、石孝先、唐绍武、冯什竹等二十余人当选。②而总当选人数估计在四五十人。"有些普通候选人，即使不是袍界人物——其名曰袍哥，也为了竞选成功，大肆活动，临时要求参加袍界组织。"③

在国民党方面的报告里，类似的例子并不少见，如中统关于乐山的调查显示："本党忠实党员仅有福禄乡之凌霄一人，其余均以地方势力为背景，十分之四均为哥老会。"④社会处的调查中有一条关于合江县哥老会李三哥（李仲虎）的案例，此人于1944年加入青帮，听说政府要禁止青帮，转而加入红帮（袍哥），当到镇长。在选举来临之际，李三哥扩充本会成员，夸口称："我们不重外表无用的国民党，应该崇信我们强有力的红帮，即以本县

---

① 《刘健民等呈内政部文》（1946年6月15日），原件藏重庆市档案馆，转引自周育民、邵雍：《中国帮会史》，上海：上海人民出版社，1993年，第768—769页。
② 妍：《什么是袍哥？》，《海滨》第1期，1946年4月1日，第7版。
③ 张三：《重庆的参议员：袍哥有极大的势力》，《星光》第3期，1946年4月2日，第4版。
④ 《乐山帮会把持参议会选举》（1945年10月22日），中央调查统计局编：《党政情报》，台北"法务部"调查局图书室。

论，党团参均为帮内人。"①

在上海，以杜月笙为首的"恒社"虽然脱却了青帮的旧俗，但保留了青帮的人际关系。战后虽屡遭蒋经国所支持的上海市党部的打压，但影响力依旧很强。1946年8月上海举行参议会选举，在一百八十余名议员中，恒社成员占了三十余人。②在国大代表选举上，按区域和职业推出候选人的恒社，一共产生了包括杜月笙、水云祥等13名代表，立法委员则有陆京士等6名。③

帮会在选举中的动员力是跨行业、跨阶层的，一般而言，比职业团体的动员力要强。如恒社在为杜月笙助选国大代表时，"通函全体社员转嘱所属机关、团体及公司行号员工，以致家属亲友，一致投票"④。结果，杜月笙毫无悬念地高票当选。前述乐山参议会的选举，据中统的调查报告，"亦大部分为包办之强迫选举"⑤。帮会既有如上动员力，对于试图参政的在野党来说，自然是不可忽视的积极争取和利用的对象，以主要在四川活动的在野党的动向看，有几个与帮会有深度的瓜葛。

1945年10月，中国民主党开始在四川和西康两省活动，中心人物是刘曼华、侯野君、刘子文。该党自称代表工商界、知识分子等资产阶级，党员中哥老会出身者占6%，著名的哥老会头面人物马昆山、方茂山任党中央委员。⑥但是，在哥老会中的活动未能达到预期目标，1947年转而发展大中学校的学生党员，开展青年运动。⑦

---

① 《合江县民呈为发扬红帮、消灭本党》（1945年11月），社会处档186-1383，四川省档案馆藏。
② 徐铸成：《杜月笙正传》，杭州：浙江人民出版社，1982年，第155页。章君谷：《杜月笙传》第四册，传记文学丛刊之九，台北：英泰印书馆，1968年，第69页。
③ 《恒社资料选辑》，《档案与历史》1989年第1期，第39页。
④ 《恒社资料选辑》，《档案与历史》1989年第1期，第39页。
⑤ 《乐山帮会把持参议会选举》，中央调查统计局编：《党政情报》，台北："法务部"调查局图书室。
⑥ 中国第二历史档案馆编：《国民党统治时期的小党派》，北京：档案出版社，1992年，第191、197页。
⑦ 国民党党务系统档案：《中国民主党在四川之活动》（1947年6月），中国第二历史档案馆编：《国民党统治时期的小党派》，第245页。关于方茂山，据《和平日报》1946年9月1日报道，方为清末武举人，曾在提督军门任职，当时已95岁高龄，对政治协商会议不满，赞成5月5日召开国民大会。

中国国民自由党，原名自由党，1938年元旦成立于长沙，1946年元旦在重庆改组，主席为林东海博士，党的主体是中产阶级，政治上亲国民党。该党主要活动于重庆和巴县，自然与当地颇有力量的哥老会有往还。党中央执行委员会委员胡西侯在巴县募集党员时，除县参议员、士绅之外，"并图借帮会力量吸收该党干部"，要在重庆和巴县发展3万党员。①

中国农民自由党。前身是"四川粮民索债团"，战后在四川省参议会提出"借谷案"——每年政府将四川农民返还的谷物作为四川经济建设基金提案，因为此案有可能导致四川人与中央政府争利权的结果而最终被废案。②"四川粮民索债团"解散后，骨干何鲁、王国源、汪白与等于1947年8月创建中国农民自由党，以地方实力派为中心，最初要求速开国民大会，因未能获邀参加国民大会转而反对召开国民大会。该党"竭力展开社运，拉拢袍哥，加强群众路线"③，与总部设在上海的范绍增的益社有来往。④

中国民主社会党。该党于1946年8月在上海成立，系国家社会党与民主宪政党合并的产物，正、副主席分别为张君劢、伍宪子。一年后党分裂，伍宪子一派继续使用民主社会党名称，倡导社会主义。与其他小党派不同，民主社会党人才相对较多。民主社会党亲近国民党，在四川省设有很多支部，视同样在四川有影响的青年党为竞争对手，国大代表选举之际与四川哥老会互动密切。1947年10月，自贡市民主社会党人罗师佛宴请当地仁字辈袍哥同仁社成员一百九十余人，要求在国大代表选举中得到支持。⑤在其他地方，该党以得到哥老会的支持为条件，应允给予经济支持。如重庆大东宾

---

① 中国第二历史档案馆编：《国民党统治时期的小党派》，北京：档案出版社，1992年，第286—287页。
② 中国第二历史档案馆编：《国民党统治时期的小党派》，北京：档案出版社，1992年，第321页。《中国党派》，中央联秘处，1948年，第341页。
③ 《农民自由党拉袍哥》，《政治向导》第2卷第6期，1947年11月20日，第20页。中国第二历史档案馆编：《国民党统治时期的小党派》，北京：档案出版社，1992年，第325页。
④ 中国第二历史档案馆编：《国民党统治时期的小党派》，北京：档案出版社，1992年，第348页。
⑤ 中国第二历史档案馆编：《中国民主社会党》，北京：档案出版社，1988年，第385页。

馆社长、仁字辈袍哥李孟凡在加入民社党时，以被立为市参议员候选人为条件，答应给党援助三千万元。但是，李获得候选人资格后，拒绝付钱，结果与党部产生纠纷。① 由于急于扩充党的力量，民主社会党党员构成复杂，内部无法统合。② 民主社会党在利用哥老会方面不乏成功事例，在四川西部，将一些哥老会作为自己的外围团体，据说民主社会党四川省委员会委员张联芳即出身袍哥，1945 年成为哥老会组织"正伦社"的首要人物。③

中国青年党。在各小政党利用帮会上，中国青年党的活动尤其值得注目。中国青年党 1923 年成立于巴黎，主张国家主义，对共产党和国民党均持有批判立场。抗日战争全面爆发后，从 1938 年开始支持国民党的抗战救国路线，因此得以在国民党支配区进行公开活动，在发展组织过程中，积极联系哥老会。④ 抗战胜利后，青年党急速向国民党靠拢，表现出极大的参政欲望。1945 年，青年党的政治主张在民主同盟召开的临时大会上被否决，民主同盟总秘书长、青年党党首左舜生的影响力被削弱，以此为契机，青年党脱离民主同盟。该党虽然在很多省设有支部，但支持者主要来自四川。1946 年 3 月国民党方面的秘密调查报告称："该党现时在川各县之组织已达六十余县。盖抗战以前，该党即在军人中与教育界中植其根株，以川人治川之口号，博得某些军人之青睐。教育界则有'诚学会'之组织，在地方团队与保甲组织中保有相当势力。"⑤ 据 1947 年 3 月国民党中央联秘处的调查，成都青年党负责人文建成、记者林德云等九人一起拜党的社会运动部负责人、青帮广义堂铁华峰为师，参加青帮。"中青深入下层群众之活动策略，在于运用哥老及青帮，把握青帮，使一般无知之徒为该党利用。"⑥ 对于四川影响力最大的哥老

---

① 中国第二历史档案馆编：《中国民主社会党》，北京：档案出版社，1988 年，第 390—391 页。
② 中国第二历史档案馆编：《中国民主社会党》，北京：档案出版社，1988 年，第 399 页。
③ 赵清：《袍哥与土匪》，天津：天津人民出版社，1990 年，第 212 页。
④ 《綦江青年党份子夏尊言加入袍哥事》（1941），秘书处档 41-01-619，四川省档案馆藏。
⑤ 《中国各小党派现状》，1946 年 8 月刊行，出版社不详，第 50—51、53 页。在 1945 年召开的第 10 届青年党全国代表大会，当选的 49 名中央委员会委员中，籍贯可知者，四川省 19 人，湖南省 6 人，湖北、江苏、安徽各省 3 人。
⑥ 中国第二历史档案馆编：《中国青年党》，北京：档案出版社，1988 年，第 295 页。

会，青年党则采用帮会的结合方式设立外围团体，与哥老会展开交流。自贡市是国民党势力较弱的地区，据1945年8月中统调查显示："市府内自秘书处以下，奸伪、中青、青帮、哥老及其他党派充斥期间。"① "奸伪"是对共产党、民主同盟的污称，"中青"即中国青年党，青年党的帮会组织"青年互助社正积极整顿中，含有四川军阀系统之宜宾合叙同社正筹备恢复，忠义社亦开展分社，均有争取群众待机利用之企图"②。据说青年党在自贡市的外围组织"众志社"的成员有1万人，青年团的外围组织"合叙同"社员有4万人左右③，就此可以推知，青年党与当地的帮会在一定程度上合流了，而加速这种合流的便捷方法是直接发展帮会头面人物入党。崇庆县青年党负责人施德金，"自政协会后，即积极扩张组织，吸收党员。施本人即为哥老巨子，复利用袍哥力量转相号召，以致该党在县中力量日趋庞大"④。

以上，根据国民党政权方面的调查资料，勾勒了选举与帮会的关系。在诸小政党中，利用帮会最有成效的是青年党和民主社会党。另外，帮会出身的党员的增加有助于增加党在选举中的力量，但对于党组织自身的发展未必有益处。如青年党在自贡市的党员，初期主要来自教育界，当大量吸收缺乏现代知识的党员后，这些人"既无工作技术，又无政治意识，且常以中青关系在外招摇，至为一般人所不齿"⑤。

二、帮会政党的出现

选举政治的来临也激发了帮会头面人物的参政意识，一些人不甘心被动

---

① 《自贡市党政社会动态》（1945年8月14日）。其中青帮力量最大，几个主要的青帮人物所收徒弟分别是：蓝超300余人、赵华西400余人、朱逐波100余人、龚仲威700余人、李文辉200余人、刘廷训100余人、樊炽昌100余人、陈季平300余人，合计人数在2000人以上。
② 《自贡市党政社会动态》（1945年8月14日）。
③ 中国第二历史档案馆编：《中国青年党》，北京：档案出版社，1988年，第322页。
④ 中国第二历史档案馆编：《中国青年党》，北京：档案出版社，1988年，第336页。
⑤ 中国第二历史档案馆编：《中国青年党》，北京：档案出版社，1988年，第301页。

地参与政治，开始主动地组织帮会政党。化名"亦人"的作者在题为《袍哥帮先后组党》一文中披露其观察：

> 四川袍哥帮的势力，炙手可热，抗战期中，政府曾下令公务人员，不得加入袍哥会，现在袍哥会亦继青帮红帮之后，进行组党，但是，他们却各依头领，分别组织，成立了三个小党。第一个是已故中委石青阳的儿子石孝先组织的，他是重庆袍哥领袖之一，最初以"兰社"名义，网罗川、滇、黔各省之退伍军人，后来便组织成"中国社会民主党"。第二是重要袍哥谭备三、石荣廷、蓝凤书、卢俊卿等筹组之"忠义党"，但成立不久，内部便发生纠纷，进行改组，成立"中国社会协进会"，准备在将来基础稳固后，组织"社会协进党"。第三个是成都袍哥叶道信、方茂山、马昆山、黄亚元等组织的"中华社会党"，这个党最具规模，他已经在四川各地设立党部，并且发表过成立宣言，大有与青年党在四川的组织分庭抗礼的趋势。①

"亦人"文章中列举的三个帮会政党都是实际存在的，后文将略述。石孝先时隔二十年回到重庆参加参议会选举，他的到来引起一些轰动。谭备三等在围绕忠义党问题上与武汉帮会闻人杨庆山发生纷争，单独组建社会协进会。而叶道信等的中华社会党在进行社会运动中直接与青年党发生冲突。关于帮会政党的概况列表如下：

表9　帮会政党概况

党名	代表人物	成立时期	所在地	会名
中华社会建设党	冷开泰、邓叔才	1946年3月	成都	袍哥
民主社会协进会	方茂山、马昆山		成都	袍哥

---

① 亦人：《袍哥帮先后组党》，《泰山》革新第十八期，1947年6月13日，第6版。

续表

党名	代表人物	成立时期	所在地	会名
中国自强党	原"国民自强社"	1945年	重庆	袍哥
中国和平党	张之江、张树声	1946年5月	重庆	青洪帮
中国社会民主党	石孝先、田得胜	1946年	重庆	袍哥
中国社会协进会	谭备三、石荣廷		重庆	袍哥
中国洪门民治党	司徒美堂、赵昱	1946年9月	上海	洪门
洪门洪兴协会	张子廉、郑子良	1946年10月	上海	洪门
新中国总社	江泮嘉	1946年10月	上海	青洪帮
民主共进党		1946年	上海	洪帮
中国自由党	杜月笙		南京	
民治建国会	王超雄、邹亚夫	1946年9月	上海	洪帮
益社	范绍增	1946年4月	上海	洪帮
中国民主自由大同盟	王慧生	1946年3月	昆明	洪帮
民族大同盟	龙绍(纯)		昆明	
中国大同党	萧振瀛、顾竹轩	1946年5月	上海	青洪帮
铁血党		1946年5月	江苏高邮	青洪帮
忠义党	杨庆山		汉口	洪帮
华北建设协会	顾震、姜维周		北平	洪帮
洪门忠义会	葛肇煌	1946年	广东	洪帮
中国民生共进党	樊崧甫	1946年3月	西安	洪帮
以南洋华侨为中心的政党	李君亮、郑士美		南洋	洪门
中国民主合众党	李大夫	1946年	香港	洪门
中国社会建设协会	黄金荣、徐良	1946年	上海	青洪帮
致公党	陈其尤	1947年5月	香港	洪门

表9是对25个帮会政治团体或政党的统计。① 帮会及其交往方式在政治

---

① 《领导帮会与防止帮会组党案》,国民党中央组织部,1946年。《中国现有党派概况表》,1946年(编撰人、出版社不详)。《中国党派》,中央联秘处,1948年。王觉源:《中国党派史》,台北:正中书局,1983年。中国第二历史档案馆编:《国民党统治时期的小党派》,北京:档案出版社,1992年。

选举中发挥的作用不仅促使一些帮会政治化，而且还促成了帮会的政党化。以下对表中所列政治化或政党化帮会略作考察。

第一，帮会政党化的背景。在国民党统治区，和以知识人为主的民主同盟不同，帮会政党是以帮会首领为中心的团体。本来，帮会头面人物组党的目的是要利用帮会的人际关系网参与政治选举，但显然有些政党成为国民党中统和军统的御用工具，被用来瓦解其他帮会政党。1945年3月1日，蒋介石在"宪政实施协进会"宣布于同年11月召开国民大会后，关于重庆帮会政党的消息不断。据3月13日中统的调查，"青红帮因拥有社会下层之劳动群众，盛传将组劳动党之说，闻经数度集会，决先于短期内出版《劳动周报》一种，以为鼓吹喉舌"[①]。这个劳动党的具体情况尚不清楚，中统称《劳动周报》总编辑为国民党党员，并曾为第八十四军副官处长，因此对国民党持"同情态度"[②]。这是一个为了迎接国大代表选举而创出的政党。表9所列政党大都成立于1946年10月前，从时间上讲与国民党设定的"行宪"大会日程是一致的。在国大代表选举之外，地方上还举行了参议院议员选举，这也刺激了帮会组党。但是，民主政治不过是国民党政权的装饰，随着其一党独裁的本质毕露，帮会政党也随之而昙花一现。

第二，帮会政党的政治取向。几乎所有帮会政党皆标榜社会改良，倡导民生主义或社会改良主义，甚至还有一部分政党对民主政治有比较具体的要求。但是，不应从政治纲领、口号来判断帮会政党的政治态度，如1946年3月在昆明成立的中国民主自由大同盟，反对内战，以民主、自由、仁义为纲领[③]，而实际上为云南警备司令部利用，参与了暗杀著名民主人士李公朴和闻一多。[④] 之后，其头目王慧生以贩卖武器罪名被捕，中国民主自由大同盟

---

① 《渝市帮会筹办〈劳动周报〉》（1945年3月13日），中央调查统计局编：《党政情报》，台北："法务部"调查局图书室。
② 《渝市帮会筹办〈劳动周报〉》（1945年3月13日），台北："法务部"调查局图书室。
③ 《中国民主自由大同盟成立宣言》（1946年3月10日），中国第二历史档案馆编：《国民党统治时期的小党派》，北京：档案出版社，1992年，第302—304页。
④ 何文龙：《中国特务内幕》，南京：风雨书社，1947年，第43—48页。王康：《闻一多传》，武汉：湖北人民出版社，1979年，第406—407页。

随之解散。①

帮会政党虽然大多不满国民党的一党独裁，但没有一个公开反对国民党。从与国民党政权的远近关系来看，帮会政党可以分为三类：一类是国民党政权的御用政党；一类是国民党政权的潜在威胁；一类出于现实利害，放弃自己的政见。国民党的御用政党严格地说不是政党，应该称为政治团体。这类政治团体有洪兴协会、民治建国会、华北建设协会等。洪兴协会、民治建国会均与军统保持密切关系，与洪门民治党敌对，自称是国内洪门的代表。② 华北建设协会是国民党为了与河北、山东的共产党对抗而建立的外围团体，三个负责人中，顾震系退伍军人，曾做过军长；另两位，一个是军事委员会北京行辕郭某，一个是佛教研究会会长姜维周。③ 忠义党和洪门忠义会是亲国民党的政治团体。忠义党的首领杨庆山是汉口著名的帮会人物，栖霞山和太白山山主，中统成员。杨在武汉当选为国大代表。④ 该党在重庆的代表人物是袍哥大爷谭备三。⑤ 洪门忠义党的首领葛肇煌系军统出身，是在亲日洪门团体"五洲华侨洪门西南本部"基础上建立起来的政治团体。⑥ 1949 年，葛利用洪门忠义党从事反共活动，失败后逃亡到香港，将洪门忠义党改为 14K 党。⑦

与国民党保持一定距离的帮会政党有中国洪门民治党、中国民生共进党、中国和平党等。关于洪门民治党，后文将专门叙述，此处仅略述另外两个政党。中国民生共进党 1946 年 3 月成立于西安，创立人是洪门五圣山樊崧甫（时为国民党军事委员会军风第二巡察团中将主任委员），初期以郑州

---

① 《中国党派》，中央联秘处，1948 年，第 475 页。
② 《中国党派》，中央联秘处，1948 年，第 193、473 页。卫大法师：《中国的帮会》，重庆：说文社，1949 年，第 112 页。
③ 《中国党派》，中央联秘处，1948 年，第 481 页。
④ 萧志华、商若冰：《洪帮寨主杨庆山》，《近代中国帮会内幕》下卷，北京：群众出版社，1993 年，第 188—200 页。
⑤ 《中国党派》，中央联秘处，1948 年，第 478 页。
⑥ 该组织 1941 年成立于广州，标榜中华复兴和包围东亚。《陈应权呈汪精卫》（1941 年 2 月、1941 年 9 月 15 日）、《劳生等致汪精卫》（1942 年 8 月 1 日），中国第二历史档案馆汪伪档案（2002）48。
⑦ 何崇校：《广东洪门忠义会始末》，《近代中国帮会内幕》下卷，北京：群众出版社，1993 年，第 73—105 页。

为中心在河南省扩充势力,稍后总部移往上海,主要在江苏和浙江发展成员。① 该党内聚力弱,党员的政治意识低,很快就被国民党所瓦解。中国和平党主席是张沇,实际上以张之江、张树声为中心,成员多为青帮分子。中国和平党主张政治民主化、军队国家化、由人民代表来统治国家。② 张之江、张树声曾是冯玉祥部下,基于冯玉祥与蒋介石在政治上的对立,中国和平党对国民党来说是一种潜在的威胁。

与国民党政权关系不即不离的帮会政党,有中华社会党、中华社会建设党等主要在四川活动的帮会政党,前者以袍哥大爷叶道信、方茂山为核心,虽然也标榜民主、自由等,但真正的目的在通过政党方式统合帮会、增强政治上的发言权。"该党以帮会为基础,在川北一带颇有号召力量,惟缺乏组织能力与政治认识,故自成立迄今,并无显著之进展。"③ 中华社会建设党创立者是袍哥大爷冷开泰、邓叔才,以"阐扬民生主义"为口号,借助袍哥力量扩大党的力量,设有"汉华社"、"生活互助社"和"汉华企业公司"等,此外还以"大同学术研究社"名义设立出版社和报社。④

与国民党政权关系不即不离的还有上海的帮会政党。杜月笙、黄金荣在国民党政权内有很深的人脉关系,他们与其手下之所以要组党,乃是因为政治上受到冷遇。杜月笙本人对结党持慎重态度,他列名劳动党似为名义上的。据说,恒社内早在1944年秋就有章士钊的组党倡议,因反对者众而未成。⑤ 上海闸北一带以"江北大王"闻名的顾竹轩不像杜、黄一般与国民党

---

① 《中国党派》,中央联秘处,1948年,第227—237页。樊崧甫:《我所知道的洪门史实》,《近代中国帮会内幕》下卷,北京:群众出版社,1993年,第19—42页。

② 中国第二历史档案馆编:《国民党统治时期的小党派》,北京:档案出版社,1988年,第309—319页。

③ 《中国党派》,中央联秘处,1948年,第322页。

④ 《中国党派》,中央联秘处,1948年,第461页。党首冷开泰1947年立法委员选举落选。1949年参加"游击干部训练班",从事反共产党暴动,被捕后处死。熊倬云:《五毒俱全的袍哥冷开泰》,《近代中国帮会内幕》下卷,北京:群众出版社,1993年,第447—467页。

⑤ 赵君豪:《记重庆良厦一会议》,《杜月笙先生纪念集》(初集),台北:传记文学出版社,1979年影印本,第14—15页。章君谷:《杜月笙传》第二册,第462—465页;第四册,第203—204页。郭兰謦:《杜月笙与恒社》,中国人民政治协商会议上海市委员会文史资料工作委员会编:《旧上海的帮会》,上海:上海人民出版社,1986年,第320页。

政权要员有密切的关系，他在重庆参加了萧振瀛建立的中国大同党，该党1946年5月迁至上海，在得到顾竹轩和前法租界捕房金九林的支持后，以上海为中心，在长江下游苏州、镇江、丹阳和南京等地发展了不少党员。其中，南京骨干赵老五招集的党员基本上都是汉奸常玉清的徒弟。[①] 1946年4月在上海成立的益社是以四川出身的军人为中心结成的政治组织，标榜服务社会，实际上是范绍增谋求政治利益的团体。[②] 此外，中统还调查了"新中国总社"和"民主共进党"，但仅止于名目。

最后，值得注意的还有来自香港和南洋（东南亚）的帮会（洪门）政党。受到国内政治形势变化的影响，以"中国宏济社"为前身、医生李大夫为党首的中国民主合众党，是一个支持国民党推行宪政的帮会政党。[③] 以李君亮、郑士美为党首的进步党是南洋华侨政党，创办《侨商公报》。[④] 另外，反对中国洪门民治党组党的陈其尤在香港以致公党为旗帜，继续进行活动。1947年5月，香港召开中国致公党第三次全国代表大会，发表新的纲领和党章，陈其尤被选为主席。致公党反对内战，弘扬民主政治理念，是这一时期帮会诸政党中唯一接近中国共产党和民主同盟的政党。[⑤]

三、阻止帮会组党

面对帮会政党的出现和活跃，国民党政权不得不考虑新的帮会统合方法。1946年11月，由国民党中央组织部颁布的《领导帮会与防止帮会组党方案》是抗战后第一个全面的帮会统合方案，该方案的存在长期不为论者所

[①]《中国党派》，中央联秘社，1948年，第474页。
[②]《中国党派》，中央联秘社，1948年，第456页。卫大法师：《中国的帮会》，重庆：说文社，1949年，第113页。
[③]《中国党派》，中央联秘社，1948年，第418页。
[④]《中国党派》，中央联秘社，1948年，第485页。
[⑤]《中国党派》，中央联秘社，1948年，第404—405页。

知，兹胪列于下：

（一）防止帮会组党

1. 许可各地帮会依据人民团体组织法申请组织成为地方性合法社会团体。

2. 扶植帮会发展社会事业以转移其政治目标。

3. 防止海外帮会与国内帮会合流。

4. 防止并隔绝国内帮会彼此发生关系。

5. 尽量给予帮会领导人物在政治上之发言权，如国大代表、参议员等。

6. 加强在帮会中之党团组织。

7. 务使帮会不为中共及民盟利用并透过帮会之党团作用随时予反动派以打击。

8. 对已组织之帮会，本党应积极设法建立党团组织，控制并领导其政治活动。

9. 对已被中共及民盟拉拢之帮会分子，应即设法鼓动其自动脱离。

（二）建立本党领导之力量

1. 改变过去防范与不干涉及制止党员参加帮会之政策，而变为积极争取积极引导。

2. 控制帮会并予改造以加强其组织、充实其内容，使之适应时代，成为本党有力之外围组织。

3. 发扬帮会爱护民族国家之思想，以打击出卖民族利益之中共及民盟。

4. 策动帮会，就各种不同阶层分别组织各种社会团体，由本党控制运用或受本党之节制。

5. 调整中央组织部原有特种社会团体、党团督导委员会之组织，除中央重要负责人员参加此项组织外，并尽量容纳在各帮会内具有领导地位之本党同志参加。

6. 军统局原主持之中国社会建设协会须确实领导各地帮会及领袖之活动。

7. 明令各地党部领导帮会活动并利用帮会领导帮会。

8. 中统局、军统局、社会部派员深入各帮会核心，控制帮会领袖并领导其活动，改变其狭隘之封建思想及组织，促使成为本党之外围。

9. 本方案之实施由中央组织部主持之。①

上述方案显示，国民党政权主要是要阻止帮会政党化，特别是要防止帮会与中共、民盟联手，因此，强化对帮会的领导成为其帮会统合策略的中心，"中统局、军统局、社会部派员深入各帮会核心"云云，道出了具体实施的方法。翻阅四川省档案馆所藏社会处档案，可知该方案的确定是有一个过程的。1946年9月5日，四川省社会处处长黄仲翔致省主席张群公函中慨叹："政府一再查禁，犹未能收效，其原因政府只能查禁其有形之组织，而不能根绝其秘密活动之潜力。"②亟须制订一个新的统合帮会的方案。这个公函似乎也曾上呈社会部。社会部会商中央组织部，在得到反馈意见后，重新拟定了统合帮会方案的五点原则：（1）变消极的防范为积极的领导，促成本党外围组织；（2）遴选帮会中有地位及领导能力之本党同志，组成党团，发挥核心作用，以领导及掌握帮会之活动；（3）务使各地帮会不为奸党及民主同盟所利用；（4）防止各地帮会之组党运动，如万一不能办到，则运用党团组织从中发生作用；（5）防止海外与国内帮会组织合流。③

根据这五点原则，社会处草拟了《四川省处理哥老帮会及非法组织实施

---

① 《领导帮会与防止帮会组党方案》(1946年11月27日、四川省社会处处长黄仲翔)，社会处档186-1388，四川省档案馆藏。

② 《呈省政府兼任主席张》(1946年9月5日、四川省社会处处长黄仲翔)，社会处档186-1388，四川省档案馆藏。

③ 《社会部令四川省社会处》(1946年9月12日)，社会处档186-1388，四川省档案馆藏。

纲要》，内容分为三部分：（甲）原则。"逐渐变更消极的防范为积极的领导，使成为本党外围组织，至少须不为奸党及民主同盟所利用"；"防止革除哥老帮会之组党运动"；"纠正一般社会对哥老帮会之心理病态"。前两点反映在《领导帮会与防止帮会组党方案》中，第三点试图切断大众对哥老会的"心理病态"被省略了。（乙）办法。分为"积极的措施"和"消极的管制"两部分。前者非常严厉，如"无论哥老帮会及其他未经依法组织之人民团体均为非法组织，应予分别纠正或取缔"。如果按照人民团体申请立案，则"按其性质予以许可并派员指导"。"兴办地方生产事业以容纳游民，根绝其依靠哥老帮会为生之心理，而减少其份子之来源"。"消极的管制"则主要集中在对哥老帮会"触犯法律政令者，一律依法严予惩处"等事上，特别指出"土匪集团大半即为哥老帮会集团"。此外，还重申禁止公务人员参加哥老帮会。就"积极的措施"和"消极的管制"的具体内容看，可以说是1935—1945年抗战期间国民政府对哥老会取缔和限制两个政策的合体。（丙）机关。这是关于落实上述内容的机关，强调要设立"特别小组"商讨如何办理，特别小组由县（市局）长、社会科长、民政科长、党部书记长或委员、青年团干事长或书记、特委会秘书、警察局长等构成，动员了党政团的力量。① 由上可知，《领导帮会与防止帮会组党方案》提炼了《四川省处理哥老帮会及非法组织实施纲要》涉及帮会政治化的内容。

《领导帮会与防止帮会组党方案》实施后，具体产生的效果可从中国洪门民治党的盛衰窥见端倪。1945年3月，美洲致公党在纽约召开代表大会，更名为中国洪门致公党。② 1946年4月，致公党主席司徒美堂回国；9月1日，中国洪门民治党成立。③ 参加洪门民治党的各帮会在政治上亲蒋介石国

---

① 《四川省处理哥老帮会及非法组织实施纲要》(1946年)，社会处档186-1388，四川省档案馆藏。
② 《中国党派》，中央联秘社，1948年，第191页。
③ 《中国党派》，中央联秘社，1948年，第191—192页。

民党政权。① 洪门民治党表示"与各党派通力合作,建设新的中华民国"②。但是,洪门民治党成立不久,党内就有人申言洪门民治党不能代表洪门全体,"迨该党成立后,即有洪门人士张子廉、王知本、郑子良等另组洪兴协会,许君武、林有民另组洪门民治建国会,声明民治党不足以代表全体洪门"③。前文已述,洪兴协会和洪门民治建国会是国民党的外围政治团体,其成立不单单是洪门民治党内部领导权争夺的结果,比照《领导帮会与防止帮会组党方案》,依稀可辨国民党政权介入并进行分裂的影子。另外,在围绕国大代表的选举上的意见分歧也加剧了洪门民治党的政治分裂。洪门民治党成立之初,即分为司徒美堂和赵昱两派,以上海洪门为依恃赵昱占主流;司徒美堂的影响力主要在北美,在国内洪门的知名度不高,且本人还不会说汉语。在国民大会召开前夕,民治党没有得到希望的代表数,唯一的名额给了司徒美堂。但是,司徒辞去国大代表资格,其后转而接近民盟。④ 赵昱因为没能参加国大对国民党怀有不满,但民治党中央组织部部长杨天孚和秘书长张书城,采取了亲国民党的立场。1947年6月,司徒美堂以民治党主席名义,发表反对民治党参加中间党联盟声明,而张书城以司徒受到民盟的影响,威胁要开除司徒党籍。⑤ 结果,战后一度呈现出繁荣的洪门民治党很快四分五裂。司徒美堂认为是国民党CC系插手的结果。⑥

---

① 司徒丙鹤:《司徒美堂与美洲洪门致公堂》,《文史资料选辑》第38辑,北京:中国文史出版社,1982年,第244页。关于致公堂的政治态度,《中国党派》认为致公堂内部有拥护国民党一派和同中共、民盟联合、推翻国民党政权一派(《中国党派》,中央联秘社,1948年,第192页)。
② 《中国党派》,中央联秘社,1948年,第195—199页。
③ 《中国党派》,中央联秘社,1948年,第193页。《国民党统治时期的小党派》,北京:档案出版社,1988年,第358页。
④ 司徒丙鹤:《司徒美堂与美洲洪门致公堂》,《文史资料选辑》第38辑,北京:中国文史出版社,1982年,第248—249页。
⑤ 《国民党统治时期的小党派》,北京:档案出版社,1988年,第357页。
⑥ 司徒丙鹤:《司徒美堂与美洲洪门致公堂》,《文史资料选辑》第38辑,北京:中国文史出版社,1982年,250—257页。1947年9月司徒美堂发表退党声明,翌年10月发表反对蒋介石独裁政治的声明,1949年9月赴北京,成为共产党的盟友。其后,赵昱和张书城一道前往北京,寻求司徒美堂的庇护,被拒绝。

四、中国新社会事业建设协会

《领导帮会与防止帮会组党方案》在关于加强国民党对帮会领导中有一条写道:"军统局原主持之中国社会建设协会须确实领导各地帮会及领袖之活动。"这说明军统局在此之前业已开展对帮会的统合工作。

回顾军统局的帮会统合工作,伴随抗战胜利,其战时的御用帮会组织——"人民动员委员会"的使命宣告结束。1946年,戴笠为了对付共产党,强化国民党政权的支配,着手在沈阳、北平、天津等设立"中国新社会事业建设协会"(以下简称"新建会")。戴笠死后,继任者郑介民、毛人凤在得到蒋介石的许可后,于1946年10月正式组建新建会。在新建会设立计划书上清楚地写明防止帮会之间的联合,利用帮会的社会基础,强化国民党的社会控制,对抗共产党。[①] 这与《领导帮会与防止帮会组党方案》的目标是一致的。新建会从6月开始酝酿到10月正式成立期间,军统相关人员在各地展开动员工作。对于新建会,各地帮会的反应不一,有积极响应者,对一些帮会头面人物来说,新建会是将组织合法化的手段。在成都,6月5日哥老会组织欢迎林特派员宴会,有90余社会团体、160余人赴宴。林特派员称,本会定名为"中国社会建设协会成都分会",总会设在上海,"宗旨发扬民主社会服务精神,目的在三民主义政府领导之下安定民生,必须笃行三民主义,勿为别种主义诱惑利用,在三民主义领导下共谋福利"[②]。在军统的强有力的影响下,各地帮会头面人物差不多都加入了新建会。

1946年10月19日,新建会在上海召开成立大会,出席者有2500人。新建会在南京和上海分别建立办事处。新建会名义上的领导是常务理事杜月笙、杨虎、向海潜,实际上处理日常事务的是理事兼书记长军统特务徐亮,

---

① 周育民、邵雍:《中国帮会史》,上海:上海人民出版社,1993年,第785—787页。
② 《成都市哥老会欢宴军委会特派员》(1946年6月13日),社会处档186-1383,四川省档案馆藏。

徐下有八名来自军统的人员。①新建会的章程里写道："提高国民道德，改良社会风气，兴办社会事业，协助政府完成建国（第二条）。""协助政府"赋予新建会在社会层面上发挥政治作用，1947年制订的《中国新社会建设协会对社会工作实施计划》指示各地分会调查"社会各团体"——政治团体、社会团体、自由职业团体、帮会、秘密社会和"社会上有特殊势力之个人"等②，在此基础上，采取相应的打击、分化和吸收的策略。关于帮会，首先调查其名称、组织、人数和成分，"对于各地有左右社会及民众力量之帮会组织应指派忠实干练之同志打入其组织，取得其领导权或就其原有组织内吸收有领导能力之干部受我运用"。进而逐渐将帮会引入"建设社会之动力，而使比较腐败之帮会恶势力逐步消灭"。关于秘密社会，实施计划中没有具体指称，只是强调对"无意义与作用者"，予以瓦解；"有危害治安及不法活动，或受某一方面利用而有政治作用"，报告治安机关予以取缔。新建会成立后，发展甚快，1947年9月的一份内部资料称：

> 自去年十月本会在上海开改组成立大会以来，已设有分会者凡二十八省，设有区会凡四百六十八县，会员之履行入会手续者，凡五十六万数千人，其余之四十五万数千人，系长春、山东等二十七个分会所征求。③

1946年10月以后，热闹一时的帮会组党热急速降温，军统外围组织新建会无疑也起到了关键作用。另一方面，对于国民党政权来说，将各地帮会网罗在新建会名下，固然阻止了帮会组党及为中共、民盟利用，但也成了一

---

① 《中国新社会建设协会章程》（1946年10月）。中国第二历史档案馆编：《民国帮会要录》，北京：档案出版社，1993年，第330—336页。
② 周育民、邵雍：《中国帮会史》，上海：上海人民出版社，1993年，第338—341页。
③ 《中国新社会建设协会禁止会员开堂收徒的通令》（1947年9月），中国第二历史档案馆编：《民国帮会要录》，北京：档案出版社，1993年，第350页。

个挥之不去的负面存在：新建会分会与国民党地方政权之间产生摩擦。新建会的分会分为省级与区（县市）级，27个省的新建会分会的设立没有受到所在省社会处反对，但是，区会一级的设立就没有那么顺利了。如在江苏省部分市县区会，成员复杂，据说不仅有流氓，还有汪伪残余——汉奸、新民会会员等加入。① 部分区会开山堂，招募弟子，因而遭到国民党市县党部的反对。以此为由，1947年5月，社会部向各省社会处下达取缔新建会分会的命令。② 社会部在6月以后，未再下达催促各地执行的命令。③ 新建会书记长徐亮与社会部交涉，7月14日自行下令各分会、区会书记长暂停活动。"本会因发展迅速，声势日大，致引起党政各方面之猜忌，乃至捏造浮词，谓本会各地区开开堂收徒，扩大帮会组织，作非法活动，社会人心不安等语，向社会部诬报。社会部既不深察，又不交本会查察是非真象，遽下令取缔区会组织，动摇本会基础，使本会成为一有名无实之团体，不惟违背法理，似属别有用心。"④ 9月，徐亮接受军统的指示，宣布停止新建会活动。⑤ 12月，国民政府行政院命令新建会解散。

　　新建会从成立到停止活动仅仅七个月，最后在成立一年多后被迫解散，究其原因，是国民党政权内部不同部门之间对立所致，具体而言，是军统与CC系、社会部权力斗争的结果。CC系担心军统掌握各地帮会组织，会变相操纵选举⑥，而社会部部长谷正纲对本来属于社会部职权范围的帮会事务被军统延揽十分不满。⑦

---

① 中国第二历史档案馆编：《民国帮会要录》，北京：档案出版社，1993年，第345—346页。
② 中国第二历史档案馆编：《民国帮会要录》，北京：档案出版社，1993年，第354页。
③ 中国第二历史档案馆编：《民国帮会要录》，北京：档案出版社，1993年，第355—357页。
④ 中国第二历史档案馆编：《民国帮会要录》，北京：档案出版社，1993年，第354页。
⑤ 中国第二历史档案馆编：《民国帮会要录》，北京：档案出版社，1993年，第358页。
⑥ 沈醉：《军统内幕》，北京：中国文史出版社，1985年，第476页。
⑦ 沈醉、文强：《戴笠其人》，北京：文史资料出版社，1980年，第231页。

五、结语

以上，本章考察了战后国民党权力重组中帮会的情况。具体而言，1945年抗战胜利后，面对各级选举引起的帮会政治化和政党化，一年后（1946年10月）国民党政权开始全面围堵帮会。在围绕阻止帮会政治化问题上，国民党政权内部不同部门——以党部和社会部为一方和以军统为一方的帮会对策之间产生了矛盾。军统找到了控制帮会的途径，创设了全国规模的帮会——新建会。

在政治转型期帮会政治化的意义值得咀嚼。回顾第三章所考察的民国初年的会党社团化可知，会党社团化旨在在社会层面解决会党所表征的结社问题，由于缺乏付诸实施的方法，其结果要么仅仅停留在构想阶段，要么实施不久即告夭折。而三十多年后的帮会，不止于社团化，如第六章所述，国民党政权取缔和限制哥老会表面上似乎要将哥老会排除在重组的地方秩序之外，实则真正关心的是防止哥老会的政治化——哥老会的人际关系网和交往方式进入政府和党的组织中。然而，战后国民党推行的选举政治在四川却带来了令其尴尬的结果：哥老会的政治化。一些在野党为在选举中获胜，积极借助哥老会扩大党的力量，或者径直把哥老会组织政党化；另一方面，哥老会头面人物很多是当地的名人，面对选举时代的到来，这些人发现了自身的价值，因而表现出极大的参政欲望。

第三编 事件

第八章　作为表象的事件
——宿迁小刀会暴动及极乐庵庙产纠纷案

一、引言

1929年2月13日，一封发自徐州铜山县的急电传到"江苏省代表大会宿迁代表处"，署名"宿迁国民党指导委员会"。电文写道：

> 急。南京省代表大会转宿迁代表鉴，十三日下午，极乐庵僧众会同土劣率领小刀会七八千众，捣毁县指委会及各学校，搜杀党员，并捕去本会工作人员九名，地方糜烂，情势万急，恳请就地设法救援。①

宿迁县位于江苏省北部，城外四里接运河，曾为"南北水路之冲"、"淮北之一大埠"。随着1912年津浦铁路全线通车，"市况遂日益衰落"②。按照旧历年的算法，2月13日正当正月初四，乡间还沉浸在新年的余韵之中，何以僧众和"土劣"要指使小刀会砸毁国民党县指导委员会（以下简称"党部"）和学校、捕杀国民党党员呢？这分明是一场反对国民党地方统治的暴

---

① 《宿迁僧众土劣刀匪暴动》，《申报》1929年2月20日，第10版。
② 殷惟龢编：《江苏六十一县志》卷下，上海：商务印书馆，1936年，第148—149页。

动。小刀会是怎样的民间武装？何以会听从僧侣和土劣指使而动员七八千人"暴动"？事件发生后不久，宿迁国民党党部发行的《导报》是这样概括事件经过的：

> 宿迁僻处江北，交通不便，土劣豪绅之势力，极为雄厚，并素多刀匪为患，十七年夏间曾因江练如逮捕刀会首领张儒高，及拆毁东岳庙事，引起刀会之反感，常思暴动，以图报复。自县指委会成立以来，本民众之要求，对少数显著之土劣及五华顶恶僧等，加以检举，予以制裁，因之，全境反动土劣暨睢宁、邳县之反动势力，均有兔死狐悲之感，群起图谋联合以为抵抗，百端设法，诬蔑忠实同志，以图扑灭革命势力。至其入手方法为推翻县长董汉楼，其次乃实行推翻县党部，迫董免职后，童锡琨（童锡坤。——引者注）继任之日，即为土劣豪绅大肆活动之时。十八年三月十二日（农历二月十三日。——引者注），遂发生县长童锡琨、公安局长孙启人，沟通商会会长席裕琨，五华顶匪僧慧门、跻圣，极乐庵僧众祥斋等勾结刀会暴动之事实，捣毁各项公所、学校、演讲厅及党部。①

县长江练如逮捕小刀会首领和拆毁东岳庙引起地方不满，党部打倒"土劣"、"恶僧"更引起"反动势力"反弹。"反动势力"在成功地赶走了前县长董汉楼后，和新县长童锡坤、公安局长及商会主席沆瀣一气，发动了针对党部和学校的暴动。如此说来，该事件不仅起因于"革命势力"和"反动势力"的对立，还是国民党政权内党部和县政府矛盾的产物。

与党部的看法相反，国民党左派刊物《民意》发表的青山《纪宿迁的民变》在引用上述宿迁县党部的看法后指出："此报为该县党部所主持，当然是袒护一方面卸过于他人的说话。"② 而以小刀会散发的《民众联合意见书》

---

① 转引自青山：《纪宿迁的民变》，《民意》第7期，1929年4月28日，第14—15页。
② 青山：《纪宿迁的民变》，《民意》第7期，1929年4月28日，第15页。

来看,"这明明是宿迁民众的一篇民权宣言,句句都含有无穷的悲痛,他们要的是取消苛捐杂税,打倒贪官污吏;不过加上了许多守旧的思想,如拥护阴历,拥护东岳庙的荒唐行为罢了"。青山继而批评《新闻报》、《申报》等报纸的片面报道:"一概以刀匪称他们,不知道要枉煞多少人!"① 如果换一个角度,站在小刀会立场上的话,毋宁说该事件是一场反抗压迫的斗争。

回顾有关民国史的研究,对于地方性冲突事件,论者习惯于在国家—社会的二元框架下加以诠释。根据这个模式,国家在实施政治和社会整合时,由于打破了地方社会原有利益关系,自然容易遭致地方精英的抵抗,从而形成近代国家建设中国家—社会二元对立。对于这种僵化的论述模式,杜赞奇在关于华北乡村社会的研究中提出"权力的文化网络"概念,强调国家—社会并非只是对立关系,国家常常借助地方性的资源来行使权力。② 按照这一思路,在讨论南京国民党政权反迷信问题时,杜赞奇认为,国家通过消灭而不是借助地方资源的结果致使其意欲贯彻的国家目标归于失败。③

与从国家—社会关系角度的研究不尽相同,三谷孝很早就在其关于南京国民政府打破迷信和小刀会暴动等具有开拓意义的研究中,注意到南京国民政府"以党治国"方针下党部和政府之间的矛盾。④ 关于宿迁小刀会事件,三谷孝根据报纸的记载指出,小刀会连续发动了三次暴动——第一次在1929年2月13—15日,第二次暴动发生在3月初,第三次暴动发生在4月中旬,旨在抵抗近代政党的"启蒙运动",而国家通过强权成功地弹压了小刀会的反抗。⑤ 接续三谷的思路,朴尚洙在《中国革命与秘密结社——

---

① 青山:《纪宿迁的民变》,《民意》第7期,1929年4月28日,第15页。

② Prasenjit Duara, *Culture, Power and the State: Rural North China, 1900-1942*, Stanford: Stanford University Press, 1988.

③ Prasenjit Duara, *Rescuing History From the Nation: Questioning Narratives of Modern China*, Chicago: University of Chicago Press, 1995.

④ 三谷孝「南京政権と「迷信」打破運動(1928—1929)」、『歴史学研究』第455号、1978年4月。

⑤ 三谷孝「江北民衆暴動(一九二九年)について」、『一橋論叢』第83巻第3号、1980年。

1930—1940年代的陕甘宁和江苏北部》①、张倩雯在《迷信体制：中国现代性中的宗教与政治》②，也分别考察了小刀会暴动，揭示了以往未被注意的细节。

在笔者看来，无论是从国家—社会关系角度阐释事件的意义，还是从党—政矛盾角度阐释事件的意义，一个先决前提是要辨明事件是如何被建构起来的。就此而言，无论是三谷早年的研究，还是近年张倩雯和朴尚洙的研究，都忽视了对所谓小刀会"暴动"叙述本身进行批判性的考察，在他们的研究中，看不到对当事人或旁观者证词差异的分析。张倩雯阅览了第二历史档案馆保存的有关庙产纠纷的资料，朴尚洙使用了20世纪80年代出版的地方文史资料，但是，这些新资料的发现无助于改变关于事件的以往叙述。以下，本章将首先考察小刀会"暴动"是如何被建构起来的历史叙述问题，继而讨论在这种叙述之外其他叙述的可能性，最后提出在中国近代史研究中进行史料甄别工作的意义。

二、青天白日旗下

苏北的20世纪是和"原始时代"携手同行的。1930年，吴寿彭在《逗留于农村经济时代的徐海各属》一文中表达了对苏北的感受。③ 吴的文章是研究苏北社会经济史的重要文献，至今仍为很多学者引用，在笔者看来，这篇文章同时还是分析一个"20世纪"的学者如何观察和理解停留在"原始时代"的农村的重要文本。

1929年夏，也就是所谓小刀会第三次暴动过去不久，吴在宿迁逗留了一个星期。在吴眼中，宿迁是苏北破败的自然风土和人文景观的有机部分，

---

① 박상수, 중국혁명과비밀결사, 심산출판사, 2006, pp. 315-321.

② Rebecca Nedostup, *Superstitious Regimes: Religion and the Politics of Chinese Modernity*, Cambridge, Massachusetts: Harvard University Asia Center, Distributed by Harvard University Press, 2009, pp. 175-187.

③ 吴寿彭：《逗留于农村经济时代的徐海各属》，《东方杂志》第27卷第6号，1930年3月25日。

第八章 作为表象的事件——宿迁小刀会暴动及极乐庵庙产纠纷案　171

除偶尔能看到几个穿着哔叽西装从沪宁等地回乡的学生外，民众衣着土布，到处是飞扬的尘土，干涸的沟渠和贫瘠的田野，"故乡香火情何限"①。宿迁是项羽的故里，建于明朝嘉靖年间的项王庙曾吸引不少文人墨客前来凭吊怀古，"现在只是一栋废庙与卧向斜阳的残碑而已"②。虽然历史已经进入共和制的中华民国，但是，老百姓的意识还盘桓在帝制时代。三月暴动的小刀会居然在檄文中写道："现奉德州部师祖爷钦命，特来江南保主，目下徐州已得，将来攻打宿迁，取道江淮，至南京奠都。"落款：大同中华十八年三月二日。③而在宿迁北部皂河窑湾等处的刀会领袖中，有人名为"郭三闯王"，犹如小说《水浒传》、《施公案》、《彭公案》中的人物。④

苏北人生活在"土围子"里。在淮河流域的江苏和安徽普遍存在的圩子具有防匪和防兵两面作用。⑤清末日本外务省调查员西本省三经过宿迁时写道："县城有内城和圩子两部分，内城通常用瓦墙，圩子则用土墙。"⑥"土围子"又叫"集"、"寨"、"庄"等，是延续了"封建型式"的聚落。金陵大学农村经济教授卜凯（J. Lossing Buck）在关于佃农制度的小册子中说："北江苏宿迁县那些居留的地主，使我们想起欧洲诸国古代的封建主。那些地主们住着大厦，围以堡寨；他们的佃农就在破烂房子中生活于他们的四周。"⑦在这样一个格局下，商业资本自然难以成长，只有南近运河地区"商业比较繁盛"。宿

---

①　李德溥等修，方骏谟等纂：《宿迁县志》（三）卷11《祠祀志》，1874年刊本，台北：成文出版社，1974年影印。
②　吴寿彭：《逗留于农村经济时代的徐海各属》，《东方杂志》第27卷第6号，1930年3月25日，第70页。
③　吴寿彭：《逗留于农村经济时代的徐海各属》，《东方杂志》第27卷第6号，1930年3月25日，第70—71页；《徐东刀匪变乱情形》，《时报》1929年4月22日，第2版。
④　吴寿彭：《逗留于农村经济时代的徐海各属》，《东方杂志》第27卷第6号，1930年3月25日，第71页。
⑤　並木頼寿『捻軍と華北社会：近代中国における民衆反乱』、研文出版、2010年、第82—119頁。
⑥　西本省三「江蘇安徽両地方会匪視察報告」、1910年。外務省外交資料館藏，『各国内政関係雑集・支那ノ部・革命党関係・革命党ノ動静探査員派遣』、1-6-1-4-5-H。
⑦　吴寿彭：《逗留于农村经济时代的徐海各属》，《东方杂志》第27卷第6号，1930年3月25日，第73—74页。

迁唯一的新兴工业大概就是耀徐玻璃厂了，它是二十年前张謇和一个王姓实业家合办的。他们看中当地优良的石英材料，运河交通之便，投下二百万两巨资，"在江北无与伦比，现在是破败到不可收拾了"①。吴认为最主要的原因是外国技师不高明，引进的设备老旧，生产出来的产品无法和国外商品竞争。加之，兵匪交织，生产时断时续，成本不断增加，最后只有归于破产。

农业是当地经济的主要形态。与江南相比，生产效率低的苏北，赋税和田租相对要重一些，币制和度量衡紊乱，民众深受土匪之扰。②"江南与江北，虽只一水相隔，却有一千年历史的差异。"苏北土地高度集中，在每个县里都能找到一家或两家乃至几家有一百顷（一万亩）土地的家族，"权威高出于一切"③。宿迁最大的地主是被称为极乐庵的寺庙。

1927年，国民革命北伐军赶走了盘踞在宿迁的北洋军阀部队，从南京来的新县长开始尝试对弊端重重的县政进行改革。1928年7月，县长江练如呈报江苏省委的报告是这样描述县政的：

> 窃以除弊之难，甚于兴利，县长到任之初，淮扬前县长咨交雇员名册，内计书记八十四名，粮税书役二百余名，行政验契各委员二十余名，警役一百九十余名，旋持名册点查，帮书白役未列册中者，尚复不少，足见宿人指为衙蠹千名寄生无数之说，诚非虚语，前此刘委员莅地巡视，当必深邀钧鉴，似此衙蠹如毛，若不廓而清之，则民众之痛苦将何由解除。惟廓清之法，自当以除弊为前提，职县历来案卷，尽操书吏掌中，相沿日久，彼辈竟视为私人秘笈，不肯轻以示人，时与警役串通，贿卖招摇，无所不至，此种恶习，不仅损害司法抄录费之收入，且

---

① 吴寿彭：《逗留于农村经济时代的徐海各属》，《东方杂志》第27卷第6号，1930年3月25日，第75—76页。
② 吴寿彭：《逗留于农村经济时代的徐海各属》（续），《东方杂志》第27卷第7号，1930年4月10日。
③ 吴寿彭：《逗留于农村经济时代的徐海各属》，《东方杂志》第27卷第6号，1930年3月25日，第78页。

第八章 作为表象的事件——宿迁小刀会暴动及极乐庵庙产纠纷案

匿粮飞洒,舞弊营私,实非浅鲜。究其由来,多因书吏所在地点,相距县长办公处所太远,耳目莫及,监督无由。兹为断绝书吏与警役之联络起见,在未建新式办公厅以前,先将署内零落破碎房屋,择要修葺,饬令各书吏一概迁入办公,分科配置,严行监视,所有新旧档卷,逐件清理,派员专管,无论何种文书,概不准携出署外。但书役等盘踞多年,一旦骤然去之,恐复发生他故,整理开始,拟先办理登记,着各书役依式填表三份,粘附像片铺保,留良汰莠,并征求青年学子,参加政治工作,此后倘有退职书役在外谋为不轨,可执铺保绳以连坐,唯今后书役工食,当予酌量提高,方克彻底奏效,决非原有行政经费足敷开支,加以修葺办公室等,开支亦大,究应如何筹拨,除再另文呈请察核示遵。再职县书役原用家具,昨经履勘,内多虫蛀旧物,似系前清所遗,拟作为公物收存使用,合并陈明。①

县政由书吏们把持,离开这些熟悉地方情况的人,无论外来的县长多么能干,都无法使县政正常运转。江县长审慎地将书吏集中在一起,通过"分科配置"来监督和管理。但是,由于经费不足,县政改革难以为继。

1928年7月,江苏省政府颁布了《江苏省政府十七年度施政大纲》,规定县财政局长由县长兼任,财政厅委任副局长,将来局长由省民政厅直接任命。改良田赋的方法为:(1)以清丈为改良田赋之根本方针。(2)编造各县田赋征收册,先以清查粮户为入手办法。(3)办理全省不动产登记,预期在十八个月内完毕。(4)改良征收办法,田赋由省库或代理省库经办,于本年度筹办施行之。"取消一切苛佃杂捐,衡量民力,推行新税。"(5)规定土地报价办法,逐渐加以实行。② 对于宿迁的情形,接任江县长的林姓县长在10月8日上呈民政厅的报告中写道:

---

① 《宿迁县呈报淘汰衙蠹情形》,《江苏省政府公报》第41期,1928年7月9日,第14—15页。
② 《江苏省政府十七年度施政大纲》,《江苏省政府公报》第40期,1928年7月2日,第9页。

> 宿邑忙漕向无鱼鳞清册，所有的实花户，全在图差腹笋。……因是书差有所凭藉，得以就中取巧。欲求根本解决，清丈固非易事；挨户清查，亦可收效。但在未清查以前，应先筹一治标办法。日前召集行政会议，议决治标之策，先饬各市乡行政局长保卫团总严行监督粮书图差，不准稍有浮收需索情事；一面紧催各市乡团总，赶将地亩清册，克日造起送府，以便按图索骥，俾业户粮户耕户一目了然，图差等不复施其朦混伎俩。庶几税收可望起色，积弊可渐铲除！此整顿钱粮之大略情形也。①

要剥夺书吏图差的特权根本不可能，只能以行政局和保卫团来监督，从而达到"治标"目的。这是林县长想出的妥协办法。

县长除忙于征税外，还要面对严重的治安问题。1912年中华民国成立后，宿迁设置巡警处，旋被改为警察事务所，复改为警察所，1927年改为公安局。②林县长慨叹要剿办小刀会匪，在地方没有驻军的情况下，仅靠公安队四十余支枪（子弹行将用尽）远远不够。就任后，林惩治巨盗，枪毙王为斗等要犯，但积案依然很多，看守所人犯在150—160人之间。"宿邑民素健讼，民刑诉状，日必四五十起"③，根本难以应付。

如果说，县长的所作所为还是传统意义上的革除旧弊，那么，1928年7月底，随着国民党党部人员的到来，一场改变宿迁社会的革命开始了。6月28日，《省政府委员会第七十七次会议纪录》第八项称："宿迁江县长呈为召集全县绅董开会议决训政时期实施各项要政，并恳令行特种刑庭在县会议期内，凡属土劣及反革命治罪犯，暂停解办。"④在民事和刑事犯罪之外，又

---

① 《宿迁林县长呈报一月来工作》，《江苏省政府公报》第62期，1928年12月3日，第20页。
② 《江苏省宿迁县公安行政现况调查表》，1935年5月18日，全宗号十二（2），案卷号：二五六一，中国第二历史档案馆藏。以下所引档案出处同此，简称"二档"。
③ 《宿迁林县长呈报一月来工作》，《江苏省政府公报》第62期，1928年12月3日，第20页。
④ 《省政府委员会第七十七次会议纪录》，《江苏省政府公报》第40期，1928年7月2日，第4页。

第八章　作为表象的事件——宿迁小刀会暴动及极乐庵庙产纠纷案

设置了新的罪名——"土劣"和"反革命"。前者由私有财产，特别是个人所有的土地数量决定的，后者则以政治立场来决定。6月29日，在第七十八次会议上，"江苏省党务指导委员会函为各县指导员，已返县工作，倘无经费，将无从着手进行，经议决暂定各县最近急需经费数目，请急电各县政府依数垫发"①。7月2日，江苏省政府主席钮永健号召下属机关："建设党化的新江苏，实现三民主义，遵行总理遗嘱，扑灭反动势力，铲除土劣贪污，扶助农工利益，实施训政方略，江苏民众团结起来。"②"建设党化的新江苏"前提是"扑灭反动势力"和"铲除土劣贪污"。"反动势力"在政治上的含义指军阀、共产党以及不符合国民党意识形态和组织化要求的地方势力，一度连民间崇尚的关羽、岳飞庙也曾因受到袁世凯政府的褒奖而被作为迷信列入禁止之列。③"铲除土劣贪污"有两层含义，"土劣"指大地主和地方有权势者，"贪污"指县长等官员。宿迁县党部由七人组成，分别是叶坚、王志仁、刘执中、徐大镕、姚进贤、汪沄、王梦藩。7月21日七人在南京宣誓就职，7月26日开赴宿迁。④

其时，"庙产兴学"运动方兴未艾。⑤"庙产兴学"思想可以上溯到清末

---

① 《省政府委员会第七十八次会议纪录》，《江苏省政府公报》第40期，1928年7月2日，第5页。
② 《江苏省政府公报》第40期，1928年7月2日，封面。
③ 《令知废止关岳祀典》，《江苏省政府公报》第49期，1928年9月3日，第27页。
④ 《各县党务指导委员名单》，《江苏省政府公报》第41期，1928年7月9日，第37页。
⑤ 滞留在上海的日本西本愿寺大谷派僧侣藤井草宣所作《支那最近之宗教迫害事情》（净圆寺，1931年）的记述最为详细。国内学界关于"反迷信"和"庙产兴学"的代表性研究，参见付海晏：《革命、法律与庙产——民国北平铁山寺案研究》，《历史研究》2009年第3期；沙青青：《信仰与权争：1931年高邮"打城隍"风潮之研究》，《近代史研究》2010年第1期。试图从理论上加以阐释的论文，参阅沈洁：《"反迷信"话语及其现代起源》，《史林》2006年第2期；沈洁：《现代化建制对信仰空间的征用——以二十世纪初年的庙产兴学运动为例》，《历史教学问题》2008年第2期；徐志伟：《一种"他者化"的话语建构与制度实践：对清季至民国反"迷信"运动的再认识》，《学术月刊》2009年第7期。国外研究，除前揭三谷孝、杜赞奇和张倩雯外，还有牧田諦亮「清末以後における廟産興学と仏教教団」、『東亜研究』第64号、1942年12月（收入『中国仏教史研究』、大東出版社、1984年）；塚本善隆：「中華民國の仏教」、『塚本善隆著作集』卷5、大東出版社、1975年。大平浩史「南京国民政府成立期の『廟產興学』と仏教界——寺廟產・僧侶の『有用』性をめぐって」、『立命館言語文化研究』第13卷第4号、2002年2月；大平浩史：「南京国民政府成立期の『廟產興学』と仏教界」、『現代中国』第81号、2007年。

张之洞[①]，但国民党所要进行的"庙产兴学"有着非常直接的政治目的：党化教育。1928 年 3 月，中央大学教授邰爽秋在《庙产兴学运动》中提出打倒僧阀、解放僧众、划拨庙产。[②] 以这篇文章的刊发为契机，各地相继发生砸毁偶像、佛龛，甚至残杀僧众事件。党部一行抵达宿迁前，新成立的学校起着党化宿迁的作用，其中省立宿迁中学附属中央大学学区是最能体现党化精神的学校。[③] 各中学校长和教员大多来自南方，他们不仅在学校普及新思想，还在社会上宣传反迷信的观念，为克服教育经费匮乏的困难，学校将希望寄托在"庙产兴学"上。笔者没能找到党部如何论述宿迁寺庙的直接资料，不过，前述吴寿彭在文章中多次谈到极乐庵，其信息明显得之于党部，从中可以推测出这些国民党人是如何看极乐庵的：

> 宿迁县极乐庵，虽本是一个古刹；实际已丝毫没有宗教的性质而成为代表型式的封建田主了。极乐庵同他所属的下院，如五华顶等共有五处，合计有田二千多顷，即二十万亩。这在江南县分小的，当是半个县境了。这些和尚终年的职务就是收租放债。大和尚是有妻有妾有子女。寺院的房舍较县政府漂亮十倍。宿迁的村庄都成为极乐的属佃。一个庄子常有和尚住着，就是庄主了。这农庄的农田、牲口及农具也都是寺院里的。收租和尚就经理这些事情，有绝大的权威与享乐，各有正式或非正式的妻妾。五华顶一属院尤是威权所在，院内有数十快枪、匣子炮及许多枪、刀。佃农不但替他们耕田，还得听他们号召而服役。这回宿迁刀会暴动就是极乐庵和尚恨那些党部及学校要没收寺产而号召他们的佃农干起来的。他们向佃农收租；亦向佃农发口粮，在号召他们的时

---

① 村田雄二郎「孔教と淫祠――清末廟産興学思想の一側面」、『中国―社会と文化』第 7 号、1992 年 6 月；阿部洋『中国近代学校史研究』、福村出版株式会社、1993 年。

② 邰爽秋：《庙产兴学问题》，上海：中华书报流通社，1929 年。

③ 关于中央大学区，参阅高田幸男「南京国民政府の教育政策――中央大学区試行を中心に」、中国現代史研究会編『中国国民政府史の研究』、汲古書院、1986 年。

候，他们巨大的收入就消费去了。①

在吴寿彭看来，作为寺庙，极乐庵早已名不符实，变成地地道道的大庄园主了。庄内雇有佃农，和苏北常见的大地主的圩寨一样，有庄园武装。因此，在党部看来，极乐庵正是"庙产兴学"的革命对象。吴说极乐庵有二千公顷土地。在另一处，吴称极乐庵拥有一千公顷土地："就是极乐庵，大概都知道，属院不在内，极乐庵有一千多顷田；而事实上向政府纳粮而有单契的只二百五十余顷。其余的就是无税的不可稽考的。如此的情形是江北各县都一样的。"②而且，寺院僧侣"各有正式或非正式的妻妾"。就前者而言，一千公顷的土地堪称江浙地区最富有的寺庙了。但是，与江南相比，实际上可耕土地是极其有限的，而极乐庵辩称实际上只有三百多顷土地，其余皆为荒地。③后者的说法不仅夸张，还带有诬蔑之意。当然，一个拥有数百僧众的寺庙，难保有僧人破坏清规。撇开这些不论，对党部来说，极乐庵就是"僧阀"，无疑是必须打倒的对象。

党部采取的第一个步骤是，以"劣僧"名义逮捕极乐庵僧人，同时逮捕的还有其他所谓"劣绅"。在党部人员抵达宿迁前，县长江练如曾命人拆毁东岳庙，将其改为演讲厅。④拆毁这座历史久远的废庙虽然引起不小社会震动，但没有触动极乐庵利益，而逮捕僧人则向极乐庵发出了不祥信号。其时（12月），江苏省政府要求各县党部，"先从事于宣传和训练为入手方法"⑤，将打倒迷信和剥夺庙产分开进行。虽然，逮捕僧人还不至于立刻与没收庙

---

① 吴寿彭：《逗留于农村经济时代的徐海各属》，《东方杂志》第27卷第6号，1930年3月25日，第79页。
② 吴寿彭：《逗留于农村经济时代的徐海各属》（续），《东方杂志》第27卷第7号，1930年4月10日，第60页。
③ 《呈为违法处理恳恩准取消省令发还庙产以救僧命而维佛教事》，1930年3月，全宗号二，案卷号一〇五九，二档。
④ 参照《神祠存废标准》（1928年11月），立法院编译处编：《中华民国法规汇编》，上海：中华书局，1934年，第807—814页。
⑤ 《打毁神像与破除迷信问题》，《江苏省政府公报》第64期，1928年12月17日，第47页。

产联系在一起。党部的行动得到了来自中央法令的有力支持。1929年1月，国民党中央政府颁布《寺庙管理条例》，对寺庙实行"管理"，其中第四条称，如果寺庙破坏清规，违反党治及其政策，则可将其废止（第四条）。这就是说"指委会"可以任意废止寺庙。①

党部推进的政策使其陷入充满敌意的境地。早在7月，省政府派遣"指委会"成员奔赴各县后，即多次发文提醒各县公安队保护党部人员的人身安全。"所员使命非常重大，自须有切实之保障，方能自由行使职权，而期工作顺利。"② 如果说，针对"劣僧"、"劣绅"的举动还只是以地方有权势者为敌的话，那么，1928年12月党部和新任黄姓县长颁布改阴历为阳历、禁止过阴历年的命令，则为其招致了更多的敌人。③ 1929年2月，在经历了严重的水害后，宿迁民众迎来了旧历新年。④ 禁止过旧历年的命令使宿迁城乡笼罩着异样的气息。

三、目击者的证言

2月13日下午，宿迁城乡突然人潮涌动、喊声不断，以自卫防匪为宗旨的小刀会"暴动"了。刀会会众砸毁党部、学校等象征国民党的建筑物，绑走党部指导委员和中学校长。一个星期后，消息见诸报端，震动上海和南

---

① 该条例对佛教界冲击甚大，太虚等要求国民政府将"管理"二字删除。参见前揭大平浩史「南京国民政府成立期の「廟產興学」と仏教界」、『現代中国』第81号、2007年。

② 《各县政府应负责保护党务指导委员》，《江苏省政府公报》第40期，1928年7月2日，第51页。《令县保护党务视察员》，《江苏省政府公报》第42期，1928年7月16日，第46页。《各县政府应负责保护党务指导委员》，《江苏省政府公报》第43期，1928年7月23日，第41—42页。

③ 《内政部致国民政府呈》，中国第二历史档案馆编：《中华民国史档案资料汇编》第5辑第1编（文化），南京：江苏古籍出版社，1994年，第425页。左玉河：《拧在世界时钟的发条上——南京国民政府的废除旧历运动》，刘东主编：《中国学术》第21辑，北京：商务印书馆，2005年。

④ 此次水灾，全县"统计灾户四万零八百六十四户，灾民二十万零八千七百五十人"。（《徐属宿萧两县之灾情》，《新闻报》1929年2月15日，第11版）

京。关于参加"暴动"的人数，多者说有五六万人，少者在五六百人或数百人；关于受害者情况，不仅公共建筑和家宅被砸毁，还有国民党员多人被砍伤，女生被架走未归；至于"暴动"发生的原因，舆论普遍认为这是一场刀匪、土劣和僧匪的合谋。

事件的真相到底如何呢？

关于事件的确切消息最早来自姓萧的国民党干部。萧某躲过第一天的骚乱，第二天（14日）凌晨，悄悄逃离宿迁，先赶往宿迁东面的沭阳县，寻找国民党军队未果，继而转往新安镇请求第九师（师长蒋鼎文）驰援，得到两营兵力。军队开往宿迁时，萧没有和军队一起返回宿迁，而是于16日抵达徐州。在徐州，萧向《申报》记者讲述了他所目击的事件经过。

小刀会由极乐庵出发，沿途大呼"打倒三民主义"、"恢复帝国主义"、"贴春联放鞭炮"、"恢复迎神赛会"、"废止阳历实行阴历"等口号，首先捣毁县党部，捕去县指导委员会委员徐政、汪沄、王志仁及一区党部常委蔡克尧等九人，继而捣毁学校，殴打教员，省立宿迁中学校长周宣德、县立宿迁中学校长张怀铎等因此负伤。事件发生时，县长童锡坤正在洋河镇勘查道路，公安局长孙启人（仁）命人紧闭城门，防止小刀会攻入宿迁城内。[①] 萧说道：

> 宿迁小刀会，向甚猖獗，而五华顶极乐庵僧众，亦最有势力。年前党方力主拆除东岳庙，建造讲演厅，会徒即极力反对。厥后五华顶住持匪僧慧门被捕，僧众又力思反抗，现乃于阴历年关党方力行废除旧历之际，突然发作，极乐庵与讲演厅，均在城北，僧众土劣小刀会徒三部分结合，约有七八千人，于十三日下午一时，突然持械暴动。[②]

---

① 《宿迁僧众土劣刀匪暴动》，《申报》1929年2月20日，第10版。
② 《宿迁僧众土劣刀匪暴动》，《申报》1929年2月20日，第10版。

萧讲述的事件有两个要点：第一，"暴动"由僧众、土劣和刀会会徒等三方构成，人数在七八千人，且"突然发作"。第二，"暴动"旨在反对国民党党部及其所推行的政策，因而要求打倒党部所提倡的三民主义，但何以要"恢复帝国主义"，不详，似乎和国民党推行的抵制日货政策有关。

17日，紧随萧后来到徐州的是去宿迁应考区长的蔡维干等人。蔡维干自称避开刀会监视，于15日离开宿迁。蔡的证言强化了萧的看法，称："暴动人有和尚、有农民、有流氓、有劳工、有土劣，可以说全是守旧无识者。"① 他还讲述了萧不知道的14日发生的事情。14日下午1时，童县长召集小刀会训话，会众提出三点要求：（1）取消苛捐杂税；（2）取消县党部；（3）重盖东岳庙。童对第一条表示同意，但声言第二、第三条无法兑现：如果党员有违法乱纪的事情，民众可以上告；拆除东岳庙，打倒偶像，属于破除迷信，无可厚非。童告诫刀会如欲和平解决事端，必须立刻放人。结果，刀会释放了捕去的一干人等。15日晨，刀会复聚集于城外，捣毁市、乡党部和学校。

有关事件比较完整的叙述来自19日抵达徐州的商人郝某。郝某向《新闻报》记者讲述了看到的情况。他指出："故农夫、佃户、流氓以及中下等社会人等无不加入小刀会。"宿迁刀会"本为防匪"，之所以暴动，是因为"该县党指导委员会曾在壁上张贴一打倒小刀会之绘图及标语，引起刀匪之怒。又，宿邑房捐近增至每值四百千文之房价，约月捐洋十五元，刀匪以为太重。又，禁止度旧历年，各游艺场均不准演唱花鼓歌词等。并于旧历元日，由指委会捕去多人，刀匪以为压迫过甚（刀匪平素即恃势逞威）。前商会会长被指委会检举，由县府罚五万元，刀匪以为滥罚。诸如此类，皆与酿成此次惨变有关"②。原来，刀会反对的是政府的杂税和取缔旧习俗政策，而直接导致事件发生的是旧历大年初一"捕去多人"。郝是商人，他特别强调被罚款的商会会长对刀会的影响。国民党政权是以"操纵金融，违抗中央"之罪名，勒

---

① 《宿迁僧众土劣刀匪暴动》，《申报》1929年2月20日，第10版。
② 《宿人之经过目击谈》，《新闻报》1929年2月23日，第12版。

第八章　作为表象的事件——宿迁小刀会暴动及极乐庵庙产纠纷案

罚该商会会长五万元，并判处其十年之内不得干预地方之政治。①

对于14日以后的情况，郝某的口述和蔡维干不太一样。在他看来，县长童锡坤是站在第三者的立场上和公安局长孙启仁、商会一起来"调停"事件的，对于刀会提出的重建东岳庙要求，童应允。而对于撤销党部、免去苛捐杂税，童则表示不敢接受。他甚至为了不扩大事态，封刀会首领张儒高为"剿匪司令"，鼓励刀会回到"自卫防匪"的传统上，而不是与政府为敌。而刀会之所以接受县长的调停，和郝某似乎为同一人的郝其恒对《申报》说："自童县长以和平方法谕令刀会释出被捕党员后，刀会亦深恐军队来剿，乃由其首领张某，召集党徒，分防各处。"②

郝某没有说到僧人和土劣参加暴动之问题，徐州商界何某在宿迁的友人来信支持了郝某的看法。这封信写于17日，何某在20日将其公开。何某友人在信中从不同角度描述了事件经过：

> 吾宿因官厅禁止阴历年、赌博、赛会、迎神、卖灯、扣百子、迷信等，小刀会反抗，聚众数百人，于正月初四日下午，先将教场、演讲厅、县党部、中山大学宿迁中学等，均打坏干干净净，并带去工作党员数人，复经人交涉，始行放回。初五日又将女子怀仁中学、商立学校以及一切学校，均捣毁无余。初六日将韩占一、吴谍香、朱亚伯、曾子仓、刘钟祥、叶三先生等家打毁一空，电报局发电机亦被打坏，人心惶恐万状，惟东大街尚平安，城内因城门关闭，亦尚平安，二酉辰日新、同仁三分书局，所有总理遗像均被撕去。初六日有第九师军队开来一团镇压，得稍见平静，惟仍未乐观耳。③

---

① 《令查宿迁县处罚商会主席案》，《江苏省政府公报》第75期，1929年3月4日，第13页。
② 《宿迁土劣僧匪暴动续讯》，《申报》1929年2月21日，第11版。
③ 《宿迁刀匪遍地皆是》，《时报》1929年2月23日，第3版；《宿迁小刀会暴动续志》，《京报》1929年2月22日，第6版。

这封信要言不烦，不仅关于学校和教员等受害情况可以补充其他目击者讲述的内容，更重要的是明确说刀会"聚众数百人"，这和前文萧某讲的数字相差十倍以上，和开头电报中的数字有百倍之别。但是，商人说的数字得到了事件受害者徐政等的支持。2月22日，徐政一行到徐州后告诉记者暴动人数在五六百人之间。

从以上四个旁观者的讲述可知，有的人只看到一天的情形，有的了解两天的情况，只有两位知道四天发生的事情，由于个人所处位置和感受之不同，所讲述的内容也存在或大或小的差异。可以比较的是，四个旁观者对于事件原因和主谋的认定。关于事件原因，四人看法一致，认为起因于对地方政府，特别是党部所推行的经济和社会习俗改革政策之不满。而对于事件主谋，四人看法相差很大，党部萧某及未来的区长蔡维干①认为，事件由地主、僧人和刀会等发动，这三种人在国民党党部那里具有特殊的符号含义：地主是土劣（土豪劣绅），僧人为僧匪，刀会称刀匪。相反，郝某和何某友人则仅认为事件为刀会所发动，没有提及地主和僧人的作用。巧得很，前两人都是外地来的政界人物，他们不约而同地在国家—社会二元架构下把握事件，党部代表国家和新生力量，地方代表社会和落后势力；后两人都是本地人，他们把事件的对立双方限定在刀会和党部之间，僧人、商会、公安队甚至县长，都是与事件无关的第三者。

然而，党部关于事件的看法开始影响舆论的导向。21日，党部徐政、王志仁等抵达徐州，《新闻报》立即采访了他们，称得到的信息"较为可靠"②。同日晚，中央大学区立宿迁中学校长周宣德、训育主任萧明琴及教员梁某等也抵达徐州，向媒体讲述受害情形。以下，根据徐政的讲述，并参考周宣德等的自述，勾勒事件经过如下：

第一天（13日），刀会先砸毁演讲厅，夜间捣毁党部，将徐政等架往离

---

① 2月27日公布了考试结果，宿迁县区长考试不合格者为零。《苏省考试区长审查结果公布》，《时报》1929年3月2日，第3版。

② 《宿迁县指委逃徐后之报告》，《新闻报》1929年2月24日，第11版。

宿迁 4 里许的王古城文昌阁，其后几天徐政等如肉票般地被辗转于其他三处。16 日晚，徐政等由商会保释放出，"而保结中须填写非党员乃系好人字样，否则仍不准保释"。

第二天（14 日），刀会拆解演讲厅，捣毁各学校，架去教员学生。周宣德称：宿迁中学在城外，分一、二两院，教员多为江南人，正在开寒假补习班，有三十余人被掳走。"刀匪入校时，在校男女员生及校工三十余人，仓猝无从逃避，逾墙升屋，狼狈不堪。"除学生方面尚未查明外，教员中跌伤者为梁式之、沈博成等；被拥至圩外，途中受伤者为周子慎、罗庆光等；在圩外被民众掳获出围时，遭乱刀砍伤者为周子慎、梁式之等；被捆至荒庙提庵，遭威吓后释放者为萧明琴、王雨曙、丁九衢、李星槎、朱幼颜等；被绑至大城留过夜者为罗庆光等。这些人均在 16 日前被释放。①

第三天（15 日）。刀会搜查私人宅邸，捕去二十余人，后由商会保释。16 日第九师团长周（陈）琦率两营士兵抵达宿迁，驻运河北岸耀徐玻璃厂，刀会敛迹四散，"因会徒中大多为乡民，深怯大军实行进剿"。陈琦团长进驻附城鸡蛋场，"并派一营往极乐庵驻扎，以资弹压"。②

徐政告诉记者："当此三天内，会匪之声势，如同造反，个人皆着平时老百姓服装，惟身上多一黄布带子，针勒肩上，手中持大砍刀、手枪、步枪、长枪、刺刀不等，行动汹汹，一望而知其为会匪。"但第一天人数并不多，约五六百人，至第三日始增至千余人，内有极乐庵田地佃户半数。"惟该会匪等始终对于县政府人员不加恶意，最大宗旨为仇视党员及学生。"这里提到极乐庵佃农参加刀会，隐喻僧人暗中指使。徐还说，宿迁大街上贴了很多标语，内容杂乱而荒唐，如"拥护帝国主义"、"打倒三民主义"、"打倒党匪"、"尊重佛圣"、"日本帝国主义是我们的好朋友"。但是，"惟广告、宣言文法颇佳，足见背后尚有人指使"。

---

① 《宿迁中学被毁之经过》，《新闻报》1929 年 2 月 25 日，第 10 版。
② 《宿迁小刀会徒暴动情形》，《京报》1929 年 2 月 24 日，第 6 版；《宿迁刀会逐渐散去》，《时报》1929 年 2 月 24 日，第 3 版。

徐政等到南京后，宿迁中学教职员纷纷向媒体讲述事件经过。1928年春设立的宿迁中学隶属中央大学区。中学校长抵到南京后，即去行政院、中央大学"呈验身著被匪砍碎之皮衣等及学校焚劫后之摄影"。中央大学校长张乃燕特地前往慰问教职员。而被难代表沈鸿翼、王雨曙、罗庆光、萧明琴等于25日在中央大学教育学院召开记者会，发表《中央大学区立宿迁中学被难教职员团离宿后哀告江苏民众书》，提出：（1）彻查此次暴动的主谋，加以严惩；（2）恢复本校原状，以便从速开学；（3）赔偿本校员生及校工的全部损失；（4）责令宿迁县当局保障本校以后的安全。①

矛头指向县长、公安局长、僧侣和商会。宿迁中学受害者自述，14日下午被释放后，因校舍被砸，住宿被毁，"只得各自避居学生家中，过恐怖生活者六七日，屡向宿迁县当局设法救济，竟置不理，不得已于二十日离宿境，抵徐州组织宿中被难教员团，入京请愿"②。党部徐政也声称没有得到应有的保护，在听说刀会扬言向商会要教育局长罗毅堂、指委会徐政、王志仁和监工演讲厅建设的委员韩占一等四人，徐政遂决定逃离。徐回忆在被刀会扣押时的情形："刀会问徐党部何以增苛捐杂税，何以不叫新年娱乐，何以禁烟禁赌，何以伐皂河之树，何以加征钱粮，徐一一回答，所问事务，大都与党部无关，刀会中亦颇有谅解者，足证其仇视党教，确有背景，原因甚为复杂耳。"而同行的王志仁言党员被架时，党部尚未被捣毁，"迭函公安局派队保护，而竟未至，至晚乃被捣毁，陈等只带党部印信一方出门，被刀会击三枪未中。王被架后，由前公安局长王公义保释。王曾问会徒如何吃饭，会徒答称有极乐庵与商会可以供应，其背景似属显然"③。指明极乐庵在幕后指使刀会。

---

① 《宿迁中学被毁之经过》，《新闻报》1929年2月25日，第10版；《宿中被难教职员报告遭难经过情形》，《时报》1929年2月27日，第3版；《宿中被难教职员哀告江苏民众书》，《大公报》1929年3月1日，第7版。
② 《宿中被难教职员报告遭难经过情形》，《时报》1929年2月27日，第3版；《宿迁中学被毁之经过》，《新闻报》1929年2月25日，第3版。
③ 《宿迁刀会逐渐散去》，《时报》1929年2月24日，第3版。

其实，在徐等抵达徐州的同一日，21日的《申报》就刊载了一篇反映党部意见的报道。有两个要点：首先，强调暴动是由地主、僧侣和刀会共同发动的。详细列举了被党部检举、通缉或拘捕之人员名单，如五华顶、极乐庵慧门、跻圣、祥斋、蓬仙等"恶僧"，马启龚（龙）、马启豫、孙用标、臧荫笃、臧荫梓、张梓琴、刘孟侯等"土劣"，正因为如此，这些人的手下加入刀会，准备暴动。"此次举行县代表大会，议决检举大批土劣，并于近日拿获臧荫笃，因之宿迁土劣，更形惶恐，乃大肆活动，以便反攻。"至爆发时，"圩内极乐庵僧众，送出大批馒首，供给匪食"。①

其次，暗指县长和公安局包庇刀会。如第一天（13日）会匪五千余人，由宿迁西圩外五孔桥集合出发，开始打砸，口号中有："打倒县党部"、"打倒洋学堂"、"拥护童县长"、"拥护救中国的日本人"等"不伦不类极荒谬之口号"。更有大旗一面，上书"党逼民反"。此时土劣恶僧几次欲将徐政等提出枭首未果，县长、公安局长拥兵数百，闭门不顾，并与刀匪协约，各不相犯。第二天（14日），"以党员之逼迫，始率领公安队一连，机关枪数架，出城调停"。对于土劣恶僧提出的条件——（1）取消县党部、（2）取消洋学堂、（3）拆除演讲厅、（4）重建东岳庙、（5）释放马启豫、孙用标、臧荫笃、（6）发还马启龙家产、（7）不许动用庙产、（8）不许禁烟禁赌禁娼、（9）正月十五日照常迎神赛会、（10）各家贴春联放边（鞭）炮，童县长称："党部非我所设立委任，无权废除，余皆可商量。"暗指童县长对党部人员受害视而不见，对刀会极尽包庇之能事。②

综上所述，关于刀会暴动的表述可以分为两个方面：与事件没有直接关系的人在不同场合和时间讲述的内容虽略有不同，但均没有将事件归因于县长和极乐庵；而从党部和学校人员所讲述的事件中可以抽出的最大公约数是，极乐庵为事件背后的主谋，县长因纵容刀会，致使暴动规模扩大。

---

① 《宿迁土劣僧匪暴动续讯》，《申报》1929年2月21日，第11版。
② 《宿迁土劣僧匪暴动续讯》，《申报》1929年2月21日，第11版。

四、县长的辩白

宿迁县长不好当。从1927年7月到1938年11月日本军队占领宿迁为止，十二年间南京国民政府先后派来了十六名县长。[1] 在这十六名县长中，童锡坤可能是最不走运的一个。2月9日即阴历大年三十，童风尘仆仆赶到宿迁，11日接印上任，两天后赶往洋河镇察看道路时，刀会暴动发生了。现在，党部将事件责任指向自己，童县长是怎样面对党部的指控的呢？

事件之初，童采取怀柔办法，乃为达到刀会释放党部和学校人员的目的，处理方法虽然被批评过于软弱，但就保护被掳走人的人身安全看还是妥当的。事件平息后，童锡坤预感会被追究没有防患于未然的责任，于15日夜提笔给提拔自己的民政厅厅长缪斌写了一封信。在随后的数天里，面对党部和刀会双方的压力，是兑现刀会的要求呢，还是依从党部严惩刀会呢？童犹豫不决，于是派人将信送呈给缪斌。迟迟得不到童答复的党部和学校人员纷纷离开宿迁后，童觉察到这些人将会发出对自己不利的言论，遂于20日将这封信公布于报端。在信中，童写道：

> 当刀会暴动之时，因警力薄弱，公安局长又正在接事伊始，为维持地方安宁暨保全被掳者生命起见，投鼠忌器，固不能加以武力。且闻警队中份子复杂，难保不有入刀会者，尤不敢轻举妄动。是以先行设法，使刀会自行结合，锡坤亲往训话，令其将被掳之人释回解散，各安生计，听候查办。一面派人分赴窑湾，电海州新安，请队援助。[2]

---

[1] 沈凌霄：《形形色色的国民党宿迁县长》，中国人民政治协商会议江苏省淮阴市委员会文史资料研究委员会编：《淮阴文史资料》第3辑，1984年，第262页。原载政协宿迁县文史资料研究委员会编：《宿迁文史资料》第2辑，1983年，第44页。

[2] 《童县长上缪厅长函》，《新闻报》1929年2月23日，第12版；《宿迁县长之报告》，《时报》1929年2月25日，第3版。

第八章 作为表象的事件——宿迁小刀会暴动及极乐庵庙产纠纷案

这段表白是可信的。"至十五日晚上,除已捣毁党部学校电报局外,地方商铺,并未骚动,被掳之人已放回不少,仅有三四女生尚未归回,业已派人劝谕,仍令速放。"至于新安镇驻军陈琦团长来奥援一事,与前文萧某所说不同,乃是因为陈琦"与锡坤有师生之谊",才闻电迅速赶来。以军队为后盾,童可以强令刀会解散。对于事件原因,童说:"远者系因党部暨学校厉行新政,拆卸东岳庙,暨禁止敬神等事。近者即与黄前县长联合禁止阴历年节一切举动。"①

童锡坤的辩解不能改变其不妙的处境,党部和教职员在诉苦时一致指责其对刀会的怀柔,甚至怀疑其为事件的幕后推手。江苏省民政厅开始商议派调查组到宿迁调查事件原委。迫于各方压力,在宿迁的童召集公安局局长等商讨解决刀会的办法,会上决定:(1)先缴销刀会的标枪与刀,再令其连环保结;(2)缴销刀枪以后,惩办此次肇事首要人犯;(3)此次各学校、各党部、各团体所受损失,由肇事者赔偿。②这样,童县长不但一反曾经答应刀会重建东岳庙的要求,还反过来要求刀会赔偿党部和学校的损失,并惩罚刀会肇事要犯。童因其怀柔而平息了第一次小刀会"暴动",因其反悔前言、厉行弹压而挑起了所谓第二次刀会的"暴动"。③

与2月第一次事件一样,关于这次刀会事件,报章上的报道出入也很大,取其最大公约数,事件经过如下:

3月1日,童命公安局逮捕了刀会首领张儒高和极乐庵僧人十余人,"将惩以聚众暴动及侮辱总理之罪"。闻知首领被捕,刀会会众异常激愤,意欲包围县城。驻守宿迁城的陈琦派十余骑兵往城南10里处侦查,中途遭遇刀会埋伏,士兵悉数被扣押。童县长答应以在押刀会首领交换士兵。但是,赎

---

① 《童县长上缪厅长函》,《新闻报》1929年2月23日,第12版;《宿迁县长之报告》,《时报》1929年2月25日,第3版。

② 《宿迁县长呈报会议剿抚办法》,《江苏省政府公报》第84期,1929年3月15日,第10—11页。

③ 关于事件原因,有说包括刀会成员在内有五千人将被军队征用。郑克明:《宿迁小刀会始末》,中国人民政治协商会议江苏省淮阴市委员会文史资料研究委员会编:《淮阴文史资料》第3辑,1984年,第47页。原载政协宿迁县文史资料研究委员会编:《宿迁文史资料》第2辑,1983年。

回士兵后，童县长并没有信守诺言，只释放了部分人，这种背信之举再次激怒了刀会会众，遂导致刀会持械包围宿迁城。在寡不敌众的情况下，童县长紧闭城门，等待军队驰援。①一位逃离宿迁的客人称，2日以后，刀会复组织大队会众攻城，攻破外围的土城，砍死警察两名，打伤多名公安大队队员，在对抗中，居民伤亡甚多。3日，刀会又来攻城。童诱骗刀会谈判，却悄悄派警员砸毁十余处刀会之佛堂。②但是，另一个从宿迁来徐州就学的中学生李保钧则说，刀会围城在2日、3日，原因之一为童县长捕去刀会首领六七人，杀害其中两人。③这就是说，童违背与刀会的诺言乃是因为杀害刀会首领在前而不得不违约。对于刀会的举动，童锡坤则说："二日下午，刀匪与五十二团发生冲突，激战竟夜，后三日刀匪不支，旋即溃散。陈部并焚烧佛堂十数处，同时殃及运河西高阪头村一带房舍百余家。"④

4日，陈琦团奉命调离宿迁。眼看没有军队作依靠，童于5日晨化装逃出宿迁，6日到徐州，7日至南京。宿迁陷入无政府状态。地方团体自发地组织维持会，在得到刀会的认可下，公推王仰周为代理县长，负责和刀会交涉。刀会提出：（1）赔偿损失（另筑佛堂及兴造房舍）；（2）禁止党部之存在；（3）不准设立学校；（4）交出孙启仁以便杀害；等等。⑤王仰周允准第一条后，刀会始解除对宿迁城包围。13日以后，宿迁邻近的邳县、泗阳、睢宁三县县长率队赶来，驻守在清江的岳维峻部队也被派来，16日，县篆交给睢宁县县长李子峰暂管。

三县县长和王仰周等察看变乱后，将乱因指向童县长："计查得城西南两面附近被焚烧之居民四百十余户，被烧死之农民三十余口，此项被灾各户，系当童县长攻击会徒之际所损伤者，内中亦有会徒，亦有农民，玉石不

---

① 《宿迁刀匪二次攻城之徐讯》，《新闻报》1929年3月8日，第10版；《宿迁刀会围城，会首未释出》，《时报》1929年3月8日，第3版。
② 《宿迁刀匪二次攻城详情》，《新闻报》1929年3月10日，第10版。
③ 《宿迁刀会调停解围会徒提出条件》，《时报》1929年3月15日，第3版。
④ 《宿迁刀会调停解围会徒提出条件》，《时报》1929年3月15日，第3版。
⑤ 《宿迁刀会调停解围会徒提出条件》，《时报》1929年3月15日，第3版。

第八章 作为表象的事件——宿迁小刀会暴动及极乐庵庙产纠纷案 189

分,厥状甚惨。"① 而且,童县长还被指责"携款械潜逃",后童称款系用于招待军队。② 前任宿迁公安局局长汪公易作为特派员到宿迁后,王仰周和常务委员黄等告知汪,在九师两个营杀烧之后,"该会众争托董保担保,多欲缴刀息事归农,不意五日清晨,童县长随营及县队全体出走"③。据此,汪公易在调查报告中指责童锡坤"处置乖方":

> 当初次捣毁学校围城后,童县长面谕及布告已云不追既往,旋即捕拿刀会多人,该会始有啸聚于三月一日夜复围城二日,童县长派员劝谕解散,毫无效果。三日午后率队自南门出城痛击刀会星散,抄烧数处,四日八时童县长偕同客军及公安队自黄河西沈庄沿及古城黑鱼汪申徐庄一带,搜抄焚烧四百余户,刀会胆裂潜避。五日清晨,童县长因军队奉令开拔,乃率队一同出走,全城秩序顿乱,纷纷迁逃。县政府所押法警室之土劣案犯马启豫臧荫笃劣僧文宣希章等,并渎职承审尤钧天均乘时逃走,县政府公安局各机关均逃避一空。斯时地方人士,以生命财产之莫保,惶顾失色!不得已,乃即时发起组织临时治安维持会,以维现状。于是五门紧闭,未几公安队由蔡队长率队回城,人心稍定,并由滕分队长将县印交出;遂开紧急会议,以主持不可无人,当公推城乡市行政局长王仰周权护县篆。是晚刀会知童县长出走,复行集众围城,刀枪齐作,喊声动天地,人心惶恐万状。时外无救援,内无实力,迫于无奈,乃托人解和,磋商三四日方稍就绪,九日大股始退。④

综合报章的其他报道,这段文字对事件的总结应该说是比较客观的。如果说第一次事件原因在党部推行改革,从而诱发刀会不满而奋起破坏,那么

---

① 《宿迁浩劫》,《时报》1929 年 3 月 19 日,第 3 版。
② 《宿迁童前县长电陈交代情形》,《江苏省政府公报》第 118 期,1929 年 4 月 25 日,第 5 页。
③ 《饬查宿迁童前县长酿乱案》,《江苏省政府公报》第 109 期,1929 年 4 月 15 日,第 6 页。
④ 《汪公易呈报刀匪乱宿先后情况》,《江苏省政府公报》第 109 期,1929 年 4 月 15 日,第 5 页。

第二次事件起因于童县长逮捕刀会首领,扩大于公安局和军队的武力镇压。童想撇清党部对其在第一次事件处理上软弱的指责,却挑起了第二次事件,给宿迁带来了更大破坏。最后,童县长害怕宿迁刀会和民众的报复,上任不足月便弃官而去。

童县长去后半年间,宿迁迎来了第五位县长刘昌言。刘昌言大概是在4月11日前后上任的,上任伊始,宿迁便发生了第三次小刀会"暴动"。

关于这次暴动,实际上应该分为截然不同的两部分。一个是在宿迁和邳县交界、由两县共管的窑湾地区发生的所谓暴动,历时三天(4月11日—13日)。4月14日,海州驻军谭曙卿旅派军往剿后,刀会不战而散。① 这次事件从本质上说是军队对妨碍国民党地方行政的刀会和土匪等民间武装进行的一次讨伐,之所以引起媒体的关注,一则和当时武汉、胶东政治形势变化有关②,一则是因为其头目薛干臣号称"大同国皇帝",发布布告和传单,令舆论震惊。其实,薛干臣不过是本地一个略识文字、可能家境殷实的刀会首领,他被逮捕不是军队英勇作战的结果,是被其手下活捉交给军队的。③

与前述宿迁刀会事件有关联的是19日发生在宿迁城东南陆(鹿)家集的事件。刘县长上任伊始,即展示其冷酷的政治手腕:"为安辑城市起见,在圩内城外捕押刀会徒贺大金子等十数人,并抄刀会徒方平安等之家,刀会首领乃复集众而起。"④ 抓不到刀会首领,一般会众也不放过。应刘的要求,岳维峻师骑兵孙仲猷在皂河一带围剿刀会,烧杀掠夺甚烈;孙部扬尘而去后,刀会为复仇随后追来,占据城外圩内东大街炮楼,与军队殊死对战。军队通过放火烧炮楼和民宅商家,打散了刀会进攻。《时报》称两次交锋给当

---

① 《徐东刀匪变乱情形》,《时报》1929年4月22日,第2版。
② 《徐属刀匪猖獗详情》,《新闻报》1929年4月18日,第8版。
③ 陈挹江:《窑湾小刀会始末》,新沂市政协文史资料研究委员会编:《新沂文史资料》第4辑,第130—131页。完全不同的说法,参见张承启:《刀会在窑湾闹事的回忆》,新沂市政协文史资料研究委员会编:《新沂文史资料》第4辑,第133—134页。
④ 《徐东刀匪变乱情形》,《时报》1929年4月22日,第2版;《宿迁刀会复集众暴动、对抗军队、砍断电线》,《时报》1929年4月24日,第3版。

地带来了严重的危害:"皂河毁于军队,东大街毁于刀会,均浩劫也。"① 确切地说,前者毁于军队,后者也毁于军队,而追根究底,可谓毁于刘昌言。至此,所谓刀会第三次暴动结束了。

五、刀匪不匪

从上文可见,即使在当时,有关刀会事件的表述——所谓第一手史料——都充满了互相矛盾的记述,如果不加批判地袭用之来进行再表述,不过是将三次事件简单地排列在一个直线连续的故事里。其实,如果从被描述的对象刀会立场反观所谓暴动,那么,事件是否该称为暴动则有待商榷了。

在第一次事件里,从载诸报端的刀会口号、标语看,刀会把半年来地方社会发生的不幸尽皆归于党部和学校。拆毁东岳庙、反对过阴历年,这是破坏民间既存的信仰体系;逮捕劣绅恶僧似乎针对特殊阶层,但清查田亩、重新制定征税标准则与所有人息息相关;"拥护帝国主义"、"日本帝国主义是我们的好朋友"等令人费解,如果真的是刀会提出的,那么也许如三谷所说,民众痛恨党部,乃至拥护党部所反对的一切。② 笔者的看法是,这些口号不能代表刀会的主流认识,如果有,那也是部分小商贩因为国民党禁止贩卖"洋货"而表达的一种不满。③ 事实上,这也是事件后党部怀疑商会会长与刀会沆瀣一气的原因之一。

上述推论可以刀会发布的文告来验证真伪。批判中央政策的国民党左派青山在其文章中引用了一份据说来自刀会的《民众联合意见书》,其中写道:

---

① 《宿迁刀会已剿平》,《时报》1929年4月26日,第3版;《宿迁刀会骚动后县长办理缴刀、皂河被祸最烈》,《时报》1929年4月30日,第3版。
② 三谷孝「江北民衆暴動(一九二九年)について」、第145頁。
③ 从宿迁商会会长因违反政府金融方针而被科罚金,可知抵制日货已经波及宿迁。邻接清江政府与商人的纠纷,参见《反日工作之纠纷》(《时报》1929年3月19日,第3版)。

大家要知道，打倒演讲厅，是为什么起见呢？演讲厅是东岳庙庙产，这全是韩某阴谋所为，连党部都变成共产党了。何为赤化呢？请看北伐军胜利时候，他们党便借力耀武扬威起来，今天骂张三，明天打倒李四，连我们民众都骂成匪类了！在去年竟将皂河一带，农民新栽树木，尽以为他有，向富户迫索许多金银，这是他们党和教育局县政府公安局所做所为，把三民主义竟忘了干净，民生主义全丢在他乡了！赤化形相现出了！及各市乡行政局，甚么地亩捐，未有省令他竟糊糊涂涂捐起来了！以三民主义而论，是与民众谋利益的，党和贪官污吏，竟加收种种捐税！就是县政府买典纸，财政厅定价，明说二角五分，他竟浮收一元；什么验契行政费一角，正副等税价合算九分之谱，为什么收加一还多呢？忙漕两项，省令银价究竟多少呢？也是随便他加征；毛田又加四成钱，何从有省令呀！对于公安局，不论违警与否，有礼（理）没礼（理），他便拘留起来，任意罚起洋钱来！你们大家也该知道了！以及毛（茅）厕都捐了！地皮搜括受不了了！什么阴历阳历，连门也管起来了！以后连吃饭屎尿，全得问他才行呢！这吗，民众何日能得解放呢？我们民众积极联合起来，取消无省令的苛捐杂税，及废除党部的一切不平等条约，那才实现中山先生革命，注重民生问题；要照这样，我们民众，才得安然。希望江北民众，组织起来，赶快铲除赤化及贪官污吏，才是正当的幸福。于第二日童县长谈话，所允条件即是以上话，倘有意外更动，大家努力呀！①

文中贯穿的中心思想是，现在的国民党党部违背了孙中山三民主义，成为压迫民众、推行赤化的暴力机器。比照前述刀会事件中出现的"打倒三民主义"等口号，令人怀疑《民众联合意见书》是否出自刀会之手。在事件发生后，共产党在宿迁的地下党试图介入，将民众的抗争转化为反国民党的政

---

① 青山：《纪宿迁的民变》，《民意》第 7 期，1929 年 4 月 28 日，第 15 页。

第八章　作为表象的事件——宿迁小刀会暴动及极乐庵庙产纠纷案　193

治斗争。① 国民党左派势力是否也在地下活动？不得而知。但是，在笔者所知的范围内，这段长文批判的内容基本符合在宿迁发生的事情，如拆毁东岳庙、伐去皂河的树木、公安局随便抓人，以及"第二日童县长谈话所允条件"等，都很逼真，不在宿迁是无从知道的，更不要说伪造了。党部人员在讲述事件经过时，也曾以布告文笔而怀疑背后有人指点，"惟广告、宣言文法颇佳，足见背后尚有人指使"（徐政）。撇开这些不谈，仅就内容而言，这些言论具有普遍性，国民党的"革命"给地方带来的不是幸福，而是灾难。

如果说《民众联合意见书》过于政治化而令人怀疑是否出自国民党左派之手的话，那么，另一份《江北民众告白》可谓句句反映了民众实际要求：

> 奉告诸位请听，民众抱有不平。
> 昨日打倒党部，为它苦害民情。
> 阴历不许过年，毁坏庙宇伤情。
> 妇女出来看景，它说土娼游行。
> 打倒算命押卦，说书也不安宁。
> 老妈出卖水烟，赶她无处活生。
> 眼看人民饿死，无处去把冤伸。
> 大家联合起来，打他滚出县城。
> 倘若再留党部，不久灭祖灭宗。②

这段告白没有一句虚言，句句针对党部反迷信、整顿风俗等，表达了刀会民众对党部的切肤痛恨。在第二次所谓刀会"暴动"中，与上述宿迁刀会没有直接关联的窑湾刀会发布的告示也表达了同样的心声，通告如下：

---

① 郑克明：《宿迁小刀会始末》，《淮阴文史资料》第 2 辑，1984 年，第 47—48 页。
② 郑克明：《宿迁小刀会始末》，《淮阴文史资料》第 2 辑，第 46 页。

> 为通告事，窃因连年匪乱，民不聊生，幸蒙上神保护，遍传红白旗会，民众为自卫计，虔心学习，灵效卓著，所以风行各省无地不有也。问其初心，除对土匪外，毫无其他作用。讵料革命告成，实行三民主义，人民耳目为之一新，方冀得享平等幸福，永除一切痛苦，孰知党人执政，变本加厉，更有出乎意料之外者，即如钱粮，每两增至四十余千，一切杂税等捐，层出不穷。又借口打倒恶绅劣董，抄人房屋，拆庙毁像，敛财肥己，凡公正士绅，人人皆有自危之势，民等受其蹂躏，罄竹难书，不得已上请祖师指示，下藉民众联合，祭旗誓师，亦非打倒万恶党员及新式官僚劣董，而不得甘心焉。民等纯以义气相结合，不准抢劫民财，不准骚扰民宅，如有不法会员，违反法度者，一经查出，定按军法从事。遵从三民主义，任何方面，决不参加。恐传言误会，或奸人捏造，特此明白通告，望各界人等，一体知悉，切切特告。大同革命元年三月初三日发贴。①

这份通告虽然出自那个号称大同皇帝、试图复古的薛干臣手下，但是，文笔通畅，理路整然，具有反讽意义的是以三民主义批判国民党地方统治。

在南京国民党政权的主流叙事中，刀会被当成反动的迷信团体。② 在非主流的左派人士那里，因反主流而同情地称刀会为"党逼民反"③。但是，即使曰"党逼民反"，笔者以为刀会的"反"还有推敲的余地。

第一次事件是有节制的暴动。刀会发泄了对党部和学校的不满，砸毁房舍，绑走党员和师生，但是，这些人中没有一个人受伤，两个受伤的教员是因为翻墙头而不慎跌伤的，宿迁中学那个声称被大刀砍伤的教师言辞过于夸张，因为刀会是要阻止其逃脱而不慎伤及，并没有要伤害他的意图。将"刀匪"挂在嘴边的党部徐政也承认刀会会众通情达理，大部分都是农民，当军

---

① 《邳宿睢刀匪渐肃清》，《时报》1929年4月25日，第2版。
② 张振之：《革命与宗教》，上海：民智书局，1929年，第191—196页。
③ 易元：《党逼民反》，《红旗》第14期，1929年2月21日，第6—9页。

队来时,会众很害怕,自动形散。

把第二次事件称为抗争更合适。童县长不仅一再失言,而且还首开杀戒,刀会是被迫进行反抗的。在镇压刀会过程中,县长和军队滥杀无辜,给宿迁民众造成了极大危害。在县长逃走后,刀会提出的要求也仅止于赔偿被烧毁的房舍和佛堂。跟公安大队和陈琦的国民党军队相比,刀会可谓纪律严明,对此,敌视刀会的媒体也困惑地将"刀匪"不滥杀掠夺归因为"迷信"。①

第三次事件和第二次一样也应该称为抗争。这次事件起因在于刘县长强令民间"缴刀",爆发于军队的烧杀抢劫,刀会做出的不过是正当的自卫。关于另一个在窑湾发生的刀会事件,媒体充斥着各种有关刀会烧杀的文字,实际上比较可信的是薛干臣的大同军只杀过一个人,因为此人"曾参加窑湾奶奶庙之故"。②

刀会非匪的另一项根据是和其组织特征相关联的。和为人熟知的红枪会一样,刀会原本是民间防匪自卫的武装组织,会员通过拜师(神)、练功(念咒)和画符(用朱砂粉画在黄元纸上,或将黄元纸放在香火上熏),习得"枪打不动,刀砍不入"。苏北刀会分为三派,红会居多,黄会次之,女子结成的叫花篮会,很少。红会的祖师为"黄莲老祖"(佛祖),会员系红带、刀缨为红色;黄会的祖师为"红莲老祖"(关圣),会员系黄带、刀缨为黄色。③党部徐政在讲述事件经过时曾谓:"皆著平时老百姓服装,惟身上多一黄布带子。"可见,第一次和第二次事件的刀会都属于黄会系统。

宿迁城周边有几大股刀会:永庆乡丁克兴,大同乡张儒高,南乡刘士龙。丁克兴有没有参加第一次事件,无从得知,张儒高和刘士龙均出现在两次事件中,其中张还被童锡山封为"剿匪司令"。刀会彼此互相独立,从童

---

① 《刀会幸有迷信宿民得免浩劫》,《时报》1929年3月10日,第2版。
② 《徐东刀匪变乱情形》,《时报》1929年4月22日,第2版;陈挹江:《窑湾小刀会始末》,《新沂文史资料》第4辑,第131页。
③ 曙东:《淮宝地区的小刀会活动简介》(1984年),《淮阴文史资料》第4辑,1990年,第76—77页。

锡山烧毁数十家刀会活动的地点佛堂看，各刀会不是以圩子为单位进行活动的，因此规模不会太大。刀会和地主、商人等有关，商会出面担保县长赔偿损失等，说明他们之间关系密切。第一次事件后，党部曾怀疑寺庙、商会和大地主之间存在某种结盟关系，后来怀疑一个个打消，只有极乐庵从未从嫌疑人中消失。前述吴寿彭说："宿迁县刀会，为一最大田主，即极乐庵（有田千余顷）和尚所指挥，亦因恐惧于国民党县党部及学校学生等不时有没收寺产的风说而起来的。"① "譬如宿迁的极乐庵，他不仅是宿迁的大地主，亦是全江北的最大地主，他一面竟能号召其佃农、会众，攻破县城，打杀国民党人，捣毁学校，在街上贴满拥护富绅等标语。"② 第三次刀会事件平息后，刘县长开始收缴民间的刀枪。一切完毕后，6月22日，民政厅厅长缪斌从睢宁来到宿迁视察，缪在高度评价刘县长的铁血同时，作出没收庙产的决定。其理由如下："极乐庵与五华顶僧寺僧种种劣迹，如居积财产、广置园林、私刑佃户、奸占妇女，不守清规等，皆经指实。缪氏震怒异常，寺产拟定没收，分配下列之用。一恢复被刀会所毁各学校，并扩充平民教育。二治河。三恢复耀徐玻璃厂，兴办其他工业。"次日上午，缪在公共体育场发布演讲，声明此次来苏北的目的在于"为地方除三害，一共匪，二会匪，三土匪"，"宣布没收极乐寺及五华顶寺田数百顷"。其后，又在会见地方党政商学人员时重申："当即谕令调查该寺产业，并令减轻田租，该寺所属农具，悉行无价分发农民。寺僧闻讯，即逃避一空。"③

---

① 吴寿彭：《逗留于农村经济时代的徐海各属》（续），《东方杂志》第27卷第7号，1930年4月10日，第66页。

② 吴寿彭：《逗留于农村经济时代的徐海各属》（续），《东方杂志》第27卷第7号，1930年4月10日，第70页。

③ 《缪斌在江北巡视，惩处睢宁潜伏共匪，没收极乐庵等寺产，平除宿迁刀会隐患》，《中央日报》1929年6月29日，第5版；《宿迁没收极乐庵产》，《海潮音》第10年第5期，1929年6月26日，第14页。

六、僧众的诉求

极乐庵既是统称,又是别称,除所谓极乐庵(又曰南大寺)外,还有五华顶等分院,因此围绕事件的叙述往往称"极乐庵、五华顶"。

极乐庵是一座拥有高大的庙宇和多达数百人僧众杂役的律宗寺庙。吴寿彭认为,极乐庵有一千顷土地,极乐庵则承认只有三百多顷土地:"伏思极五两寺庙产,全系地亩,综计不过三百余顷,多系马陵一带之瘠田,自行耕种,勤苦操作,而常驻僧众不下数百名,俱属江北贫苦衲子,且衰老者又居大半,加以挂单之行脚,服老之香伙,以致食指浩繁,入不敷出,维持已非易易。再加以历年军阀、恶绅、地痞、土豪,层层掀剥,债台高筑,困难极点。"① 即使如此,按照"庙产兴学"的原理,极乐庵已经足够富有了,在锐意改革的宿迁国民党党部看来,思想上迷信和经济上反动的极乐庵,无论从哪个方面看都是必须要打倒的对象。

第一次刀会事件发生后,在党部"仇教制造空气"的压力下,县长童锡坤派公安队搜查极乐庵,逮捕了僧人文轩。被带到县里的文轩一问三不知,从其口中套不出任何可以推出"窝藏匪类"的信息,结果,童"即将文轩开释,并以好言安慰"②。一桩事算是了结了。

童县长弃官而去后,继任县长刘昌言行事凶暴,他命公安队四处捉拿刀会首领,据说一次就捕杀过二十多名刀会首领,半个世纪后,当地人还记得这个刽子手。刀会暴动尚未平息,刘昌言即找上了处在惊恐不安状态的极乐庵,提出"借款"要求。极乐庵既没有外界想象的财力,"借款"说更于情于理不合,近乎敲诈,当然被一口拒绝。4月17日,公安队突然逮捕南大寺颠僧灵澈,灵澈很快招认极乐庵接济刀会,主持蓬仙暗与刀会首领刘士

---

① 《呈为违法处理恳恩准取消省令发还庙产以救僧命而维佛教事》,1930年3月,二档。
② 《蓬仙等呈宿迁县政府朦请违法处庙产请送法院解决》,1930年6月,二档。

龙往来。翻阅《江苏省政府公报》可知，从灵澈口中获得口供的次日（18日），刘昌言曾向民政厅报告了就任一个星期在宿迁所见司法情况，称监房条件极差，有些是茅草房，羁押之未决人犯有280余人。① 刘要求省政府拨款处理积旧案，一个月后未获批准。② 也正是在申请拨款的时候，刘县长想到从极乐庵攫取款项的方案。在随后呈报江苏省民政厅的报告中，刘称两寺愿意出钱三十万或提产三分之一以赔偿学校损失，协助地方公益事业等。

极乐庵得知庙产即将被瓜分的消息是在一个月后。5月30日，僧众急电行政院院长谭延闿，宣称：刀会与党部冲突与极乐庵无关，童锡坤前县长早已上报民政厅备案。刘县长通过刑逼颠僧，诬攀极乐庵主持蓬仙接济刀会四百元。③ 6月5日，宿迁佛教会常务委员祥斋呈行政院要求制止。在信中，祥斋全面阐述了对事件的看法，全文录于下：

> 为呈请事，据宿迁县极乐庵五华顶僧众呈称，查宿迁县会党冲突一案，童前县长上民政厅书，言之綦详，与极乐庵毫无关系。乃刘县长刑讯颠僧灵澈，诬攀极乐庵住持僧蓬仙与匪首刘士龙等往来，并给洋四百元等情，不胜诧异。查蓬仙自本年阴历正月初四日即赴萧县探看师病。……上海《新闻报》纪载会党冲突事，涉及极乐庵，遂由萧赴申，报告江苏佛教联合会并登报更正，经僧人玺山等呈报县府，有卷可稽，迄今在沪养疴，并未回宿，焉得谓与刘士龙等往来。将谓密谋劫城，果何所据？谋既曰密，外人从何而知？将谓资助巨款，而蓬仙并未归来，从何资助？况本年四月十六日，刀会吴丕顺抢劫五华顶时，曾被五华顶与极乐庵乡练痛剿。该匪等近已宣言，拟将两庵僧众杀害，业经五华顶僧藏真呈请省政府及民政厅派兵往剿在案。如果与刘匪往来，或

---

① 《宿迁刘县长呈报司法监狱工作》，《江苏省政府公报》第134期，1929年5月14日，第9—10页。
② 《宿迁请拨款清理积案不准》，《江苏省政府公报》第136期，1929年5月16日，第10页。
③ 《江苏宿迁佛教会呈为会党冲突与极乐庵五华顶无干县府强迫提产索款赔偿请求讯电饬查》，1929年5月30日，二档。

有资助情事,极乐庵何能派练痛剿?该匪等又何至宣言杀害?又查刑法第三十一条,心神丧失人之行为不罚,而僧人灵澈,心神丧失,已非一朝,素患头荤(晕),供明在卷,即使犯罪,依法亦在不罚之列,何况刑逼供词。现又召集数县会议,强迫僧人献产三分之一或卅万元作赔偿费,否则查封。僧果何辜?遭此压迫,请转呈维持等情到会据此。查灵澈心神丧失,供词乌足为凭。又况处于严刑,当然不能采取。再查蓬仙确于本年正月初四日即由萧赴申,养疴沪上,迄未归来,所称与刘士龙等往来,毫无影响。至资助款项,并无证凭,刀会再肆暴动,与蓬仙决不相干。所谓刀会谋害,尚属实情。若夫强迫献产,否则查封,殊与《寺庙管理条例》四五两条不合,为此备文呈请鉴核俯准主张公道,讯电宿迁县长停止处分,以维庵产,而免株连。批示祗遵,实为公便。谨呈国民政府行政院。具呈人江苏宿迁县佛教会常务委员祥斋。①

在这封长信中,针对灵澈供词中涉及极乐庵与刀会之关系,祥斋首先声明僧人与刀会事件无关。在第一次事件发生当天,主持蓬仙已去萧县。从《新闻报》上得知事涉极乐庵后,蓬仙立刻转赴上海,"报告江苏佛教联合会并登报更正,经僧人玺山等呈报县府,有卷可稽"②。在第二次所谓刀会事件中,五华顶还联同当地乡保击退刀会吴丕顺等攻击,抵抗刀会的寺院怎么会与刀会往来呢?其次,根据《刑法》第三十一条心神不全者的供词缺乏效力,指出灵澈是颠僧,供词不可信。而灵澈的供词是在严刑逼供下制造出来的,更不能成为断定极乐庵有罪的凭证。第三,根据《寺庙管理条例》四、五条③,查封、瓜分寺产行为违法。

---

① 《江苏宿迁县佛教会常务委员祥斋呈》,1929 年 6 月 5 日,二档。
② 藤井草宣『支那最近之宗教迫害事情』、净圆寺、1931 年、第 79 頁。
③ 1929 年 2 月 15 日颁布《寺庙管理条例》,《新闻报》1929 年 2 月 16 日。此处所言第五条不确,应为第四条:"寺庙僧道有破坏清规、违反党治及妨害善良风俗者,得由该管市县政府呈报直辖上级政府,转报内政部核准后,以命令废止,或解散之。"

平心而论，这封信在事实认定上不是没有漏洞的。关于蓬仙离开宿迁、由萧县赴上海的时间前后矛盾。祥斋先说："查蓬仙自本年阴历正月初四日即赴萧县探看师病。"继曰："再查蓬仙确于本年正月初四日即由萧赴申，养疴沪上，迄未归来。"蓬仙到底是什么时候离开宿迁和萧县的呢？如果蓬仙是从《新闻报》上得知刀会事件涉及极乐庵的话，应该是2月20日以后，即一个星期以后才出发前往上海。① 此外，对于不同地区的民间武装组织，虽然一般通称刀会或枪会，彼此之间未必有同一性，有的是以自卫为目的的村落武装，有的是以掠夺为职业的土匪集团。暴动事件中的刀会应该属于前者，而吴丕顺刀会则属于后者。撇开这些问题不论，申述信足以颠覆江苏省民政厅和宿迁县查封极乐庵庙产的根据，也质疑了由党部和报章所建构的刀会暴动的故事。

但是，直接管辖宿迁县的民政厅根本不考虑如何应对极乐庵方面的申述。在这封信到达行政院后，民政厅厅长缪斌视察了宿迁县。缪追认了宿迁县关于处理极乐庵的决定。民政厅的决策过程不详，从行政院内政部后来（11月）的公函里可知，民政厅决议的根据如下："宿迁县极乐庵、五华顶两寺僧祥斋、慧门等，平日恃富逞强，甚于土劣，近复窝庇匪类，阴谋返（反）动，供给刀匪食养，酿成2月13日刀匪事变。当将所有庙产悉予发封，停候处分，以清匪源。"② 为此，民政厅颁布了《处理宿迁极五两庙办法》五条：

1. 两庙主持已由省政府函知江苏省佛教会选举，不应由宿迁县佛教会公推。

2. 两庙财产依然照佛教会原议，划分一部兴办工厂等地方要政，已奉内政部核准，令由民政厅分别妥筹办理，现拟将庙产十分之四留寺，派贤经管，以维香火。提出十分之二兴办工厂，十分之二补助自治

---

① 得知2月18日《新闻报》称极乐庵支持小刀会暴动，蓬仙曾去信表示抗议。《宿迁并无匪僧》（蓬仙、三月六日），《海潮音》第10年第2期，1929年3月31日，第14页。

② 《准江苏省咨据民政厅拟具处理极五两寺产办法请核示由》，1929年11月5日，二档。

经费，十分之一补助教育经费，十分之一筹办宿迁救济院。

  3. 两庙重要僧人蓬仙、祥斋等九人，仍应通缉归案法办。

  4. 划分两庙财产，应组织极五两庙财产处理委员会办理之。

  5. 极五两庙财产处理委员会，由江苏省政府及民政厅各派一人，江苏佛教会酌派二人，宿迁就地公推公正人士四人暨宿迁县长为委员组织之。①

  《办法》改组两寺是虚，剥夺庙产为实。《办法》制定后，1929 年 6 月 22 日，县公安队搜查两寺，"地挖三尺，屋无完器"。经过一番抢掠后，于 6 月 25 日才张贴布告宣布查封，并指慧门勾结刀会，"暗与出谋"，逮捕了这位年届九十风烛残年的老和尚。之后，县长任意盗卖两寺粮食至数千元。于是，长期为资金不足所困扰的党部各机关纷纷要求得到一定份额的庙产。6 月 28 日，善后委员会常委吴庄、周宣德电中央党部、内政部和中央大学强调，"僧众劣迹昭著"，希望将部分查封庙产给建设教育等项经费。②

  陷于无助的极乐庵想到了不久前成立的全国佛教联合会。③倡导改革中国佛教的太虚在国民党内有很深的人脉关系，与考试院院长戴季陶相熟。7 月间，应极乐庵要求，太虚先后从杭州和灵县电行政院内政部，要求将民政厅提出的处分庙产《办法》改为交由中国佛教会利用庙产兴办僧学、僧工厂。1929 年 9 月 5 日。内政部函知民政厅，立即遭到民政厅的拒绝："两庵原有主要僧人扰害地方，人民衔之刺骨，自应另选贤能主持，以资接管佛教会。""划分庵产，兴办工厂、地方要政等，亦所以平息众愤，普结佛缘。""而此案情形又极重大，无相关处分，殊不足以维党纲而平民愤。"④ 结

---

  ① 《处理宿迁极五两庙办法》、《准江苏省咨据民政厅拟具处理极五两寺产办法请核示由》，1929 年 11 月 5 日，二档。
  ② 《宿迁善后委员会常务委员吴庄等电》，1930 年 6 月 28 日，二档。
  ③ 清水董三「上海に於ける仏教団体」、『支那研究』第 19 号、1929 年 5 月。
  ④ 《内政部秘书处赵戴文》1929 年 9 月 5 日、《准江苏省咨据民政厅拟具处理极五两寺产办法请核示由》，1929 年 11 月 5 日，二档。

果,在同年11月20日,内政部将以上意见转给谭延闿院长:"查寺庙管理条例,未经修正公布以前,寺庙处分殊无根据,惟此案情节重大,似应从速解决,以平民愤。"①

至此,该案的处理应该结束了。但是,形势正朝着有利于极乐庵和佛教联合会的方向转变。第一件事是宿迁政坛再次发生变故,做事蛮横的刘昌言与主导宿迁县政的党部发生冲突,结果被免职。②新任县长崔馨山将屈打成招的颠僧灵澈无罪释放。第二件事是12月《监督寺庙条例》公布,极乐庵有了法律依据,决定诉诸法律,通过法律来确认《寺庙管理条例》相关条文是否对极乐庵庙产案有效。1930年2月13日,正当刀会事件一周年,极乐庵方面呈递行政院院长谭延闿三封信。第一封信是灵澈所写,全文如下:

> 呈为严刑逼供,诉陈原委,以泄怨愤事。窃僧出家宿迁南大寺,素患厥证,人多疯和尚目之,加以行步塞涩,从不外出。去年正月四日,宿迁刀会事变,捣毁党学,刘前县长欲嫁祸极乐庵、五华顶两寺,突于三月初八日派队至南大寺,将僧拿获到府,诬称两寺勾通刀会,僧知其情。僧绝对不肯承认。次晚,刘前县长复将僧提到卧室,逼僧供极乐庵蓬仙接济刀会洋四百元,并与刘士龙来往等语,僧仍旧不肯,即触伊怒,藤条桠杠,烛燎香烧,毒刑遍施,僧受刑不过,只得一一承认。刘前县即命录供画押,将僧人收所,遂据僧刑逼伪供为朦请查封该两寺之张本。僧刑押之后,体无完肤,辗转图圄,日食一餐。迨本年一月六日始蒙崔县长怜悯无辜,当庭讯明开释。僧开释后,将息平复,怨气填膺,对于刘前县淫威赫赫,故不敢妄施攻击,徒膏虎吻。但百般之飞刑,九月之敖押,实不能默而不言,为此愤极,诉叩钧长鉴核,恩怜无罪受刑,科刘昌言以相当之惩戒,以泄冤愤,感激万状,谨呈行政院长

---

① 《呈为奉令核定江苏省政府民政厅处分宿迁县极五两寺产请即准如所拟办理请鉴核示遵由》,1929年11月25日,二档。

② 沈凌霄:《形形色色的国民党宿迁县长》,《淮阴文史资料》第3辑,第264—265页。

谭。宿迁县南大寺僧人灵澈。①

刘县长竟在自己卧室床边对年届四十八患有残疾的灵澈刑讯逼供！在捏造了极乐庵蓬仙接济刀会洋四百元并与刘士龙来往等后，他以此为根据，"朦请"——欺骗民政厅查封两庙。6月缪斌到宿迁宣布庙产查封不过是形式而已。

第二封信来自宿迁佛教常务委员会莲远等。莲远因被刘县长通缉而不敢公开露面，刘县长以莲远的名义表示寺院愿意捐赠庙产给地方办公益事业。对此，莲远在上呈行政院长谭的信中写道：

> 呈为捏名献产据实声明，请求免予处分，以维佛教事。窃去岁正月初四日，宿迁刀会事变，刘前县将极乐庵、五华顶两寺朦请查封，苦无根据，于十月间始捏僧等名字呈报，愿提两寺庙产九成归诸地方，继复捏报，愿提两寺产五分之四充公，五分之一留作两寺生活香火之用，并拟动用庙产办法五条。僧等彼时不知有此项捏报，一任刘前县长摧残宰割，乃近闻民政厅即以僧等自动献产理由，根据前项捏报呈准内政部处分两寺庙产，僧等风闻之下，惶急万状，始悉刘前县长两次捏报，不得不据实声明予以否认，为此情急，叩请钧长鉴核恩准，将极五两寺庙产免予处分，按新颁《监督寺庙条例》办理，以维佛教，实属德便，谨呈行政院院长谭。宿迁县佛教会常务委员莲远、希普、深章。执行委员文轩、兰亭、象明。监察委员守仁。五华顶退院僧跻圣。②

原来，11月此案风云迭起的契机是刘县长在莲远本人不知情的前提下，捏造其名义，制订了分割庙产的方案。

---

① 《灵澈呈为刘县长严刑逼供请以法惩戒》，1930年2月13日，二档。
② 《呈为捏造献产据实声明请求免予处分以维佛教事》，1930年2月13日，二档。

第三封信来自极乐庵、五华顶所在地西山乡乡长王龙山、岭阴乡乡长张巡五、双湖乡乡长高孝鼎、龙泉乡乡长高孝宗以及第一区民众代表，其中写道：

> 窃去岁二一三宿迁刀会事变，极乐庵、五华顶两寺，横遭波及，致被查封。乡长等以两寺在保管期间，司法解决后自可水落石出。乃近来风闻极五两寺有决定处分之说，乡长等职司乡政，受良心之驱使，作公道之主张，不忍以两寺蒙不白之冤，堕万劫不复之地，用敢出首证明。查去岁四月十六日，刀会吴丕顺攻据五华顶，当经该主持僧藏真偕同乡长等集合各保团练及极乐庵庄练，奋力攻退，并追获匪首蔡朗生一名送营究办。该两寺若果沟通刀会，刀会何致抢掠五华，该两寺又安肯会练追击，此为最显著之事实，足资反证。讵刘前县不加查察，竟以接济刀会之名加诸极、五两寺，遽与查封，并以灵澈之伪供作主要之证据。今灵澈已讯明开释，则所指者已根本不能存在矣。乡长等更进而作负责之保证，倘查极、五两寺慧门、跻圣、藏真、祥斋、蓬仙等，有勾通刀会嫌疑，并密谋参加情事，惟乡长等是问。①

王龙山等乡长和人民代表的信件说明，刘县长和党部称极乐庵"民愤"极大并非事实。王龙山强调，既然极乐庵没有通匪，就不能以《监督寺庙条例》第九条来剥夺庙产。

刘县长胆大妄为，行政院院长谭延闿阅后震惊不已，立刻将信转发给江苏省政府主席钮永健，钮收信后表示要彻底调查。1930年2月26日，钮永健派查案员余炳忠协同现任县长查案。②3月9日，灵澈被传到法庭。余炳忠、崔馨山等当庭验伤，发现时过九个月，灵澈的脊背、臀部、双手伤痕斑斑在

---

① 《呈为去岁宿迁刀会事变波及极乐庵五华顶两寺据实证明公叩主持正义免予处分由》，1930年2月，二档。

② 《江苏省公函字第三一四号》，1930年2月26日，二档。

目。差警勤务宋光起、执行程尊德均证明刘县长确实对灵澈刑讯逼供。① 与这种有利于极乐庵的态势相呼应，3月底中国佛教会常务委员圆瑛、太虚、仁山等呈内政部，"饬令江苏省政府取消原案，以维法令而保人权"②。极乐庵方面开始运用国民党的政治话语为自己辩护。蓬仙（三十五岁）、五华顶主持藏真（四十五岁）等一百一十六名僧人联名上呈行政院："十八年宿迁刀会之变，原因愚民无知，嫉视党部、学校而起，方外人与党无嫌，与校无怨，与刀会向不往来，何从勾结？"强调佛教即慈善团体，绝不是寄生虫；信教自由受法律保护；查封庙产需有法律依据。③ 1930年4月15日向法院提起诉讼无下文后，极乐庵6月再次提出诉讼：除强调与第一次刀会事件无关、曾抵抗吴丕顺刀会以及据以查封庙产的灵澈口供乃是刑讯逼供所致等外，还强调："刘前县拿获会首丁克兴曾供联络人为刘仁珩，地点在文昌阁，安得谓两寺。既然说是密谋，从何而知。而被通缉的慧门以九十残年，两目双瞽，何以参加？""僧等虽稍有田产，亦不过供养十方，究非大地主之自私自利可比，处分一层似与《监督寺庙条例》有所抵触。"④ 6月12日，钮永健认为："所称勒捐庙产，如果属实，该县长显有渎职行为。"⑤

但是，针对极乐庵的诉求，抵抗也是非常激烈的。蓬仙、藏真等在上述信中称："乃二月间，于《监督寺庙条例》公布数十日，江苏省政府忽委人下县处理两庙财产。依据前民政厅长拟定办法，十成分配，以六成提归地方，四成留寺生活。"⑥ 省民政厅来的两个委员和县府并仇教之保管员封存二麦（大麦和小麦），清丈田地。在党部的压力下，宿迁县县长又换人了。6月8日，公安局局长杜光晨率队逮捕两寺"退局僧"祥斋、跻圣，"审讯尘押，威吓敲诈"。祥斋被逼吞金，经公安局抬送马陵医院救治；跻圣受逼神

---

① 《灵澈恳准依法惩办以肃官箴而雪飞冤》，1930年3月，二档。
② 《中国佛教会常务委员圆瑛、太虚、仁山等呈内政部》，1930年3月，二档。
③ 《呈为违法处理恳恩准取消省令发还庙产以救僧命而维佛教事》，1930年3月，二档。
④ 《蓬仙等呈宿迁县政府朦请违法处庙产请送法院解决》，1930年6月，二档。
⑤ 《江苏省政府公函字第一三六四号》，1930年6月12日，二档。
⑥ 《呈为违法处理恳恩准取消省令发还庙产以救僧命而维佛教事》，1930年3月，二档。

智不清。① 到秋季，在蓬仙等反复催促下，江苏省调阅案卷，准备重新审理，极乐庵翻案在即。感到危机的党部徐政等在1930年11月25日越级直接给行政院新任院长蒋介石去信，要求维持原判，拨给十分之一庙产，理由是连年灾荒，黄河和运河一带有十余万失业人流需要救济。徐反对变更，但没有说极乐庵勾通刀匪。② 接着，12月徐政等33人代表不同团体上国民政府主席蒋，将怨愤发泄在崔县长身上："（查卷）忽有根本动摇之传说，民众骇闻，舆论哗然。查崔前县长原系官僚余孽，滥充党治下长官。当未莅宿任之前，已在省垣与极乐庵恶僧结合。"到任后不捕办祥斋，"置党部函请捕拿于不顾，任该僧在宿活动而受理其诉状"，为灵澈翻案。"祥斋、藏真等始终盘踞两庙，任行变卖庙产籽粒，奔走宁沪，极力运动，以冀回复其庙产，不请厉行已确定之成案。贪官地痞受其嗾使，则吾宿前此杀人放火之惨祸有随时暴发之虞。"③ 感到紧迫的党部，1931年2月10日，在教育局局长罗毅堂等牵头下越级致电行政院院长蒋介石称："此电本应逐级转呈，因事属特殊，敢即直叩聪听。"电文称"地方痛恶该两庙恶僧，不啻猛兽蛇蝎"。"乃前崔县长馨山于极乐庵恶僧祥斋获案之后，多方为其展脱，朦复纵释。"④ 3月21日，蓬仙等要求新任县长张县长开释僧人和庄佃，制止拍卖寺产。这样，所谓极乐庵是否操纵刀会"暴动"已经不重要了，能不能达到剥夺庙产的目的，对于党部领导下的宿迁县来说成为重要的问题。

争论转移到法庭，档案中关于庙产纠纷的记述至此中断。在诉讼过程中，吴寿彭认为极乐庵"从去年（1929年）冬季至近今半年中，暗中变卖了的田地已达五十余顷了。其余田主在分散其土地，换现款存入银行，或迁

---

① 《极乐庵、五华顶住持蓬仙·藏真电》，1930年6月，二档。
② 《徐政等呈恳由极乐庵五华顶两庙充产项下指拨十分之一办理救济事业由》，1930年12月25日，二档。
③ 《徐政等呈为公恳严办祖庇朦准之贪官并厉行成案以乱萌事》，1930年12月，二档。
④ 《罗毅堂等代电请维持苏省府处分宿迁极乐庵五华顶两庙之原案铲徐恶僧由》，1931年2月10日，二档。

去上海，或经营小商业等事情，是江北到处可发见的"①。包括极乐庵在内的宿迁有"劣绅"嫌疑的大地主都在悄悄地转移田产。

七、代结语：回忆中的虚实

回到本章开头所言及的以往的研究，无疑有关小刀会三次暴动的说法需要重加检讨。第一次事件或可称为暴动，但与一般意义的暴动不同，刀会在表达对党部和学校的仇恨时没有伤害一名党部和学校人员，理解这一点非常重要，否则很容易沿袭当时报章的观点而将刀会与土匪混为一谈。在第二次事件中，县长童锡坤杀害刀会会众于先，军队和公安队烧杀抢劫在后，刀会复仇攻城系抗争。第三次事件是对新县长刘昌言追杀刀会会众和军队烧杀行为之反抗，和第二次事件相似。《新闻报》、《时报》等绘声绘色描述的三县刀会联合举行大规模暴动并不可信，宿迁各乡刀会既缺乏跨地域的整合能力，更不要说进行跨县境的政治暴动了。

那么，刀会事件的真相到底如何呢？第一次事件是理解整个事件性质的关键所在，以下是笔者所重构的暴动经过：

1929年2月9日，大年初一，宿迁党部突然逮捕违反禁令过阴历年的地主、刀会首领、僧人等，并在沿街墙壁上张贴禁止小刀会的通令。在郁闷中度过三天新年的各乡刀会会众奔走相告，相约赶走半年来让城乡不宁的国民党人。13日下午，如约而来的部分刀会会众分工有序，先后砸毁了演讲厅和党部，架走党部要员。14日，砸毁学校和绑走教员。15日，砸毁教员宿舍。城乡小商贩和无业游民纷纷加入刀会的队伍中，第一天几百人的队伍到最后一天增加到千人左右。闻变从洋河镇急忙赶回县政府的县长童锡坤，

---

① 吴寿彭：《逗留于农村经济时代的徐海各属》（续），《东方杂志》第27卷第7号，1930年4月10日，第70页。

慑于刀会声势,退缩于内城。最后,童请商会会长出面调解,与刀会达成协定:刀会放人,县政府重建被拆毁的东岳庙。刀会的行动博得了对党部憎恨有加的当地精英(地主、僧人和商人等)的喝彩,有些参加暴动的刀会会众还是极乐庵的佃农。平日无事党部还不断找麻烦,这下党部岂能放过极乐庵。13日事件发生当日,极乐庵主持蓬仙为避嫌疑悄然离开宿迁,前往临近的萧县,继而转赴上海。但是,党部坚认极乐庵为事件幕后黑手,在镇压刀会后,为达到剥夺其庙产的目的,党部和新任县长不惜刑讯逼供、捏造事实,而极乐庵则在太虚及中国佛教会的支持下,向南京国民政府请愿。一场旷日持久的围绕庙产的纷争开始了。

以语言建构的文本事实总是同一定的认知与权势相纠缠的,强调辨别真伪的历史学者必须直面案头上的史料——无论是第一手的表述,还是第二手的再表述——所存在的因表述/再表述的局限而带来的暧昧和偏颇。从本章的考察可以知道,无论是当时的表述,还是稍后的再表述,都存在缺陷。面对过去"不在",叙述者所进行的真伪判断是对语言所建构的事实的判断,其结论与过去发生的事实未必符契若合,就此而言,本章所能做到的仅仅是指出不同文本之间的表述差异以及判断差误,摸索证据与可能性之间的关系。

刀会事件牵扯出来的庙产纠纷案让人们看到南京国民政府推行的"庙产兴学"、"反迷信运动"在地方社会引起的反应。笔者反对将刀会事件和庙产纠纷置于概念化的政治话语中加以讨论;相反,以分析文本背后的情景为本旨的社会史研究恰恰要从地方性事件来反观政治与社会、党与政之间的关系,"在构成社会的各种结合和对立关系中寻找一个特定的切入口"[①]。借助刀会事件这一"特定的切入口",可见自上而下的"反迷信运动"、"庙产兴学"虽然有着正大的理念和目标,但通过剥夺传统/落后的文化资本所进行的社会和政治整合未必尽能得到拥护,刀会会众对党部拆毁东岳庙、不准过阴历

[①] Roger Chartier, "Le monde comme représentation," in *Annales ESC*, 1989, No. 6, pp. 1507-1511.

第八章 作为表象的事件——宿迁小刀会暴动及极乐庵庙产纠纷案 209

年怨毒甚深,而党部借口刀会暴动而以暴力剥夺庙产的做法则缺乏正当性。

至此,本章的考察该告一段落了。然而,摆在笔者面前的当事人事隔数十年后的回忆引入了另一层必须讨论的问题,即如何面对记忆和历史/现在和过去之关系问题,用德国学者阿斯曼(Aleida Assman)在《记忆中的历史——从个人体验到公共演出》中的话说:"不在的过去还有多少存留于今天?过去多大程度上呈现在意识或无意识之中?业已消失而无法诉诸感觉的东西在哪种形式上还可以用感觉来把握?过去和现在、遥远的事物和近前的事物、隔绝的事物和当下的话题之间是怎样交叉的?"① 当年的宿迁党部人员在流转到台湾后不忘革命历史,在《宿迁文献》里收录了名为《中国国民党在宿迁的革命运动》一文,内容涉及刀会暴动和庙产纠纷,这既是分析当事人如何记忆历史/事件的重要文本,也是检验本文推断可靠与否的重要参照。对于事件的原因,文中如是写道:

> 殆民国十七年,宿迁县党务指导委员会成立,积极进行铲除一切腐恶势力,改革社会不良习惯,致引起一般土劣及乡愚不满。利用小刀会群众大都愚昧无知,加以煽惑,复经直鲁军阀余孽,密派人员暗中鼓动,遂一发不可收拾。②

指使刀会暴动的是包括"土劣及乡愚"在内的"腐恶势力"以及"直鲁军阀余孽",没有提及极乐庵,这和当年咬定事件主谋为极乐庵截然不同。那么,暴动的情形如何呢?文章写道:

> 是日宿迁城厢附近,忽发现有小刀会徒游行示威。由张儒高、刘

---

① Aleida Assmann, *Geschichte im Gedächtnis: von der individuellen Erfahrung zur öffentlichen Inszenierung*, München: C. H. Beck, 2007, S. 14.
② 《中国国民党在宿迁的革命运动》,台北市宿迁县同乡会编印:《宿迁文献》第5辑,1976年,第44—45页。

泮芹等为首,率领一部分愚民,蜂拥至教场极乐庵前,公共讲演厅一带,意图蠢动。是时党部正在开会。委员徐政,出为劝解,竟被群众挟持而去,藏于河西一炮楼之上,次日始由其兄徐孜率人来要回。事件发生时,县长童锡坤,避不出面,致愈聚愈多。至第二日各乡小刀会陆续集聚来城,竟达一二千人。县长童锡坤,既不谕令解散,亦不据理说服,惟紧闭内城城门,阻其进扰。于是暴徒乃在城外大肆暴乱,首将县党部、公共讲演厅捣毁,继而将城外各学校,如省立宿迁中学,县立初级中学,钟吾高小,女子高小,商立高小,及城厢第一、二小学等教室、办公室、课桌椅、图书、仪器、文卷等,加以摧毁。公共讲演厅,竟被夷为平地。一般公教人员家中,亦被侵扰。县党部委员王志仁、徐政,省立宿迁中学校长周宣德,且曾一度被劫持。童锡坤县长藉口出外视察,避往埠子。后竟弃职,由新安镇登火车潜逃,不知去向。小刀会众扰乱至第三日,始经脱险党员萧汉秋等向外连络,报请海州驻军蒋鼎文部,及窑湾、新安镇、睢宁各地,驰来大批部队,将暴乱之小刀会徒,加以勘平。惟县长已逃,县政无人主持,由地方各机关公推公正绅耆王仰周护理县政。月余后,省委刘昌言县长到职,率队赴各乡清剿拘捕首犯十数名,一般刀会徒众,纷纷缴刀,解散组织,一场巨大风波,始告平息。反革命势力的回光返照,一现即灭。①

具有实在性(reality)的不在的过去留存于当事人回忆中的仅仅是简单的轮廓。阅读这段文字,除细节上的差误外(如,谁于何时搬来救兵),一县之长的童锡坤依然是批判的对象,甚至被歪曲为"借口出外视察,避往埠子"。被刀会架走的徐政,"次日始由其兄徐孜率人来要回",原来徐政是宿迁人,属于知识青年回乡干革命的一类。回忆文字说到事件发生的第三天便

---

① 《中国国民党在宿迁的革命运动》,台北市宿迁县同乡会编印:《宿迁文献》第5辑,1976年,第45—46页。

戛然而止了，当事人有意无意地省略了后来对刀会的镇压，这从旁验证了本文关于并不存在所谓第二次暴动和第三次暴动的推断。接着，在"发动极、五两庙捐献庙产，兴办公益事业"一节，留下了一长段值得咀嚼的文字，再现了当事人（现在）和事件（过去）的遭遇：

> 二一三小刀会事变，经军队戡平后，宿迁地方人士集会检讨，认为是次事变，有许多极乐庵、五华顶两大寺庙佃户参加其中，因暴动发生时，有许多暴徒出入往来于极乐庵内，故认定二一三事件，与极乐庵文轩、五华顶希普两住持有关。十八年夏，江苏省民政厅长缪斌莅宿视察，参加地方会议，听取地方人士意见。大多数出席人，纷提检举，报告文轩、希普两住持，发动刀会暴动，以致地方损失巨大，该两庙应负法律责任，赔偿全部损失。缪厅长遂将文轩、希普两住持押送去省。后经行政裁决，由极乐庵捐献庙产二百余顷，五华顶一百余顷，计约四百顷田地，作为宿迁地方兴办教育、救济、慈善及地方自治事业基金。①

极乐庵不是反革命势力，之所以被牵扯进来乃是"因暴动发生时，有许多暴徒出入往来于极乐庵内"，而认定此为事实的则是所谓"地方人士"。在此，回忆故意隐去了党部的作用。此外，这段修辞还告知人们所谓五分之四庙产充公的实际数目是四百顷，照此推算，极乐庵田亩数为三百余顷，五华顶为一百余顷，两寺相加为五百顷。这个数目和极乐庵在诉求中自称的三百顷一致，与前文引用的吴寿彭一千顷说相差甚大。回忆继续写道：

> 极五两庙，原为宿迁名刹，系十方丛林。极乐庵前住持纯朴和尚，为一方有道高僧，颇受邑人敬仰。五华顶前住持慧门和尚，亦极明达多

---

① 《中国国民党在宿迁的革命运动》，台北市宿迁县同乡会编印：《宿迁文献》第 5 辑，1976 年，第 49 页。

> 才。旧有庙产，闻各达千顷以上。迨入民国后，迭经战乱，所用饮事僧众，难免有藉地方摊派各项军事招待费用及绅富捐时，乘机自肥者；或有勾结不肖佃户，侵吞变卖寺产者。至缪厅长清查两庙田产时，极乐庵仅有四五百顷，五华顶不过二三百顷，皆由佃户耕种。庙中以所分收得半数粮草，维持僧众生活，及一切支用。此次捐献出一部田产，办地方公益，亦可谓做了一件大善事，当时即由地方会议决定，以田租六成办教育与地方自治事业；以四成办救济院与民生工厂。报省核定后，开始实施。①

"旧有庙产，闻各达千顷以上。"原来，这就是吴寿彭说的依据。6月后，党部很快就查清田亩数并知道"极乐庵仅有四五百顷，五华顶不过二三百顷"，这说明党部给前来调查的吴提供的竟是虚假的数字。而吴不察，将其郑重写入文中，以致讹传于今。

根据上段文字，如果两寺田亩总数在六百至八百顷之间，极乐庵和五华顶被剥夺的四百顷则不到原有田亩数的五分之四。实际情况到底怎样呢？当事人的回忆暧昧不清。在涉及办理慈善救济事业处说，"获得极、五两庙捐献之田产七十余顷"，在谈到办民生工厂处说，"极、五两庙前捐献之田产中，有一部分七十余顷。原规定为设立工厂之用"。②两个数字相加为一百四十顷以上，也即剥夺的田亩数不到四百顷的一半，这和宿迁当地人说法相差不大。③

回忆是现在和过去的对话。与前文的考察相比较，当事人对于当年强力剥夺庙产的行为绝口不言，反复强调系寺院方面的"捐献"。在略为谈到极

---

① 《中国国民党在宿迁的革命运动》，台北市宿迁县同乡会编印：《宿迁文献》第5辑，1976年，第49—50页。
② 《中国国民党在宿迁的革命运动》，台北市宿迁县同乡会编印：《宿迁文献》第5辑，1976年，第52页。
③ 另一说诉讼结果，极乐庵（应包含五华顶）捐出了180顷土地。参见郑克明：《宿迁小刀会始末》，《淮阴文史资料》第2辑，第49页。

第八章　作为表象的事件——宿迁小刀会暴动及极乐庵庙产纠纷案　213

乐庵之所以被扯进刀会事件后，莫名其妙地谈起"极、五两庙，原为宿迁名刹"，极乐庵前住持纯朴和尚为"有道高僧"，五华顶前住持慧门和尚"明达多才"，正如把刀会事件的责任推给县长童锡坤一样，把剥夺庙产的责任归于民政厅厅长缪斌，这些微妙的修辞尽显当事人对事件的虚饰和对当年抢夺极乐庵庙产的歉意。

极乐庵与刀会事件无关，还得到了另一个重要当事人周宣德回忆的旁证。这位在中央大学记者会上拿着血衣展示受害之惨状的省立宿迁中学校长，1932年"闻法于太虚"①，从此心向三宝。1969年，周宣德应邀出席宿迁同乡联欢会，生动地回忆当年的经历道：

  我坐犹未定，小刀会果然闯入，一见面不容分辩，即指我是党委。原因是早在民国十七年，贵县成立民众教育馆，在极乐庵前校军场上，盖了一座演讲厅，在盖演讲厅时，拆除了很多摊贩，也就是现在台湾所说的违章建筑。因为这件事是由县党部所负责主持，所以他们对县党部恨之入骨。②

周在小刀会与党部对立的框架下把捉事件，错误地将党部拆除的东岳庙说成是摊贩们建造的"违章建筑"。周老居士平生从不打"妄语"，无意之间却说出了背离事实的话。

---

① 周蓉英、周阜娄：《先父事略》，仁俊法师、圣严法师等：《周子慎居士伉俪追思录》，台北：慧炬出版社，1989年，第9页。
② 周宣德：《我在苏北创办两个省中的因缘》，《净芦佛学文丛》（增订本），台北：慧炬出版社，1986年，第355页。

第九章　增上寺的香堂
——1933年东北青帮代表团访问日本

一、引言

　　1933年7月，在近代中日关系史上发生了一起鲜为人知的事件：东北青帮（在东北，通常被称为"在家裡"，以下行文除史料用语外，统称"青帮"）代表团访问了日本。关于这次访问，据笔者所知，至今尚无一位中外学者论及，出版于1933年的利部一郎的《满州国家理教》是唯一一部关于该事件的公开记录。

图4　青帮代表团纪念摄影
资料来源：利部一郎『満州国家理教』、泰山房、1933年。

青帮代表团成员10名，随员4名，加上3名作为向导的日本人，共计17名。《满州国家理教》一书具体记录了代表团成员名单：①

1. 代表名单

奉天（沈阳）代表：冯谏民（21字辈，48岁）、王兆麻（21字辈，55岁）、张新甫（21字辈，44岁）、祖宪庭（22字辈，48岁）、林庆臣（23字辈，54岁）。

新京（长春）代表：吕万滨（21字辈，60岁）、常玉清（22字辈，49岁）。

营口代表：郝相臣（22字辈，55岁）。

哈尔滨代表：赵庆禄（22字辈，63岁）。

法库门代表：杨宇山（22字辈，55岁）。

2. 随行人员名单

吴泰淳（新京）、郝俊和（营口）、姜国本（关东州金州）、评世信（奉天）。

3. 向导人员名单

平野武七、鹫崎研太、吉村智正。

一行6月28日从沈阳出发，途经时为日本殖民地的朝鲜，7月1日抵达东京。

青帮访日团抵达日本后，受到了高规格的接待，先后参观了作为日本帝国象征的明治神宫、靖国神社、横须贺军港以及庆应义塾大学。代表团访日期间有两次活动格外引人注目：一次是7月3日在东京会馆召开的由日本陆军省、海军省、外务省、文部省和拓务省联合主持的欢迎会，出席欢迎会的有外务省亚洲局局长谷正之等6人，陆军省次官柳川等14人，海军省次官

---

① 利部一郎『满州国家理教』、泰山房、1933年。

藤田等 12 人，文部省次官栗屋等 5 人，拓务省次官河田等 3 人，此外还有学者、宗教家、财界人士、官僚以及伪满洲国（以下均作"满洲国"）驻日公使等，共计 40 人。日本著名东洋史学者白鸟库吉亦在其中。白鸟是东京帝国大学教授，他何以会出席欢迎青帮访日团的招待会？第二天发生的另一件事情道出了个中原委。

图 5　在家裡代表团招待宴会
资料来源：利部一郎『满州国家理教』、泰山房、1933 年。

7 月 4 日和 5 日，在位于东京芝区的增上寺，连续举行了两场关于青帮／在家裡研究会。参加者除访日团一行 17 人外，还有参加前一天欢迎会的白鸟库吉、加藤玄智、常盘大定、小柳司气太、姊崎正治、笕克彦、陆军省参谋本部职员以及其他方面的代表共 40 人。① 研究会在青帮代表演示完仪式后，以日方与会者和青帮代表一问一答的形式展开研讨。最后，神道学家加藤玄智发表了自己的看法："家理教乃一自力宗教，别异于在理教他力宗教，寻根究底，源于禅宗自力教也。"②

在清代历史上，青帮通常被作为"反社会"的组织而屡遭禁止。进入民国后，其社会声誉更是不佳。因此，在"满洲国"成立后一年多，青帮也未

---

① 利部一郎『满州国家理教』、第 21、55 页。
② 加藤玄智「家裡教の宗教的判断」、利部一郎『满州国家理教』、第 57 页。

能获得殖民权力的承认，从而无法作为合法组织开展活动。在这种情况下，何以青帮能够作为"满洲国"代表出访日本，并成为日本帝国政府的座上宾呢？日本方面是出于何种动机来策划此次访问的？本章在笔者以往研究的基础上①，利用多年来收集的资料，试图对该问题作一番初步考察，兼论近年来广被讨论的帝国"学知"问题。

图6　增上寺家裡研究会

资料来源：利部一郎『満洲国家理教』、泰山房、1933年。

二、在言说与实际之间

关于青帮起源，有多种说法。一般而言，其源头可以追溯到明朝末年来往于大运河上的漕运水手中的组织。② 清代咸丰年间漕运废止后，水手间的

---

① 参见拙文：「宗教結社、権力と植民地支配——"満州国"の政治統合における宗教結社」、『日本研究』第24集、2002年。

② 参见马西沙、韩秉方：《中国民间宗教史》，上海：上海人民出版社，1990年。酒井忠夫『中国幫会史の研究（青幫篇）』、国書刊行会、1997年。

结拜形式随着水手的移动而传到各地，天津和上海是近代青帮最为活跃的两个城市。

和内地一样，东北青帮也是按照模拟亲属关系的原理结成的，以"字"或"辈"表示成员的身份和相互关系。"前二十四辈"最后四字为"大"、"通"、"悟"、"学"，"后二十四辈"最初四字为"万"、"象"、"依"、"归"。不同辈分青帮成员分别属于"兴武六"、"兴武四"、"嘉海卫"、"江淮泗"、"嘉白"、"杭三"等"帮"。这里的"帮"类似于宗族制度中的"房"。

1934年1月，关东军第14师团参谋部根据青帮文书《学道须知》，并参考黑龙江军参谋处长于治功、龙江大戏院老板王海楼等口述，编辑了名为《关于黑龙江省内家裡》小册子[①]，书中将青帮特征概括为五点：第一，青帮的组织。青帮是以相互扶助为目的之组织，彼此之间为父子兄弟关系。在北方称"在家裡"，在南方叫"青帮"。青帮成员上有大臣，下有马贼，整个中国约有一千万信徒，满洲有百万人，黑龙江省则在二十万人。历史上，孙中山、蒋介石均得到过青帮支持。第二，青帮的起源。作为临济宗一派，青帮在明代由罗正清所创，弟子中有翁德慧、钱德正、潘德林等所谓"三祖"，三人在清康熙四年（1665）基于相互扶助精神创立安清帮。安清帮是以运河水夫为中心而发展起来的，19世纪以降，随着铁道、汽船所到之处而不断伸展势力。第三，青帮的仪式。入会式分小香堂、大香堂，大香堂仪式正式，比小香堂复杂。入会之际，祭拜"天地君亲师"及"三祖"牌位，入会者将自己的简历呈给引导师，引导师将其交给本命师。第四，青帮的规矩。青帮为强固自身组织，设立十大帮规、十大禁止，内容为秉持儒教仁、义、礼、智、信，不欺师灭祖，同门互助，不抢劫，不淫乱，不将组织内部秘密外泄

[①] 「黒龍江省内ノ家裡調査報告ノ件」、在齐々哈爾領事内田五郎、昭和九年一月十五日。此外，还可参考：「満洲国に於ケル在家裡ノ現況」、関東庁警務部長、昭和一〇年五月二〇日。「満洲国に於ケル在家裡ノ現況」、関東庁警務部長、昭和一〇年五月二〇日。潘居士、李格政：《沈阳清帮家理和清理》，中国人民政治协商会议沈阳市委员会文史资料研究委员会编：《沈阳文史资料》第9辑，1985年。

他人，等等。第五，青帮的习惯。初次见面和互相介绍时须用隐语和暗号。

青帮是何时出现在东北的呢？笔者没有青帮方面留下的记载，只能借助日方的观察来简单予以追溯。关东军第14师团参谋部调查资料里有如下一节内容：

> 光绪二十七年左右，海上有汽船航行，陆地有列车疾驶。在家裡势力侵入支那（原文如此。——引者注。以下同）沿岸各港口，进而沿铁道侵入内地。在满州东面，从安东沿鸭绿江上行，深入山林地带；在西面，从营口沿辽河而行，深入其流域；另外，从大连沿铁道至哈尔滨，再从那里沿松花江和北满铁道，深入西伯利亚、沿海各州。正如右文所显示的，其势力现已到无法消灭之地步。①

此外，协和会编辑的《在家裡调查报告书》对东北青帮历史有如下记载：1895年（光绪二十一年），于公田（杭三，悟字辈）在安东招收弟子，扩大组织。1899年（光绪二十五年），吴鹏举（兴武四，大字辈）在大连活动。1920年（民国九年）以后，华北青帮大字辈著名人物王连三（兴武六）、党金源（杭三）、厉大森（嘉海卫）、王约瑟（嘉白）、曹幼珊（江淮四）等纷纷在东北各地开设香堂，广招弟子。②"满州国国务院"一份稍早的资料证明协和会的上述记述所言不虚：

> 满洲家裡系统复杂：既有从京津地方传来的，也有随山东移民而来的，还有伴随南方娼妓业传入的，其会员几乎遍布所有阶级，具有相

---

① 「黒龍江省内ノ家裡ニ就テ」、第十四師団参謀部調、昭和九年一月十五日。「各国ニ於ケル宗教及布教関係雑件・在家裡関係」、日本外務省外交資料館蔵。以下同。

② 协和会中央本部调查部：《在家裡调查报告书》，原文为日语，这里引用的是1947年2月中国人民解放军"松江第六大队"的意译。从行文可知，报告书作于1941—1943年4月1日（伪满治安部废止）之间。

当之潜在势力。①

以上资料涉及东北移民与青帮之关系。17世纪清朝入关后，为了防止满人发祥地"汉化"，特颁布"封禁"政策，禁止汉人迁徙关外。但是，由于东北需要大量的劳动力，从华北移居而来的汉人源源不断，人口不断增加。② 进入民国后，汉人人口业已占全东北总人口的九成。③

伴随汉人的移入，青帮也在东北落地生根。东北移民绝大多数来自华北地区（山东、河北、河南等）。其时，"山东省每年人口增加约四十五万，其中三分之二被迫前往他省打工。此外，直隶省的情况不甚了了。每年从他省移居满蒙的劳动者总数约为四十至四十五万人，其中留在东北的有七成以上，约为三十万人左右"④。1927年11月，驻沈阳日本领事馆报告称："近来自山东、直隶方面移入者明显增加，不单数目在增，选择永住的益众。"⑤ 直到九一八事变为止，内地前往东北的移民潮才告中止。⑥

对东北青帮颇为熟悉的末光高峰（义）认为，"闻目下满州之家裡近百万人，仅大连一地即有二十三万人，正确数字无从知矣"⑦。在家裡在东北南部的大连、营口、安东等港湾地带活动最盛，"不入在家裡，则一无可为。至安东满州人，九成自称在家裡"⑧。"北满州之哈尔宾（原文如此。——引

---

① 满洲国国务院总务厅情报处『省政彙覧・吉林省篇（日文）』第一辑、1935年11月、第217—218页。
② 路遇：《清代和民国山东移民东北史略》，上海：上海社会科学院出版社，1987年。
③ 满洲国史编纂刊行会编『满洲国史』（総論）、1970年6月、第73页。
④ 小峰和夫『満州——起源・殖民・覇権』、お茶の水書房、1991年、第154页。
⑤ 小林龍夫、島田俊彦『現代史資料7・満洲事変』、みすず書房、1964年、第108页。
⑥ 关于东北移民出身地，1929年的统计如下：山东省742000人，河北省172000人，河南省117000人、其他16000人。参见「満州に於ける出稼移民」、東亜同文書院第24回支那调查报告书、1930年度第27期第2卷、愛知大学図書館。
⑦ 末光高峯（義）「青幇の在家裡が満州に政治の活動を始めた」、『満洲評論』第5卷第1号、1933年7月1日。同『満州の秘密結社と政治の動向』、満蒙評論社、1933年、第4页。
⑧ 末光高峯「青幇の在家裡が満州に政治の活動を始めた」、『満州の秘密結社と政治の動向』、第6页。另参看『省政彙覧・安东省篇』第7辑、1936年9月、第225页。

者注），在家裡較奉天、新京更盛。在家裡遍及东支铁路在线之满洲人、巡警、警备军人、以松花江为中心的船运工人其他所有阶级中，实际上，其数目为几何、渗透于何处，其详情不得而知。"① 可见，以东北交通沿线和城市为中心，随着移民社会的形成，青帮业已成为重要的社会势力。

1931年，关东军策动九一八事变，占领东北三省。后文将要谈到，面对突然的政治巨变，一些青帮头目迎合关东军，自称是信奉佛教的组织。青帮的政治姿态正中关东军下怀，关东军为了将青帮纳入殖民政治秩序里，十分关注其动向。11月10日，以"满州青年连盟"（理事长金井章次）为中心的东北日本人团体，在奉天（沈阳）成立"自治指导部"，该组织的理论纲领为《满蒙自由国设立案大纲》，其中对宗教结社和"秘密结社"作了如下评论：

> 支那因社会存在缺陷而衍生出肿块，如青帮、红卍字会、大刀会等结社即是。误以为此类（结社）均为自治机关，业已带来种种弊端，此乃日本人易陷之谬见也。盖此类结社决非真正之自治机关，古已有之者，保甲制度与清乡制度也。②

值得注意的是，该纲领否定了青帮、红卍字会、大刀会等结社的社会作用，高度评价了保甲制度的社会意义。于汉冲在上任"自治指导部"部长之前，曾对关东军司令官本庄繁说，"至打破旧有陋习，亦应持渐进主义"③，认为应该慎重对待民间结社。

担任自治指导部顾问的橘朴曾在一篇文章中指出：东北社会的特质是

---

① 末光高峯「青幇の在家裡が満州に政治的活動を始めた」；『満州の秘密結社と政治的動向』、第5頁。
② 片倉衷「満州事変機密政略日誌」（1931年11月7日条）、小林龍夫、島田俊彦『現代史資料7・満州事変』、みすず書房、1964年、第252頁。
③ 満州国史編纂刊行会編『満州国史』（各論）、1971年、第160頁。

大部分属于封建的农村社会，在此应该适用的自治原则是构成中国社会基础的宗族制度、土地庙制度等血缘、地缘团体；而在城市，应该按照同业工会及其他宗教团体的实态，完全保障人民的生活。①橘朴被鲁迅称为比中国人还了解中国的人，他在论述东北社会时只字不提青帮，显然视青帮为中国社会周边性之存在。他在另一篇文章里写道："问题是，应该怎么做才能巧妙地改变其反社会性质并使其成为支持统治、对抗农村与城市中左翼势力的力量，为此需要重新组织和训练之。"②亦即，对青帮的利用需建立在改造青帮的基础上。

东北青帮是按照怎样的原理组合的？其内部具有怎样的特点？对此，末光作了如下分析：

> 现下，在家裡之精神依阶级而不同，完全没有统一。不仅如此，组织上均按地域分，各有若干师傅与徒弟，即便彼此互相勾结，二者之间亦无特别联系。尤有甚者，师傅住上海、天津、满州，而徒弟辈在新京、奉天、大连，抑或他地，或师傅所在地。……现住北平之王约瑟，乃张作霖生前之私人顾问，在奉天拥有极大之势力，属第二十辈，为满州在家裡最高辈分。其徒弟有杨宇霆、张宗昌、冯谦民。然若谓今日满州第二十一辈皆为王约瑟儿子辈，未必尽然。青帮之中尚有上海系统、青岛系统与天津系统之分，人们甚至连其系统亦无法弄清。③

这里，末光鉴于"满洲国"成立初期，各地青帮竞相迎合伪满政权而出现的混乱局面，强调应该对青帮进行整合。末光提到东北青帮的系统，指出大部分来自天津、山东和上海，这是一个值得注意的现象。末光提到的王约

---

① 満州国史編纂刊行会編『満州国史』（各論）、1971 年、第 162 頁。
② 橘樸「土匪とギャング」、『満蒙評論』第 2 巻第 19 号、1932 年 5 月 14 日。
③ 末光高峯「在家裡の動きと東亜佛教會の全貌」、『満洲評論』第 5 巻第 15 号、1933 年 10 月。

瑟是山东峄县人，在北京、天津一带拥有众多弟子①，在东北也有很多徒子徒孙。1934年，王约瑟访问吉林省，以从事佛教活动为幌子，试图加强关外与关内青帮联系，因而被国民政府视为日本特务。②确实，在日本侵华战争期间，王约瑟的青帮网络协助了日军对华北的统治。③在天津系统的青帮中，自称"满洲国在家裡总代表"的冯谏民（亦名冯竞欧）曾在张作霖部队任陆军少将。末光没有具体提到上海系统的青帮人物是谁，前述协和会资料中出现的曹幼珊系山东省出身，长期客居沪上，是上海著名的青帮人物。曹幼珊在1934年1月初曾秘密访问东北，和长春、沈阳、哈尔滨的青帮头目会面，"在每次集会上，他都详细地介绍家裡教的由来及其与青帮之关系，宣讲教理与仪式的精髓，强调南支（中国南部。——引者注）青帮与满洲国在家裡应互通声气、团结一致、弘扬义气"④。曹在两地青帮中颇有影响，试图沟通二者，其背后可能暗藏着某种政治意图，这从曹幼珊弟子常玉清可以窥见一斑。

常玉清是活跃于大连的青帮人物，据说是旗人，通字辈，曾为上海日本棉工厂的"工头"。1932年5月，上海一·二八事变后，常玉清与胡立夫在闸北组织亲日的市民维持会，为此，胡被国民党驻上海特工人员暗杀。常见状不敢滞留上海，远遁大连。⑤在大连，常玉清一住就是五年多，师傅曹幼珊的青帮关系帮助了他。常于1937年12月返回上海，其在大连的一段历史鲜为人知。⑥作为青帮访日团一员，常玉清曾在日本人面前不无得意地回忆起自己在上海的经历："上海事变（一·二八事变。——引者注）之时，鄙

---

① 《北平青帮概况》，华北区政治部，1949年。
② 「華北ヨリ入吉セル在家裡教徒ノ行動ニ関スル件」、在吉林総領事森岡正平、1934年8月1日。
③ 另一说王约瑟为天主教徒，在华北有青帮弟子五千名。（《北平青帮调查资料》，华北区政治部，1949年）
④ 『満州及支那に於ける地下秘密団体に就いて』（编者、出版社不明）、1936年、第223页。
⑤ 《工部局捕房刑事股副探长致警务所报告》（1938年11月），《档案与历史》1989年第2期。
⑥ 常玉清在日本全面侵华战争爆发后返回上海，与日本浪人组织"黄道会"，暗杀抗日中国人。1938年，复在南京设立"安清同盟会"。1946年5月，常以汉奸罪被处死。起诉书没有言及其在东北活动。参见上海市档案馆编：《日本帝国主义侵略上海罪行史料汇编》上编，上海：上海人民出版社，1997年，第330—331页。

人为日军拼命工作，为此同志一人被暗杀，鄙人则死里逃生，幸免于难。"①

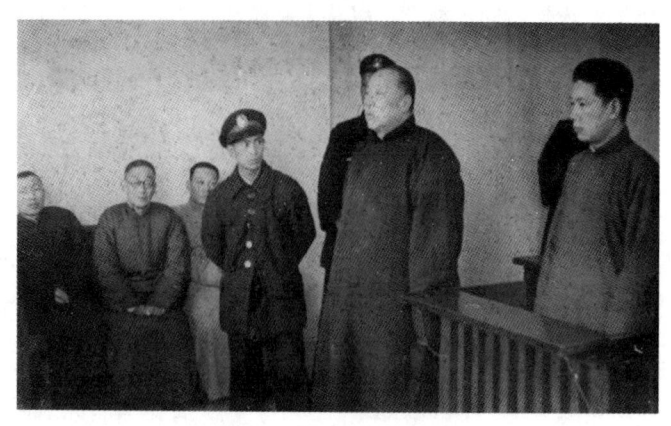

图7　常玉清在法庭上
资料来源：上海市档案馆藏。

至于末光提到的青岛系统的青帮，目前尚缺乏验证资料。一般说来，在东北，山东出身的青帮人数众多，其中杂有青岛系青帮应是不难推想之事。

以上，本章考察了末光所言及的东北青帮的情况，末光的观察固然很重要，但还不能说它反映了整个东北青帮的实际情况。例如，齐齐哈尔青帮头目刘少恩和丁贵升是"通字辈"，属于"兴武六帮"，分别经营剧场和妓院。日方的调查称："在满州事变前，刘少恩与丁贵升二人从上海请来师傅窦长清，接受其指导。窦于昭和六年（1931年。——引者注）十二月回江苏省扬州探亲后不知所向。"②为了利用青帮人际网络，两人特地从上海请来师傅。21字辈王殿臣（58岁）生于江苏省扬州府江都县，清末举人，18岁时参加青帮，37岁到东北，先后在哈尔滨、沈阳等地充任税警、家庭教师。③末光没有言及访问团成员王兆庥，据说包括再传弟子，王有一千名弟子，直系弟

---

① 利部一郎『満州国家理教』、第46页。
② 「齊齊哈爾ノ青帮概況ニ関スル件」、在齊齊哈爾領事内田五郎、昭和八年五月十三日。
③ 「奉天ニ於ケル在家裡ノ現状ニ関スル件」、在奉天総領事峰谷輝雄、昭和九年二月二八日。

子以地区看分别是江苏 21 名、天津 212 名、北京 24 名、奉天 94 名。①

青帮在东北的影响力主要在城市,成员来自各个阶层,其著名人物大多为退伍军人、失意政客、流氓头子、商人等,一般成员多为商贩、工人、军警。据末光调查,大连"东亚佛教会"成立时,会长柳成名(大连马车工会会长)、副会长刘神致(从事鸦片贩卖)、刑顺亭(经营房屋出租)、尹天纯(福昌华工公司苦力头目)、王宝春(人力车收容所头目、经营饮食业)等主要成员皆从商。虽然青帮著名人物在当地可称头面人物,政界出身者亦不在少数,但青帮从未作为社会团体得到军阀政权的承认。

三、东北殖民统治与青帮

九一八事变后,在东北的日本人组织颇为活跃。"满州青年同盟"、"大雄峰会"和以橘朴为主笔的《满洲评论》杂志应关东军要求,积极为日本占领东北寻找意识形态根据。山室信一指出:"他们的积极参加成为建国的巨大推动力,在此,他们编织出善政主义、民族协和、建设王道乐土、亚洲复兴、人类解放等各色梦想,将其作为满州国的建国理念提了出来。"② 1933 年 3 月,沈阳成立了以酒井荣藏为首的"大满州国正义团"。③ 酒井野心勃勃,试图借助青帮关系网向东北各地发展、扩大组织,一时间拥有相当大的影响力。后来,在伪满"基于一国一党主义,统一教化团体"的旨趣下,"大满州国正义团"被"满州国协和会"兼并吸收。④ "大满州国正义团"呼吁各地青帮响应其号召,同沈阳青帮代表祖宪庭、长春代表吕

---

① 「奉天ニ於ケル在家裡ノ現狀ニ関スル件」、在奉天総領事峰谷輝雄、昭和九年二月二八日。
② 山室信一『キメラ——満洲国の肖像』、中公新書、1993 年、第 91 頁。
③ 『満洲及支那に於ける地下秘密団体に就いて』(編者、出版社不明)、1936 年、第 227 頁。
④ 『満洲及支那に於ける地下秘密団体に就いて』(編者、出版社不明)、1936 年、第 227—228 頁。乔越:《昙花一现的伪"满州正义团"》,孙邦主编,张辅麟本卷编者:《伪满史料丛书·殖民政权》,长春:吉林人民出版社,1993 年,第 545—547 页。

万滨以及"全满总代表"冯谏民等青帮建立了"合作关系"。时人泷泽俊亮在《满洲的街村信仰》中指出:"大同二年(1933年。——引者注),为了'满州国正义团'整合全满同志之需要,冯谏民从奉天出发,奔走于各地主要都市,受到了盛大的欢迎,新加入的会员为数不少。"① 在"大满州国正义团"成立大会上,冯谏民的致辞道出了青帮与"大满州国正义团"之间的密切关系:

> 今日入门之日本人、满州人,齐聚一堂,谨守家裡之道。吾等家裡崇尚师徒如父子、同参若手足。古语曰:远亲不如近邻。吾等黄种同胞,本如手足,有若满人同参因缘之深者乎。②

所谓"合作关系",其实是"大满州国正义团"利用青帮的幌子,其成员加入青帮不过是吸收青帮的手段而已。正是出于这种关系,数月之后,"大满州国正义团"游说关东军,青帮访日团的一幕才得以上演。日方资料记载道:

> 日本方面,鹫野(应为"鹫崎"。——引者注。以下同)研太、平野武七郎(应为平野武七)、官地(久卫)大佐等游说陆军省和关东军,声称标榜彻底的皇室中心主义,在获得满州政府承认之后,将全满在家裡教徒二百五十万人结为一团,与大日本正义(团)连为一体,提

---

① 瀧澤俊亮『満州の街村信仰』、満州事情案内所、1940 年、第 291 頁。
② 馮諫民「馮諫民師の慈悲」,收入《在家裡研究資料》,油印本,年代不明,约为 1933 年,東洋文庫藏。据笔者所知,冯谏民的讲演至少还有三个日译本,一个是前揭末光高峯「青幇の在家裡が満州に政治的活動を始めた」(後收入作者著『満州の秘密結社と政治的動向』)所摘录内容,刊于 1933 年 7 月 1 日『満洲評論』。第二个是「馮諫民師の慈悲」(《在家裡研究資料》,東洋文庫藏),从文末「東京市神田駅前印刷所板倉膳写堂」可知系访日期间的译本。第三个收录于『満州及支那に於ける地下秘密団体に就いて』(第 224 頁),冯谏民 1934 年 4 月 3 日在哈尔滨"大满州国正义团"成立大会上的讲话。上述三个译本译文虽有差异,内容基本相同。本文主要引用「馮諫民師の慈悲」,并参照末光文章。

倡大同团结，组织清静兴民同志会，颁布主义纲领，抛弃以往之秘密活动，以公认结社现身社会。①

鹫崎研太毕业于上海东亚同文书院，任职于伪满治安警察部门。平野武七系大陆浪人，青帮会员。宫地久卫从骑兵第一连队长退伍后，担任过"东京社会事业协会融和部长"、"中央融和事业协会理事"等职，"专门从事特殊部落民的融合事业"，"去岁，受军部方面委托，调查我国特殊部落民能否向满州移民之问题。岁末渡满期间，知满州支那人中有类似宗教结社。特殊民移居满州后，是否遭致土著民歧视，此番为探求土著民之态度，利用再次渡满之机，调查在家裡"。② 可见，宫地为了了解青帮组织而结识了鹫崎和平野，而后二人通过宫地游说关东军，得到伪满政府许可，结成"清静兴民同志会"之青帮组织。青帮与"大满州国正义团"合并后，"大满州国正义团"得以伸展势力。与此同时，冯谦民等青帮重要人物也试图借助日本人力量扩大组织。泷泽俊亮在《满洲的街村信仰》中指出："大同二年（1933）冯谦民因统摄整个满州同志之满州国正义团组织之故，从奉天到各地主要都市，均受到热烈欢迎，因此招收不少新会员。"③

除"大满州国正义团"之外，日本大本教也积极向青帮靠近。大本教是日本近代最重要的新兴宗教之一，由"教主"出口すみ子创设。后来，王仁三郎入赘出口家，成为次于"教主"、负实际责任的"教祖"。出口王仁三郎任教祖后，一改大本教保守复古的姿态，提出参与时政、改造社会的主张，为此以"不敬罪"，遭到政府的弹压。关于大本教与青帮之关系，前引泷泽俊亮《满洲的街村信仰》称："尤为重要者，大本教人类爱善会与家裡教均以天之御中主神为始祖，颇动众心，入门者一时骤增。"④ 在青帮代表团

---

① 『満州及支那に於ける地下秘密団体に就いて』、第228頁。
② 「在家裡真相調査員ノ身元其他ニ関スル件」、警視總監藤沼庄平、昭和八年五月十六日。
③ 瀧澤俊亮『満州の街村信仰』、第291頁。
④ 瀧澤俊亮『満州の街村信仰』、第291頁。

访日之际，"其代表及随员中，滨江警务司令部咨议鲁宾化及律师张庆禄特地访问绫部（大本教）之本部"①。需要指出的是，泷泽虽为当时人，但他书中所列举的鲁宾化和张庆禄之名并不见于青帮代表团成员名单。张庆禄的"张"和赵庆禄之"赵"日语读音相同，疑为笔误。鲁宾化其人不详，可能是吕万滨之讹，因为"鲁"与"吕"在日语中发音相同。青帮代表团即将访日时，末光在一篇文章中称："冯谏民一行入哈尔滨，当地在家裡代表闻冯谏民欲去日本，要求哈尔滨代表亦能加入同行，后定冯师直系滨江警备司令部咨议鲁宾氏与他系律师庆禄等二名渡日。"②这里的鲁宾和庆禄，即前述之鲁宾化与张庆禄。

人们也许会奇怪，青帮何以会与大本教有瓜葛？二者之间存在何种关系？此事要追溯到出口王仁三郎的蒙古之行。1923年，还在"保释"中的出口王仁三郎接触到为慰问"关东大地震"而访日的红卍字会，对中国产生兴趣，试图在"满蒙"建立大本教宗教王国，其后，他与曾经参与孙中山革命的日本"大亚细亚主义"者相互利用。③出口王仁三郎在其第一次访问中国东北时，通过大本教信徒和沈阳青帮进行了联系。据出口王仁三郎的孙子出口京太郎撰写的《巨人出口王仁三郎》称，1924年2月中旬，出口王仁三郎"夜至奉天，投宿悦来栈，与祖宪延会"④。这里的"祖宪延"系"祖宪庭"之误。正是在这一关系的延长线上，1932年1月大本教与"含有禅、儒之安清会"建立起了合作关系。⑤因此，青帮访日团在7月7日夜晚受到在东京的大本教外围团体"人类爱善会"的招待，也就不足为怪了。⑥

---

① 瀧澤俊亮『満州の街村信仰』、第291頁。
② 末光高峯「青幇の在家裡が満州に政治的活動を始めた」、『満州の秘密結社と政治的動向』、第5頁。
③ 参见拙文《近代中国的"亚洲主义"话语》，中国社会科学院近代史所编：《近代中国与世界——第二届近代中国与世界学术讨论会论文集》卷1，北京：社会科学文献出版社，2005年。
④ 出口京太郎『巨人出口王仁三郎』、講談社、1973年、第197頁。
⑤ 大本七十年史編纂会『大本七十年史』卷下、大本七十年史編纂会（年代不詳）、第99頁。
⑥ 利部一郎『満州国家理教』、第16頁。

第九章　增上寺的香堂——1933年东北青帮代表团访问日本

九一八事变后，日本关东军在积极推进占领东北计划的同时，开始考虑如何将中国社会整合在其殖民统治的秩序之中。"满洲国"意识形态"五族协和"积极鼓吹者橘朴对青帮的看法与上述东北日本人团体略为不同，他在一篇文章里写道："我愿向当局建议，正如上海公共租界所实行的对策一样，通过保护和改革青帮组织，既可为（制定）控制劳动者政策奠定基石，又有助于制定对付盗匪（包括流氓）之对策。"① 与橘朴的意见相反，末光虽然承认青帮具有反社会、反体制的性格，却高度评价1933年后在"满洲国"统治下青帮所能发挥的作用，认为可"将在家裡改组为政党"，他在文章中写道：

> 尤为要者，在家裡非仅存于满州之秘密结社，乃遍布于支那全国之民族性结社也。迄今为止，在家裡在政治运动和社会运动中常展示其巨大之潜在力量。基于其以往之历史，对行王道政治之满州国而言，诚为最重大之问题。以王道政治驯化在家裡，不仅合乎王道政治，大言之，亦可统一支那全国大众。②

末光发表在《满洲评论》上的其他文章也高度评价了青帮的作用。"此一秘密结社青帮在家裡，于满洲突然公开声明其社会作用，至其组成统一、合法之结社并开始活动，应密切监视其动向，正确理解其精神，实施相应对策，对新兴满洲国而言，此事实为最重要之问题。"③ 末光的认识与正在摸索对东北殖民统治的关东军指导部的想法完全一致，关东厅警务局长对于青帮访日的意义作了如下评论：

> 在家裡（家裡又曰在裡）乃支那以宗教信仰结合之秘密结社，有严格戒律约束帮员，于提升个人之余，帮员共存互助，各阶级中皆有众

---

① 橘樸「青幫を如何に扱ふべきか」、『満洲評論』第5巻第3号、1933年7月15日。
② 末光高峯「秘密結社の指導原理」、『満洲評論』第5巻第5号、1933年7月29日。
③ 末光高峯「青幫の在家裡が満洲に政治的活動を始めた」。

多帮员，为社会上一大潜在势力。军部及其他与满州有关人等，多有利用家裡维持满州国内治安、普及满州建国精神者。本于此，此番促成满州在家裡代表访日、考察日本各处、与在家裡研究者会面，藉此使若輩知日本援助满州国之所在，期以将来日满提携。①

显然，日方组织青帮访日团旨在促进"日满提携"，其具体政策为：第一，利用青帮作为宣传机关，纠合东北各地青帮成立联合总会，指导教化帮员。第二，将青帮作为民众的自治互助组织，整合劳动者，使其成为地方保甲中坚，从事社会改良，揭发"反满分子"，进而展开对"支那本土"工作。②

对此，青帮首领积极响应日本人团体，强调青帮传统与"王道政治"理念的共同之处。冯谏民说道："本来我满州国即我家裡之源流，我满州国执政即我家裡之旧主人。对满州国竭尽忠诚乃我安清家裡之根本所在。""本来日本帝国与满州国系唇齿相依之关系，须臾不可分离。友邦皇军拯救我等满州国人生命，扫除邪恶军阀，赶走不良政府，以我旧主人行仁慈博爱，使之执我满州国政治。"③ 不仅如此，冯还将青帮"十大帮规"改为迎合"满洲国"统治之"六条帮规"：孝顺父母、尊敬士兵、和睦乡里、教育子孙、安于生活、不做坏事。④

四、青帮访日团结局

促使青帮访日团成行的是前揭宫地久卫。宫地受陆军次官柳川中将之命，"专门从事特殊部落民融和事业"。1933 年 4 月 10 日，宫地从东京出发

---

① 「在家裡代表團ノ渡日」、関東庁警務局長、昭和八年六月十三日。
② 「在家裡代表團ノ渡日」、関東庁警務局長、昭和八年六月十三日。
③ 「馮諫民師の慈悲」；末光高峯「青帮の在家裡が満州に政治的活動を始めた」、第 12 頁。
④ 「馮諫民師の慈悲」。

去中国东北，5月7日归国，将考察结果编为"北满在家裡"小册子，呈报陆军次官、内务省社会局局长等。5月14日，宫地访问神道研究权威、东京帝国大学教授加藤玄智，展示青帮典籍《三庵全集》、《三庵宝鉴》及末光高峰（义）著《支那秘密结社与慈善结社》等三书，请其检验在家裡/青帮性质。加藤从儒释道三教合一的观点，认为在家裡/青帮系禅宗之一派，"观满州国之现状，鉴于无学文盲且迷信甚多之国民，值此过渡之期，与法律规训相比，宗教指导者尤为重要"，支持宫地策划之青帮访日团，并且将东洋史权威白鸟库吉介绍给宫地。①

此外，青帮访日团3日出席晚餐会，4日、5日在增上寺召开研究会，6日以降参拜明治神宫和靖国神社，赴横须贺海军基地与庆应义塾参观。十天后，情况突然发生变化：7月11日，青帮访日团被勒令解散。何以隆重的欢迎仪式开场后，竟如此匆匆收场？关于其中原由，关东厅警务局长事后的说明透露出了一点信息：

> 其间，一行之吉井清春藉机行沽名钓誉之事，而鹫崎、平野等暗自挪用关东军支付之经费约一千五百元事发。十一日，突然命令一行解散。吉井除名，一行不得于东京自由行动。②

仅仅从这段文字看的话，青帮访日团的解散似乎事出偶然。但是，从下面一段引文中不难发现真正原因并不在此：

> 据陆海军方面消息，该方面决定不承认在理（指青帮。——引者注），意欲弹压之，真相不明也。虽然，彼仍以宗教之力结成团体，继续活动。③

---

① 「満洲国在家裡に対する文学博士加藤玄智氏の談話」（要旨）、昭和八年五月十四日。
② 「渡日在家裡教徒ノ帰來言動」、関東庁警務局長、昭和八年七月二四日。
③ 「渡日在家裡教徒ノ帰來言動」、関東庁警務局長、昭和八年七月二四日。

与关东军的青帮政策不同,陆军和海军方面开始讨论如何弹压青帮。陆海军省代表在一周前还举办青帮欢迎晚宴,何以转而要弹压青帮呢?前述关东厅警务局长表示"此次未能按计划结束访日,被一部分不良商人利用,不能不忧其将来必遗留相当之祸根"①。

对于关东军的做法,驻伪满日本外交官里一直有反对意见。青帮访日团出发前,日本驻牛庄领事荒川充雄在致"全满全权大使"武藤信义的信中写道:

> 此次,在军部怂恿之下,派遣七名全满各地家裡教代表去内地(指日本。——引者注)考察。其中哈尔宾二名(胜、张)、新京一名(卢)、奉天三名(冯、王、常)、营口一名(郝)。该代表等特来营口,向营口约二万同志报告此事,名单见附件。该代表人等携海军司令官小林之介绍信访问宪兵分队,希冀得助。同夜八时许,于营口硝矿局楞严寺(付属地外)集合同志百余名,报告此事,要求得到赞同。本月四日,该代表等于新京集合,领取军部所发包括旅费在内之所有盘缠,称准备正式渡日。军部利用此等教徒旨在使全满二百万该教徒独立,以便与南方之家里对抗。②

荒川对军部利用青帮一事提出了间接批评。他继续写道:"郝相臣原系总商会会长,又为红卍字会首脑,在营口颇有势力。以往回营口时,实业家之来访频繁,此次该代表以家裡教代表回营,商民闻知,皆敬而远之,无一人来访。"③荒川人微言轻,他的意见没有被采纳。

代表团解散后,分三批分别回国。15日,郝相臣从东京出发,经朝鲜

---

① 「渡日在家裡教徒ノ帰來言動」、関東庁警務局長、昭和八年七月二四日。
② 「全満青幇代表渡日視察ニ関スル件」、在牛莊領事荒川充雄、昭和八年六月三日。
③ 「全満青幇代表渡日視察ニ関スル件」、在牛莊領事荒川充雄、昭和八年六月三日。

最早回国。① 接着，冯谏民等6人（包括杨宇山和张新甫）在"不良邦人"吉村智正的陪同下，乘列车于7月16日下午9时40分到达下关，10时30分乘船抵釜山，回国。② 其他代表则改换身份，分别自称"奉天圣道理善研究总会长"祖宪庭、"奉天在理教领正"林庆臣、"新京在理教领正"吕万滨、"哈尔滨世界慈善会联合会名誉会长"赵庆禄、"奉天私立学校长"王兆麻、"新京建筑承包工程"常玉清等，于13日下午5时20分抵达京都龟冈，访问大本教本部，行程如下：

13日，抵龟冈，与出口王仁三郎欢谈。

14日，上午往绫部，访大本本部。下午返龟冈。

15日，上午往京都，人类爱善会会长出口宇知磨前来迎接。访问第十六师团，参拜桃山御陵。于同志社新岛会馆与记者午饭。午后，往御所参拜二条离宫。参观同志社大学、名胜。下榻吉冈旅馆。

16日，于京都车站乘列车往大阪，上午8时32分抵大阪站。皇道大本人类爱善会大阪联合会会员、大日本正义团团员前来迎接。上午访问第四师团司令部，参观大阪城。下午参观大阪朝日新闻社、大阪每日新闻社。出席人类爱善会招待晚宴，8时46分乘列车由大阪往下关。③

关于青帮代表对大本教本部的访问，1999年6月，笔者在龟冈市天恩乡大本教资料馆发现了6张照片，从中可知青帮访日团中有5人于7月11日晨访问了绫部的大本教亚洲本部，13日访问龟冈。6张照片中有1张是大本教教主出口すみ子和教祖出口王仁三郎与5位"满洲人"合影。从照片旁注文字看，5人同时拥有在理会（教）与青帮的二重身份。前引利部一郎《满州国家理教》书中附有青帮访日团一行的集体合影，两相比照，可知5人分别是祖宪庭、林庆臣、吕万滨、常玉清和赵庆禄。此外，笔者在日本外

---

① 「満洲国在家裡渡日代表郝相臣ノ動静」、関東庁警務局長、昭和八年七月二一日。
② 「満洲国宗教団体帰国ニ関スル件」、山口県知事岡田周造、昭和八年七月十七日。
③ 「満洲在家裡在理両団体代表往来ノ件」、京都府知事斎藤宗宜、昭和八年七月二四日。「満洲国家理教代表団ノ往来ニ関スル件」、大阪府知事県忍、昭和八年七月十八日。

务省外交资料馆还查阅到地方警察暗地跟踪青帮访日团如下记录：祖宪庭、王兆庶、常玉清、吕万滨、林庆臣、赵庆禄等6名及随员8名，一行共14人于13日至16日访问了大本教的本部龟冈和绫部。①

图8 青帮访日团合影

注：前排左一常玉清、左三吕万滨；中祖宪庭；右二林庆臣、右三赵庆禄。大本资料研钻室藏。

五、监视下的合作

力促青帮访日的宫地久卫将访日目的定位为：与研究该教的人会面，得到日本政府支持；学习日本精神；观摩日本文化。后两点姑且不论，第一点显然没有实现。"不良邦人"之一鹫崎后来的情况不明，吉村回到中国后，与新京（长春）青帮继续保持联系。② 平野武七是青帮会员，自开香堂，拜访日本宪兵队和领事馆，尝试将青帮纳入"满洲国"的政治统合中。③ 宫地

---

① 「満洲在家裡在理両団体代表往来ノ件」、京都府知事斎藤宗宜、昭和八年七月二四日。
② 「在家裡渡日代表帰来後ノ言動ニ関スル情報」、在奉天領事峰谷輝雄、昭和八年七月二六日。
③ 「家裡教会員平野武七ノ行動ニ関スル件」、在海拉爾領事米内山庸夫、昭和八年一〇月十四日。

则编辑介绍青帮访日小册子，向各方散发。至于青帮代表团访日后的情况，大体可知如下情形。

1934年1月20日，冯谏民等为了整合青帮与在理教，在奉天工业地区善理公所开设香堂。事前冯将题为《满州国家理教》小册子送往各官厅，余下九千部四处散发。据《满州国家理教》，青帮包括指导部在内共设八个机构，委员长为冯谏民，委员有郝相臣、周维新、王少源、吉村智正等。① 冯谏民青帮势力原本在奉天一带，以此为契机，在齐齐哈尔设立家裡同志会，在佳木斯设三义堂，在奉天设立家裡研究会，扩大了自身的青帮关系网。②

在哈尔滨，赵庆禄开设"大满洲国家裡同志会北满总会"，试图整合北满青帮组织。关于该会设立时间有两说：一说为1933年9月。根据大谷湖峰《宗教调查报告书》，该会有正式会员30名，信徒一万人。但是，该会因为没有得到"满洲国"合法团体的认定，没有令人瞩目的活动。③ 另一说为1934年3月18日。该日在哈尔滨道外北五道街商务会聚集500余名信众，成立"满洲国家裡同志会北满总会"筹备所，干事长为马宗达，干事为平野武七等8人，而实际担任会务的是以会长赵庆禄为中心的筹备委员会。④

1934年4月5日，青帮在新京东四条大街"集善堂"设置事务所，召开第一次筹备会议。筹备会委员长为吕万滨，委员有苑荣臣等34名，其中，"满洲国"官吏张宾（监察院）和钱启承（交通部）也列名其间。该会宗旨："信奉佛教，修养身心，展开慈善事业，进而基于王道主义而实现日满亲善，建设乐土。"筹备委员会以吕万滨为中心设立九个机构，准备与大连青帮干部常玉清联合。⑤ 新京青帮干部围绕成立委员会出现意见分歧："有的认为家理教应一如既往保持秘密结社样态，一种意见认为应持公开主义。"1934年

---

① 『满州及支那に於ける地下秘密团体に就いて』、第218—219页。
② 协和会中央本部调查部：《在家裡调查报告书》。
③ 大谷湖峰：《宗教调查报告书》，长春市政协文史委员会编：《长春文史资料》1998年第4期，第118—119页。
④ 『满州及支那に於ける地下秘密团体に就いて』、第221—222页。
⑤ 『满州及支那に於ける地下秘密团体に就いて』、第219—220页。

3月15日，青帮大佬彭综宗从天津赶来进行调解，未果。① 最后，名为"达磨清净佛教会"组织成立，但没有多少令人关注的活动。②

这一时期，各地青帮因争先迎合"满洲国"而暴露出其组织的弱点。新京吕万滨一派与奉天冯谏民一派发生激烈对立，各认为"我等系在家裡北京直系"，互不相让。③ 其后，吕在没有得到冯谏民同意的前提下将其名字列入"满州国大满州国在家裡同志会"，对此，冯谏民发表声明以示抗议。④

由于青帮存在上述问题，日本人团体的青帮工作没有达到预期目的。对此，末光指出：结果，因为意欲利用在家裡，出现如大本、协和会、正义团以及其他组织，设立会名为满州国清静兴民同志会、兴亚大同义会、大满州国家裡同志会，而彼此之间缺乏联系，缺乏明确理念，各行其是。⑤ 也即，各地日本人团体或个人各自为政，原本即缺少联系的各地青帮组织因意见对立而关系更加松散了。

另外，还发生了一起蹊跷的事件，即访日团成员郝相臣抛弃庞大的家产"逃亡"事件。关于该事件，日本驻营口和奉天领事分别留下了相关记述。郝相臣原为张学良直系，九一八事变后，出于"不遇之位置"，向实业部哀求，得以免于被没收"逆产"。其后，自称青帮第二十二代，借助与宫地之关系，逐渐活跃起来。1934年3月下旬，蒋介石蓝衣社通过住在上海法租界的王约瑟，5月下旬派若干干部到东北，试图借助冯谏民和郝相臣等收集情报，郝相臣等主要成员因此而被置于"满洲国"警察的监视之下。在这种情况下，郝相臣借口出席17日在北平召开的红卍字会会议，于8日抵达北平。两天后，郝家人（妻儿5人）也悄悄来到北平，"据说感到有卷入某事

---

① 『満州及支那に於ける地下秘密団体に就いて』、第219頁。
② 満州国国務院総務庁情報処『省政彙覧・吉林省篇（日文）』第一輯、昭和八年十一月、第218頁。
③ 『満州及支那に於ける地下秘密団体に就いて』、第219頁。
④ 末光高峯「在家裡の動きと東亜仏教会の全貌」、第17—18頁。
⑤ 末光高峯「在家裡の動きと東亜仏教会の全貌」、第17頁。

件之嫌疑而受到官宪监视之危险，以永住北平为目的而逃跑"①。

与营口领事的报告稍微不同，奉天领事报告认为郝相臣访日归来后，热心宣传该教，同年10月后，改变以往态度，专注于伸张自身势力，在发行《满洲在家裡》小册子时，要求以自己的名字发行，被宫地陆军大佐拒绝，进而向关东军中伤该大佐及冯谏民、吉村智正等②，因此，郝成为监视目标。冯谏民和吉村智正派遣随同访日的姜国本到营口，令其监视郝，随后又担心姜被收买，将姜叫回沈阳。

综合上述两说，可以进行以下推测：大约在3月，以青帮王约瑟访问东北为端，冯谏民和郝相臣被宪兵队所怀疑，冯谏民不知道通过怎样的秘密工作而解开了被怀疑的嫌疑，将宪兵队特务姜国本派到郝相臣处，姜国本没有从郝相臣处得到任何有用的情报。正如前述牛庄领事荒川充雄的信所说，自从郝宣称有青帮身份后，被营口地方有影响的人避而远之。这种情形在访日归来后仍然持续。为守住家产而与日本人为伍的郝相臣，最后为了身家安全而不得不放弃家产，郝及其家人是否真的从宪兵的监视下逃脱，不明。

1936年以降，"满洲国"打出抑止青帮的政策，青帮成员要想在"在家裡"名义下活动已然不能。在此情景下，来往于大连和长春的常玉清，于1937年12月回到上海，与日本大陆浪人组织黄道会，专门暗杀进行抗日的爱国人士。1938年，常玉清在南京成立安清同盟会。1946年5月，常玉清被国民政府以汉奸罪处以死刑。起诉书中，关于常在东北的经历只字未提。③

六、结语

以上，本文以鲜为人知的青帮代表团访日为切入口，通过对各种资料的

---

① 「満洲家裡第二十二代営口代表郝相臣逃亡説」、在営口領事太田知庸、昭和九年六月二八日。
② 「在家裡営口代表郝相臣逃亡説ニ関スル件」、在奉天総領事峰谷輝雄、昭和九年七月三日。
③ 上海市档案馆编：《日本帝国主义侵略上海罪行史料汇编》上编，上海：上海人民出版社，1997年，第330—331页。

爬梳，勾勒了日本殖民者与青帮关系的一个侧面。可以看到，青帮代表团访问日本这出闹剧的上演绝非偶然，而是导演和演员默契配合的结果。

这出闹剧的导演无疑是在东北的日本人团体和关东军。在军事占领东北后，关东军急欲为其扶植的伪满洲国寻找社会支持。于是，在一些日本人团体的鼓动下，青帮成为日方利用的资源。自清末以来，日本对青帮不乏深入了解，但是，这些看法根本没有反映在关东军指导部的政策里；相反，由于有末光高义这样的"秘密结社"专家的鼓吹，关东军误认为青帮是东北最大的佛教团体。为了将青帮改造成效忠帝国的团体，关东军出资让青帮组团访问日本，使之成为帝国政府的座上宾，从而闹出了一个政治笑话。

演员们的表演也可谓出色。针对导演的嗜好，一些青帮人物竞相投日方所好，谎称自己是宗教信徒，隐瞒青帮真相。其实，如果没有与在东北的日本人团体的一唱一和，在东北军阀政治下处于边缘地位的绝大多数青帮人物是无法接近政治权力核心的。且不说民间社会对青帮敬而远之者甚多，就是在伪满政府内部，大大小小效忠于日本帝国主义的中国人对青帮亦甚为反感。但是，这些仰人鼻息的中国人绝不会冒着得罪受到日方垂青的青帮的危险而道出事实真相，因此，青帮演员表演得固然精彩，但如果没有这些人的沉默，这台戏也是唱不起来的。

时下，关于战时日本帝国"学知"——学术知识受到研究者瞩目，从本章所考察的青帮代表团访日个案可见，关东军及其智囊对于东北青帮的认识与现实存在巨大的乖戾，他们认为青帮人数在一百万到二百万之间，通过整合青帮可以强化"满洲国"的统治基础。但是，青帮访日后日本外务省通过驻东北各地领事馆的调查认为青帮人数低于一百万，而且青帮各组织之间缺少关联。此外，与青帮代表团会面的人中，有代表日本最高学术水平的学者，他们是近代日本宗教学创始人姊崎正治、东洋史创始人之一白鸟库吉、佛教研究权威常盘大定、道教研究第一人小柳司气太等，这些拘泥于文本知识的学者在增上寺面对青帮的文书和仪式，居然没有人识破其真面目！

值得注目的是橘朴所起的作用。橘朴在其主编的《满洲评论》上刊载末光高义的文章，强调利用青帮进行社会整合的重要性。鉴于蒋介石在上海利用青帮的经验，橘朴认为在东北也可使青帮为"满洲国"服务。但是，包括冯谏民在内的访日代表团成员，没有一个人具有上海滩黄金荣、杜月笙的影响力。橘朴曾经尖锐地批判日本"支那学"严重脱离中国现实，但在投身关东军后，他失去了以往观察中国的内省精神。野村浩一在《近代日本的中国认识》一书中指出："战前日本的失败即中国认识的失败。"① 在此，似乎还可补充的是，野村所说的中国认识就是帝国"学知"，所谓日本的失败也可谓帝国"学知"的失败。

---

① 野村浩一『近代日本の中国認識 —— アジアへの航跡』、研文出版、1981年、第47頁。

第十章　没有暴动的事件
——抗日战争时期的先天道事件

一、事件与表述

在历经20世纪末的"语言学的转向"的震荡后,人们注意到,所谓"事实"是文本"事实",而以语言建构的文本"事实"总是同一定的认识与权力相互纠缠的,因此,以辨别真伪为旨归的历史学家需要小心避免朴素实证主义的天真,警觉摆在叙述者案头的史料——无论是第一手的表述,还是第二手的再表述,都存在因表述/再表述自身的缺陷而带来的暧昧和偏颇。本章拟以具体个案——抗日战争时期发生的先天道事件,探讨历史表述与再表述中"证据"与"可能性"的问题。

研究民间宗教结社的学人都知道,中国历史上存在若干以先天道命名的宗教结社,本章所说的先天道与这些宗教结社一无关系,是日本发动侵华战争期间出现的以宗教为招摇的政治性结社。[①] 1939年3月,以江洪涛为会长的先天道在北平挂牌亮相后,模仿红枪会等民间结社,"每五十人为堂主,五百人为坛主,五千人为盘主,五万人为麦场主,五十万(人)为秋场

---

① 《北京天津思想团体调查》(中),《调查月报》第2卷第5号,1941年5月,第339—348页。

主,以上各堂、坛、盘、秋场主,俗呼为当家师傅"①。将各级组织的职能一分为二,设立"文会"和"武会":"文会焚香念佛,宣传道义,以纠正人心、驱逐共产邪说、祈祷世界平和为宗旨。武会练习武术、办理联庄会,以打倒共产党、卫护人民治安为宗旨。"②先天道先后通过个人和组织关系,将散处华北、华中农村的红枪会、大刀会、黄沙会、天门会、黄旗会、白枪会、小刀会等纳入名下,使之成为先天道的分会。后者作为乡村民众的自在结社,乃是基于"防匪御兵"之目的、以特有的乡土宗教信仰为精神支柱而结成的,在日本侵华战争全面爆发后,这些民间武装结社受到日军和八路军的关注。本章所讨论的先天道本为华北和华中不计其数的民间枪会/刀会之一分子,在被先天道收编后,两地的红枪会/大刀会成为日伪统治秩序下的"合法"结社。

关涉先天道的事件有两起。

一起是 1943 年发生在河北永清县的事件,被日军称为"红枪会叛乱"。关于该事件,日本学者三谷孝在论文中称:

> 1943 年 3 月河北省永清县红枪会"叛乱"一例,便可说明本应是由于有日本军的努力已被[善导]利用的红枪会,实际上和中国共产党方面一直保持联络。1938 年在永清县从事红枪会工作的中共党员的回想,提供了了解这一"叛乱"实情的材料。③

三谷是日本研究红枪会问题的学者,他关于红枪会的研究不但在日本,在中国和欧美也被广泛征引,按照他的说法,红枪会对日伪统治明从暗背,

---

① 《先天道会山东省泰安县分会调查》,1942 年,中国第二历史档案馆藏华北政务委员会总署档(以下简称"总署档")。
② 《先天道会山东省泰安县分会调查》,1942 年,总署档。
③ 〔日〕三谷孝:《抗日战争中的红枪会》,南开大学历史系中国近代史教研室编:《中外学者论抗日根据地》,北京:档案出版社,1993 年,第 518 页。

"叛乱"的"幕后指使"是共产党八路军。

另一起事件发生在1945年抗战结束前夕的江苏无锡安镇地区,被远在延安的《解放日报》称为抗敌"大暴动"。在有关该事件的叙述里,事件的主体或曰"刀会",或曰"先天道",名异而实同。巧的是,无锡先天道和永清先天道均挂名在江洪涛先天道总会下。有关会道门的研究涉及了这一事件。①

可以看到,在不同时空下,涉及日伪傀儡组织先天道的两次事件均被表述为反日伪统治的政治事件。如果这种叙述是可信的,是否意味着先天道组织的上层和下层性质别异、非为一物呢?反之,如果这种表述是不可信的话,那么,何以会出现并被不断再表述呢?应该如何理解这里所涉及的历史书写中事件与表述、表述与再表述之间的关系问题呢?

二、被表述的事件:永清先天道事件

先看看在河北永清县发生的先天道事件。

在关于永清县先天道事件的表述中,有一则系当时驻扎在永清的日军步兵第二连队留下的记述。此外,据笔者所知,中国第二历史档案馆保存了伪行政机关的调查报告以及先天道方面的申辩。比较当事人关于事件的表述,可见对同一事件,不同立场的看法歧义甚大。

事件发生后,最早详细表述事件的是永清县知事郭长年致津海道道尹李少微的电文,其中写道:

> 本月(三月)五日,永清县第一区自卫团奉友军(日军)令,移防后奕镇。因先天道领事赵宗贤率众禁阻该镇办公人及民夫代为照料,

---

① 参见邵雍:《中国会道门》,上海:上海人民出版社,1997年,第376—380页。

第十章 没有暴动的事件——抗日战争时期的先天道事件

致生冲突,赵宗贤当场陨命。县署闻报,一面制止双方妄动,一面召集该分会副会长张桓之等协议解决。讵料该会阳奉阴违,复于尤日第四区该会会员竟聚众数百人围击驻东羊八庄县警备第二中队,经该队官兵射毙该会会员一名,余均逃窜。嗣复调集该会各村会员,分持刀矛,环城三五里,割断电线,设卡严禁行人。咸日四分所警察五名携大小枪四枝征起解县亩捐三百元赴县,行抵王佃庄,被该村会员扣押。同时,另有县警队兵一名亦被扣押等情。①

报告关于县武装的称呼不统一,有自卫团、警备队、警察等,笔者不清楚这些称呼是否所指一致,为行文方便,以下除引文外,统称为"自卫团"。

这段文字告诉人们,事件发生在永清县后奕镇日军和自卫团换防之后,因为先天道阻止第一区自卫团的接防,致使双方发生了冲突,自卫团开枪击毙了先天道领师赵宗贤。赵系永清先天道会长,赵的意外之死激起了先天道会员的愤怒,第四区东羊八庄先天道包围了驻扎当地的自卫团,冲突中又有一名会员毙命。至此,事态扩大,各村先天道会员手持刀矛,割断电线,封锁道路,将解押县亩捐警察多名扣押。

报告强调冲突责任在先天道一方。自卫团隶属县知事管辖,知事的报告有无袒护之嫌,姑且不论。对于报告称冲突发生在日伪军"换防"之后,则读者要追问日军驻扎在后奕镇时何以先天道与日军相安无事,而日军和自卫团换防不久冲突就发生了?原因真的如郭长年所说在先天道方面吗?作为当事人的先天道方面是如何讲述事件经过的呢?

事件发生后,先天道总会会长江洪涛非常惊恐,以"变出非常,不明真相",将分会长、支会长及各职员尽皆免职,停止永清县先天道会务,"等候处理"。确实,这起事件可谓"变出非常",永清先天道是傀儡组织先天道总会的一个分会,怎么会反对伪永清县自卫团呢?江洪涛根据永清先天道分

---

① 《永清县知事郭长年筱代电》,1943年3月,总署档(2018)113。

会的报告，拟就的一份致伪华北政务委员会内务总署的信明确表示冲突原因在自卫团，内称：

> 永清县警备团团长王禄祥于三月五日由县城移防后奕镇，原驻该镇之友军同时撤回城内。该镇先天道支会赵会长宗贤久居镇内，已（以）往对于驻在各部队颇能连络，向未发生事故。此次王团长移防，适逢交通公司派员爱路村民，经日人爱路警段后藤和卫、路线长园田光二、警务员中岛寅松、天津警务段长辻新吾诸君事前连络，赵宗贤招集会员数十名参加，观剧听讲之际，王禄祥团长竟将会员所带刀矛解除。赵支会长闻讯，前往请示。王部不分皂白，遽尔开枪射击，事出意外，竟将赵宗贤毙死，并死伤会员数名。复据续函报称，是日王团长在后奕镇枪杀支会会员八名，并将支会副会长杨兰廷家属老幼及刘姓老妇均行活埋。①

与郭长年的报告一样，江洪涛也指出事件发生在日军和县自卫团换防之后，这是二者唯一共同的地方。接下来，关于事件的起因和经过，江洪涛的表述与郭长年的表述大相径庭。按照先天道的说法，自卫团驻扎后奕镇后，突然要收缴先天道会员的大刀和长矛等武器，在遭到先天道拒绝后，双方发生了冲突，自卫团开枪打死了先天道会长赵宗贤。就此，如果说冲突"事出意外"的话，似无不可。可是，同日王禄祥还率队枪杀了其他八名先天道会员，残忍地"将支会副会长杨兰廷家属老幼及刘姓老妇均行活埋"。如果自卫团对当事人或先天道没有深仇大恨，很难想象会如此痛下毒手！可以肯定双方的冲突绝非偶发事件，一定另有隐情。永清县上级机关关于事件的调查报告透露了蛛丝马迹。

伪华北政务委员会接到永清县和先天道双方的报告后，命伪河北省公署

---

① 《先天道总会会长江洪涛致内务总署》（1943年3月），总署档（2018）113。

第十章 没有暴动的事件——抗日战争时期的先天道事件

予以调查。伪河北省公署派遣民政厅视察王德辉、警务厅绥靖科长宋甲三和津海道道尹李少微等共同调查事件。三人报告系依据津海道警务科长姜志诚及特务股主任温首春的调查而撰写的，里面有一些当事人表述中所没有的内容。在这份调查中，录有 4 月 10 日"出城讨伐"回城的日军大队长日野原的谈话，据说日野对事件的看法如下：

> 自上（三）月十八日先天道会与县警备队发生冲突后，于三月二十三日已将该会首领张桓之在城北北伸和村捕获，并捕获该会小头目十七名，现已在部队内管押。嗣经携同该犯屡次分赴各村宣抚，刻下该会各会员大部份均已悔悟，并已将伊等持用矛枪等器械先后交出三千余枝，现时大致就算告一段落。不过尚有一小部份在城西南小强庄盘踞，约有六十余名，首领冯金荣。近日冯金荣已亲来部队联络，商讨解散之办法，如此当无其他问题。关于该先天道会日前之蠢动，系受不良分子蛊惑或受匪共之煽动所致，实属不无遗憾，姑念出于一般愚民，既能觉悟，亦可不咎既往。①

从日野的谈话看，在 3 月 5 日冲突事件过后，确实有一段较为平静的时期，这印证了郭长年与先天道进行协商之说。但是，短暂的平静过后是更大的冲突，从后文可知，在 3 月 18 日先天道会与县自卫团的冲突中，有一名日本人毙命。这惊动了日军。23 日，日军大举出城，逮捕了先天道副会长张桓之及其他小头目十七名，迫使这些先天道的头目"屡次分赴各村宣抚"。结果，先天道会员"大部均已悔悟"，先后交出三千余支矛枪器械。唯一稍费周折的是活动在永清城西南小强庄一带的先天道，首领冯金荣对自卫团仍持敌视态度。这些人何以拒不"悔悟"呢？前述王德辉等三人联合报告在转

---

① 《河北省公署民政厅视察王德辉、警务厅绥靖科长宋甲三、津海道道尹李少微的联合调查报告》(1943 年 3 月)，总署档 (2018) 113。

引日野谈话后，有一段关于冯金荣部与自卫团冲突的文字，内容如下：

> 红枪会于四月一日又与第一区自卫团（即王部队）官兵发生冲突之原因，系因该团驻李家口村小队长陈铭奉友军命令率兵士十一名赴各村雇夫挖遮断壕，行至西义和村村边，忽发现红枪会员，约有百名，将该队包围，逼令缴械，后将该小队长陈铭矛刺陨命，并伤亡士兵三名，其余徒手逃回。并掠去大枪十一枝，手枪一枝。该案发生后，业经友军竹谷队长亲往肇事地点查看，愿负责交涉，刻下虽无明白发表，据由侧面调查，关于此案，业由该会首领冯金荣交涉，将掠去之枪已缴还九枝，其余仍在究办中，观其情形，不致再有其他枝节发生，处理该会，友军并愿负万全责任。查该县先天道会虽然万全解散，该部会员内曾混有一般少数不良份子，与当地土匪方面时有勾结。①

原来，4月1日第一区王禄祥自卫团的一支小队在李家口村又与先天道发生了冲突，当该小队在各村雇人"挖遮断壕"（系日军为了将占领区和八路军抗日游击区隔离开来修挖的宽4米、深2米的壕沟）时，遭到了一支先天道武装包围。在这次事件中，自卫团终于尝到苦头：枪被缴、人受伤无算，小队长陈铭还被先天道会员活活刺死。直到日军竹谷队长率队介入，冯金荣始答应解散组织，缴还枪支。先天道事件就此告一段落。

综合上述三方意见，按时间序列，事件经过可以整理如下：3月5日先天道（红枪会）与县自卫团冲突；3月18日事件扩大；3月23日日军逮捕先天道主要成员，事态趋于平静；4月1日争端又起，最后在日军的"交涉"下，终于"不致再有其他枝节发生"。这是关于事件的大致轮廓。

笔者在前文已经说过，从自卫团对先天道会员及其家属老少的残杀可以

---

① 《河北省公署民政厅视察王德辉、警务厅绥靖科长宋甲三、津海道道尹李少微的联合调查报告》。

第十章 没有暴动的事件——抗日战争时期的先天道事件 247

排除事出于"偶发"的推测。现在，王德辉等报告对冲突激烈程度和持久性的描述证实了这一看法的可靠。那么，如果先天道事件不是偶发事件，又是怎样的事件呢？无论是郭长年的报告，还是日野谈话和王德辉等三人报告，都异口同声地将事件责任归于先天道，而永清先天道的代言人总会会长江洪涛表现得惊恐而茫然："不明真相"。是不是先天道这个傀儡组织的基层出现了什么问题？前引日野谈话里有："该先天道会日前之蠢动，系受不良分子蛊惑或受匪共之主（煽）动所致。"① 王德辉等也认为："该部会员内曾混有一般少数不良分子，与当地土匪方面时有勾结。"②

"不良分子"是指先天道内部存在敌视日伪统治的人，"匪共"是指活动在永定河一带的八路军游击队，而"土匪"则是打家劫舍之辈。三者中可能性最小的是"土匪"，因为手持大刀长矛的先天道/红枪会要抵御的首先是土匪，怎么会和土匪勾结呢？从永清的地方政治情况看，"不良分子"说和"匪共"说都有很大的可能性，因为傀儡组织先天道即使能收编永清的红枪会，将其改编为先天道，未必能使整个红枪会完全和总会步调一致。但是，江洪涛说永清分会"以往对于驻在各部队颇能连络，向未发生事故"。这说明即使先天道内有"不良分子"，永清先天道和日伪统治不存在不可调和的矛盾。这样，留下来的可能性只有"匪共之煽动"一条了。

前述三谷持这一看法。他从日方资料中看到如下文字："南部的红枪会表示归顺，而北部的红枪会疑心暗鬼，不愿立即归顺，相反，自行武装并在各地集结，而且很明显在向永定河附近的共产军东进纵队求援。"③ 三谷认为："1938年在永清县从事红枪会工作的中共党员的回想，提供了了解这一'叛乱'实情的材料。"日方所说是否属实暂且不谈，上引日文史料只能证明事件发生后的结果，而不能援以解释事件产生的原因。而对于三谷"1938年在永清县从事红枪会工作的中共党员的回想，提供了了解这一'叛乱'实情

---

① 《河北省公署民政厅视察王德辉、警务厅绥靖科长宋甲三、津海道道尹李少微的联合调查报告》。
② 《河北省公署民政厅视察王德辉、警务厅绥靖科长宋甲三、津海道道尹李少微的联合调查报告》。
③ 防衛庁防衛研修所戦史研究室編『北支の治安戦』（2）、朝雲新聞社、1971年、第235頁。

的材料"的断语,笔者的看法恰恰相反,即中共党员的回想非但没有证明先天道"叛乱"受八路军指使,反而否定了二者之间存在任何联系。

1937年7月,抗日战争全面爆发后,八路军在永清县改编了不少红枪会进行游击战,当时的八路军干部董振明在《改造红枪会》回忆文中写到,在改编红枪会时,"最大的阻力来自赵总领师和小队长冯金荣一伙人"①。赵总领师系红枪会的武术教师,号称"铁巴掌","在群众中有一定影响",但他"是个瞎咋呼的角色,没有头脑。真正暗中挑唆滋事的是小队长冯金荣几个人。他们拉拢一些落后分子,总是和我们唱对台戏"②。1938年7月,八路军在永清县决定改编红枪会武装,董振明写道:"部队改编时,我们坚持了自愿去留的原则,副大队长彭云武和赵总领师经上级批准,解甲归田。冯金荣在改编时曾想把他的小队拉走,由于有了党的组织,阴谋未能得逞,后来开小差当了可耻的逃兵。"③

从前文被自卫团枪杀的赵宗贤"久居后奕镇"看,赵总领师和赵宗贤似为一人。而且,在赵被王禄祥自卫团枪杀后,对自卫团抵抗最激烈、时间最持久的不是别人,恰恰是与赵总领师相交甚深的冯金荣。人们很难想象"可耻的逃兵",会跟随八路军进行反日伪统治的战斗。事实上,让人吃惊不已的是,与八路军暗通的不是先天道,而是冲突的另一方王禄祥的自卫团。

和冯金荣一样,王禄祥的名字也出现在当年八路军干部的回忆文章中。20世纪40年代,在河北省中部进行抗日游击战的旷伏兆在回忆文章中提及王禄祥的自卫团。原来,王出身土匪,大概在1941年以前为日军收编,王部土匪武装摇身一变为永清县自卫团。王等投靠日军,用旷伏兆的话说,"没有什么政治头脑和政治背景,只图吃喝玩乐,追求高官厚禄,在敌我斗争中,

---

① 董振明:《改造红枪会》,星火燎原编辑部编:《星火燎原》第6册,北京:解放军出版社,1987年,第76页。
② 董振明:《改造红枪会》,星火燎原编辑部编:《星火燎原》第6册,北京:解放军出版社,1987年,第76—77页。
③ 董振明:《改造红枪会》,星火燎原编辑部编:《星火燎原》第6册,北京:解放军出版社,1987年,第79—80页。

第十章　没有暴动的事件——抗日战争时期的先天道事件　249

往往脚踩两只船,看风使舵。哪边风硬随哪边,只要能保住金钱、地盘和权势,有奶就是娘"。旷接着说:"他们投敌后也会为害一方。但一旦我主力部队打回来……敌人的压力减轻,加上我们的正确政策和争取工作,他们很易动摇,并愿和我方拉关系,暗中助我,共同对付日军。"① 王禄祥也是如此。如果前文先天道总会长江洪涛所言属实,王禄祥部将先天道"支会副会长杨兰廷家属老幼及刘姓老妇均行活埋",可谓匪性丝毫未改。同时,王部大概担心遭到八路军的打击,主动和八路军套近乎,以致旷伏兆特别强调争取王禄祥等伪军工作是"做得最早最有成效的"②。

"最有成效"一语说明王禄祥部和八路军关系非同一般。"最早"是何时?这涉及如何理解事件起因之问题,不可不查。详读旷伏兆文章可知,八路军是1942年夏开始在河北省中部设立"敌工组"、开展傀儡军工作的③,因此,王部与八路军搭上关系大概是在此后不久,从后文可知,也是在此前后(即秋季)。一如以往土匪和红枪会的对立一样,由土匪部队改编为警备团的王部和由红枪会改编的永清先天道之间产生了深刻的对立。可以推测,这种对立最后发展为次年的冲突可能与共产党八路军不无关系,因为既然对王部工作是八路军"最有成效"的伪军工作之一,而赵宗贤、冯金荣等领导下红枪会隶属于傀儡政治结社先天道,从逻辑上讲这种可能性是存在的。限于资料,对于这种可能性尚无法加以证实。在目前的情况下,笔者宁愿从日常关系的角度来理解二者对立和冲突的由来。日军方面的调查报告称:

　　昭和十七年(1942)秋以来,属于河北先天道会的永清县红枪会与支那方面的县所属武装团体之间产生龃龉。该会拥有数万县民,在标榜信

---

① 旷伏兆:《严冬过后是春天》,星火燎原编辑部编:《星火燎原》第6册,北京:解放军出版社,1987年,第160页。
② 旷伏兆:《严冬过后是春天》,星火燎原编辑部编:《星火燎原》第6册,北京:解放军出版社,1987年,第160、163页。
③ 旷伏兆:《严冬过后是春天》,星火燎原编辑部编:《星火燎原》第6册,北京:解放军出版社,1987年,第159页。

仰团体的同时，对于我军还算服从。鉴于此，驻军不断加以引导，并且调解其与县政权的关系。昭和十八年（1943）一月，二者之间的纷争一度得到解决，但是，进入三月后，再次发生冲突，进而抵抗负有维持治安之责的我永清警备队，以致造成三月十八日国分见习士官以下的死伤。①

日军方面的记载说明先天道与县自卫团之间的冲突不是偶然的，是长久以来矛盾积聚的结果。在日军驻扎后奕镇期间，一直试图调解先天道与自卫团之间的关系，并且在1943年1月促使二者和解。这样，日军得以和自卫团换防，撤回永清城。但是，3月5日的冲突证明二者之间的芥蒂并没有释解，在互相猜忌和摩擦下终于导致了暴力冲突。

一般而言，致使先天道不满的原因主要来自县政权的各种摊派。从上述郭长年提到的征收"县亩捐"和王德辉等调查报告所言"雇人挖壕沟"看，这种可能性确实存在。而从日军"对于我军还算服从"的看法可以推知，先天道虽然"服从"日军统治，但保持了自己原有的自卫武装，有一定的自主权。因此，先天道对由土匪改编的傀儡军自卫团心存戒备，当自卫团开始没收其武器时，有可能表现出激烈的反应。

至此，可以确定在先天道与自卫团冲突事件上，先天道没有受共产党八路军的"煽动"。相反，暗通八路军的是伪军王禄祥的自卫团，冲突事件不是反抗日伪统治的"暴动"。先天道事件被日伪描述为"叛乱"事件，如果不是出于日军的无知，那么就是伪永清县散布的谎言。

三、被再表述的事件：无锡先天道事件

下面再看在江苏发生的另一起先天道事件。

---

① 防衛庁防衛研修所戦史研究室編『北支の治安戦』(2)、第235頁。

第十章　没有暴动的事件——抗日战争时期的先天道事件　251

　　1945年2月，在无锡、常熟交界的无锡安镇地区发生了一起先天道与伪军的冲突事件。和永清县先天道事件不同，笔者目前还没有掌握事件发生不久当事人的表述。关于事件的大致情形，主要得之于当时日伪和共产党方面的报章评论，以及20世纪50年代以后杂糅了各种与事件有直接、间接关系的人的回忆而形成的表述，因此，关于事件的表述都是再表述，即通常所说的第二手史料。① 通过这些再表述，我们对事件能知道多少呢？
　　关于日伪政权对事件的看法，可以从《申报》和共产党的《苏中报》、《解放日报》相关报道推知一二。5月19日，先天道事件平息，当天伪江苏省政府下令解散先天道组织。《申报》的报道说：

　　　　苏省府前以先天道，利用邪教，妖言惑众，早经勒令解散，通饬地方遵办。乃最近该先天道邪教徒之行动，又复变本加厉，兹为维护地方治安计，特制定取缔先天道实施方案，分饬各县遵办。其要旨在剿抚兼用之原则下，一面严处先天道之指导者，一面则劝告受愚民众，促其醒悟，知所警戒。同时并授权各县政府，调派所属警保部队，会同地方驻军切实征剿，一方面断绝蔓延区域，一方面严禁城市村镇各铁铺为邪教徒制造刀剑，复制定奖惩办法，俾使民众有以改过自新之途。②

　　命令称日伪政权很早认定先天道为"邪教"并勒令其解散，从后文可知，这与事实有出入。暂且不论。这段表述告诉人们，面对先天道徒的"变本加厉"——手持"刀剑"的抗争，日伪政权采取了剿抚兼施的方法。但是，"妖言惑众"的先天道的真实目的何在？语焉不详。共产党《解放日报》引用的日伪方面的两条报道对此有所触及。

---

　　① 诸大觉、王鹰：《抗日战争时期的无锡先天道大暴动》，中国人民政治协商会议江苏省无锡市委员会文史资料研究委员会编：《无锡文史资料》第13期，第14—17页，收入江苏省政协文史资料委员会编：《江苏文史资料集粹》（社会卷），江苏文史资料编辑部，1995年。
　　② 《先天道邪教猖獗：苏省府剿抚兼施》，《申报》1945年5月20日，第1版。

一条刊载于伪《中央日报》题为《彻底扑灭愚民邪教》的社论，内称："如今无锡、江阴、常熟之先天道，抗官税而扰乱治安，实属严重。""邪道邪教，不能视为乐观问题。""其邪教有政治作用，非单纯的道会，亦非下令拿办所能肃清。"① 原来，"邪教"事件是一场"抗官税"事件，先天道不是单纯的"道会"，具有"扰乱治安"的"政治作用"。另一则摘自4月15日、22日《文编周报》的文字称：

> 暴动团体名叫天仙会，已经发展至三万余人，其中包括青年农民、知识分子、妇女等。烽烟四起，触目惊人，抗税抗捐，难以收拾。该刊接着说：他们以暴动迎接新四军，因为他们知道中共军不仅不（收）捐税，不扰民，而且吃用老百姓的照样给钱。②

这条记述中"抗税抗捐"和前文"抗官税"同，原来，抗拒摊派乃是"妖言惑众"的先天道抗争目的之所在。此外，值得注意的还有两点：第一，称暴动的组织者为"天仙会"，参加人数达三万余人，"烽烟四起"。"天仙会"如何组织如此大规模的暴动，并没有说明。第二，"以暴动迎接新四军"一段文字如果是《文编周报》的原文，则需考虑是在怎样的语境下叙述的，因为新四军在实际支配的地区是征收赋税的。考虑到《解放日报》是作为舆论宣传的工具，这段言辞可以理解为共产党对事态发展的某种期待。

那么，共产党方面是如何看待事件的呢？最直接的报道来自新四军发行的《苏中报》。5月20日《苏中报》如是概述了事件的轮廓：

> 元宵节，暴动的火焰在无锡、常熟交界的安镇附近爆发了。他们通过迷信的刀会（本来是反动派利用农民落后性，愚弄人民的政治阴

---

① 《利用会门团结力量，江南农民纷起抗敌》，《解放日报》1945年6月19日，第1版。
② 《常熟、无锡、江阴一带，三万农民抗敌起义》，《解放日报》1945年5月13日，第1版。

谋,现在成了他们的绊脚石)形式而出现,那里的人民受忠救(即忠义救国军)包汉生部与章晓光、王品珊部的蹂躏很深。因此首先对王品珊进行反击。王挨打后,便勾结敌伪企图镇压,又引起人民对敌伪的反抗。一举将安镇13个鬼子和最凶恶的十几个特工全部劈死,大部武装被缴械。这样便轰动了整个澄锡虞地区,各地人民,男的女的老的少的,都纷纷卷入这一运动,不断对忠救、伪警、土匪斗争。……参加的人民估计共有5万以上,现在还在蔓延开去。这个运动轰动了京沪线,引起了敌伪和忠救的恐惧,现在正在阴谋企图威胁利诱,以特工打入内部,来镇压、分化、瓦解他们。①

文章使用了"暴动"一词,这是共产党方面对事件性质的看法。从上述文字可知,事件起因于"刀会"与国民党系的"忠义救国军"的矛盾,系从无锡一个名为安镇的小地方开始,逐渐向无锡、常熟等地蔓延。为了反抗忠义救国军的"蹂躏",乡民们在刀会的组织下赶走了忠义救国军,而忠义救国军在投靠敌伪后,企图对道会进行"镇压",结果,刀会与忠义救国军的矛盾转化为刀会与敌伪的矛盾,刀会"一举将安镇十三个鬼子和最凶恶的十几个特工全部劈死,大部武装被缴械"。事件扩大为"对忠救、伪警、土匪斗争"。

对于这一长段文字,需要注意的有两点:(1)事件的发动者是"刀会",文章没有出现"先天道"字样,这和上文摘引的日伪报道略有不同;(2)反抗目标首先是"忠义救国军",其后扩大到"敌伪"统治,而"忠义救国军"并不见于日伪方面的报道。

关于谁是事件的发动者之第一个问题,共产党方面的表述不尽相同。《苏中报》使用"刀会"一词。《解放日报》出现了不同称呼:"现南京地区

---

① 参见《江南敌顽统治区五万人民的大暴动》(1945年5月20日),中共江苏省委党史工作委员会、江苏省档案馆编:《苏南抗日根据地》,北京:中共党史资料出版社,1987年,第383页。

农民，亦利用帮会组织、一心会等"；"无锡还有先天道、金光会等组织"①。"江南农民起义，声势日益浩大。五月七日，无锡农民组织的大刀会，发起对敌伪抗捐抗税运动，杀死无锡城南伪海关征税所人员七名"②，等等。这些不同称呼的出现，说明一如永清先天道被称为"红枪会"，大刀会、刀会也许仅仅是一种对民间武装结社的泛称——往往是"他称"，在这一名称下，存在各种不同的如先天道、金光会等"自称"，这些道会组织之间存在一定差异，并非"刀会"一言可以蔽之。这样，无锡先天道事件到底在多大程度上和傀儡组织"先天道"有关，是在叙述该事件时需要考虑的一个问题。

前文说过，先天道是一个以江洪涛为首的成立于北京的政治结社，为了扩大组织，它模仿华北红枪会一类的民间武装结社，成立"文会"和"武会"，将红枪会一类的结社纳入自己的名下，使之成为先天道分会。先天道进入江南地区很晚。中华人民共和国成立后，在镇压反动会道门的政治运动中，先天道作为反动会道门被镇压，案犯们的供词道出了先天道进入无锡前后的情况。根据陆仲伟的研究③，大致情形如下：

将先天道引入无锡的是一个叫倪子才的人。倪子才，安镇人，早年参加当地民间宗教结社同善社。1943 年，倪遭到了大概是匪化的忠义救国军"游匪部队周某"的绑架勒索后，愤懑不平，幻想得到神佛的助力。听说先天道咒语能"佛力保家，刀枪不入"，要求改信先天道的同善社信徒徐粹初介绍自己加入。在徐的引领下，倪北上拜访了先天道在济南的联络员张智先，经张介绍，复北上在北京得见先天道总会长江洪涛。倪等向江要求传授道法，得到江的同意。江派弟子边宝仓、联络员梁钟卿等随倪来到无锡。1944 年 7 月，在边宝仓的策划下，先天道在无锡成立了"华中总分会"，又名"佛力保家会"，会长为宜兴同善社首士夏维宗，副首士徐粹初为副会长，

---

① 《利用会门团结力量，江南农民纷起抗敌》，《解放日报》1945 年 6 月 19 日，第 1 版。
② 《利用会门团结力量，江南农民纷起抗敌》，《解放日报》1945 年 6 月 19 日，第 1 版。
③ 陆仲伟：《中国秘密社会·民国会道门》卷 5，福州：福建人民出版社，2002 年，第 343—344 页。

边宝仓为"点导师"。边在无锡惠山公园,根据八卦"乾坤震巽坎离艮兑"传授了倪子才和范禄宝、朱升明等八大弟子。后来又"将八卦一化为二",培植了十六小弟子,并传授五大女弟子,先天道利用这些男女传道师以无锡为中心,在宜兴、常州、江阴、常熟、苏州等地设立分支机构,在乡村设坛堂。在很短的时间里,据说就有近十万人参加。在暴动发生的常熟、锡武、锡澄接壤处,就有三万余人参加。

先天道在半年多时间能够获得如此大的发展吗?令人怀疑。假设真的有如此大的发展,可以推测和在华北乡村的做法一样,先天道只是把既有的宗教结社(如同善社)和"防匪御兵"的乡村武装结社刀会纳入"先天道"这一在日伪统治下具有"合法"身份的名目下。先天道的头目多为原同善社会员,这说明先天道吸收了大量本地原有同善社信徒,甚至可以说同善社可能集体改信了先天道。而在乡村,原来的刀会在换上了"先天道"的招牌后,并非完全听命于先天道分会的指示。安镇事件发生后的情形证明了这一点。

安镇事件发生后,先天道在江洪涛"与友军和政府合作"指示下,4月6日,无锡分会会长倪子才前往安镇伪区署,接受日军警备队铃江、日宪兵队宣抚班长龟山和伪无锡县长张修明的招降,起草了六条《誓约书》,"解散佛力保家会,会员收编为自卫团",并将先天道分会总部迁到事件发生的张泾桥日警备队驻地,"以配合友军和政府",遏止"渝伪匪共"(即重庆国民党的忠义救国军和共产党新四军)等。4月20日《誓约书》被刊载在报纸上,并散发于四乡。但是,对于无锡分会的决定,城区双河上、锡北长安、张村和锡西井亭等三大派拒不接受。最后,日伪将先天道徐粹初、倪子才一干人等逮捕。5月9日发布命令,限令20日之前交出武器,否则对先天道"格杀勿论"。

上述过程说明傀儡组织先天道的力量十分有限,其对下属道会亦缺乏有效的约束力,把手持刀剑的民众抗争一概说成是先天道所为存在很大问题。同样,从各地抗争的表象看,反抗对象并不一样,这涉及如何理解《苏中报》论及的第二个问题——先天道为何既反对"忠义救国军",又反对"敌伪"统治之问题。

《苏中报》在回顾该地区人民生活时也写道："苏锡澄虞一带人民，在敌伪、忠救等层层压迫下，透不过气来，过去曾不断消极反抗，如自发的几百人、几千人的非法暴动和合法请愿，但都被镇压下去了。"① 确实，长期以来，无锡、江阴、常熟等地为"敌伪"和"忠救"所困扰。1941年，日伪政权开始"清乡"运动。1942年2月，第三期"清乡"在澄（江阴）锡（无锡）武（武进）三县和昆山至无锡的铁路线南侧展开。② 因为无锡"地处沪宁铁路要冲，邻近新四军的茅山根据地"，所以一直到1943年清乡仍在进行。③ 为了维持日军、保安队、警察和日常办公开支，日伪政权向民间派征田赋、捐税，其中"军米"一项开支"对人民威胁很严重"。而事件前传来的"抽壮丁"，"补充伪军"，"这件事也引起人民极度惊慌"。④ 其时，无锡、江阴和常熟等地民众生活极其困窘。1944年正逢大荒年，4月14日—15日，邻近常熟县大河、王庄等地的农民组织大刀会，集众千余人，用大刀长矛等攻打驻扎大义桥的保安队，遭到镇压，死近百人。事后伪县政府发布布告，威逼会员登记悔过，凡是登记者，交米三石。⑤ 而日伪统治下的乡级政权更为腐败，乡民等呼吁无门，即呈述于县政府，县长亦畏之如虎，从未闻有查办者。⑥

在日伪"清乡"下，民众本已苦不堪言，此外，还要遭受由国民党部队溃兵形成的亦匪亦兵的忠义救国军的无休止的侵扰。该地忠救有四个系统：包汉生、包福颜一股为国特嫡系；包系主力、投入日伪的章晓光系统；孙纪

---

① 《江南敌顽统治区五万人民的大暴动》，中共江苏省委党史工作委员会、江苏省档案馆编：《苏南抗日根据地》，北京：中共党史资料出版社，1981年，第382页。
② 江苏省常熟市地方志编纂委员会编：《常熟市志》，上海：上海人民出版社，1990年，第26页。
③ 汪曼云：《千里哀鸿说清乡》，转引自中共江苏省委党史工作委员会、江苏省档案馆：《苏南抗日根据地》，北京：中共党史资料出版社，1987年，第430页。
④ 《江南敌顽统治区五万人民的大暴动》，中共江苏省委党史工作委员会、江苏省档案馆编：《苏南抗日根据地》，北京：中共党史资料出版社，1981年，第380—381页。
⑤ 江苏省常熟市地方志编纂委员会编：《常熟市志》，第26页。
⑥ 余子道等编：《汪精卫国民政府"清乡"运动》，上海：上海人民出版社，1985年，第358页。

福系统；胡肇汉系统。"各个系统中又有各小股，小股之间也有矛盾。主要是经济上的矛盾，收税绑票的冲突，分赃不均。"① 四个系统的忠救部队在各自划定的地盘上征粮抽税，经常绑票敲诈。② 前述倪子才原为同善社信徒，之所以投入先天道，盖由于遭受绑票之灾，试图借助先天道之佛力来保家护身。因此，在该地区进行游击战的新四军说先天道攻击的目标首先是忠救可谓事出有因。

综合上述有关先天道事件再表述的内容，事件的轮廓可以描述如下：（1）安镇先天道与日伪发生冲突；（2）冲突事件前后，民众对侵扰地方的忠救和日伪统治不满，发生了以无锡、常熟为中心的抗争风潮；（3）因为安镇事件的主角是先天道，先天道成为抗争的象征符号。而实际上，先天道作为日伪统治下的傀儡组织，不可能发动针对日伪统治的抗争，其基层组织与日伪军发生冲突是由于地方性因素造成的，与政治因素无关。

1953年2月，先天道被作为反动会道门镇压。③ 对于其历史上的事件，有关叙述发生了变化：作为抗争主体的先天道被一分为二，上层被视为反动的傀儡组织，下层被视为具有反抗日伪民族精神的组织。与此相对，"忠救"从事件叙述中脱落了，抗争的目标单一化为反对日伪统治。而且，共产党出现在事件的后期，有记载称中共"苏中六地委"在安镇暴动发生后提出"保村庄、保太平、打鬼子、反土匪"的口号，深得先天道"中下层群众"拥护④，从此，先天道事件被纳入地方革命史叙述之中。在这种政治化叙述下，有关事件表述的再生产丰富了人们关于事件起因的知识：

1945年正月（1月12日）新年刚过，手持大刀的先天道信徒赶走了无锡

---

① 《江南敌顽统治区五万人民的大暴动》，中共江苏省委党史工作委员会、江苏省档案馆编：《苏南抗日根据地》，北京：中共党史资料出版社，1981年，第381页。
② 《江南敌顽统治区五万人民的大暴动》，中共江苏省委党史工作委员会、江苏省档案馆编：《苏南抗日根据地》，北京：中共党史资料出版社，1981年，第382页。
③ 无锡市地方志编纂委员会编：《无锡市志》第3册，南京：江苏人民出版社，1995年，第2378页。
④ 包后昌、张单如：《1945年春的苏南"先天道"暴动》，《江苏革命史料选辑》第6辑，1983年。

三里许的傀儡政权乡长乔厚坤。一个月后（2月25日），先天道道徒三千人攻打安镇，其首领，被称为"八大先生"之一的朱胜（又作"升"）明死于枪弹之下。为给朱报仇，29日，先天道聚集上万人包围安镇，击毙三名日军士兵、两名伪军士兵，活捉了伪军队长。4月3日，在坊前镇冷巷，来了十几个名为"护路军"的日伪军向民众索要食物。当地居民立刻鸣锣集合，召集附近村落里的许多民众，将日伪军团团包围，砍死其中七人，赶走日伪军。而1月12日的冲突竟源于三里许伪乡长、地主乔厚坤与先天道先生范绿（又作禄）宝、朱胜明之间个人化的矛盾。这是先天道事件的源头。①

四、结语

以上，本章通过对抗日战争时期发生在日伪统治区的先天道事件的考察，检讨了事件表述和再表述中存在的问题。在讨论永清先天道事件时，由于学者囿于先天道（＝红枪会）为"防匪御兵"农民排外组织之成见，将事件视为一场"排他性"的抗争，并且按照这一先验的前提有选择地截取了史料。如此进行的解释也许具有很大的适用范围，但至少在本章所讨论的事件上是缺乏说服力的。

同样的问题也存在于对无锡先天道事件的表述上。关于无锡先天道事件，虽然目前缺乏第一手的表述史料，仅能利用第二手的再表述史料，但这不妨碍进行文本比较研究。比较不同文本可以看到，在事件发生后不久，日伪即认定抗争事件是一起由"邪教"挑起的抗捐抗税运动；相比之下，新四军虽然在表述事件时掺杂了对先天道的主观期待，将其视为"暴动"和"农民起义"，但由于身临其境，其表述的事件要比后来的表述复杂

---

① 诸大觉、王鹰：《抗日战争时期的无锡先天道大暴动》，《无锡文史资料》第13辑，该文收入江苏省政协文史资料委员会编：《江苏文史资料集粹》（社会卷），江苏文史资料编辑部，1995年。

得多。20世纪50年代以后，当这次事件被纳入抗战史叙述中后，事件轮廓被精简得清晰明了，忠义救国军的存在无关重要，甚而从几乎所有的文本中消失了。

与有关抗日战争历史的大叙述相比，本章所讨论的问题微不足道。不过，从中可以引申出如何表述历史的大问题。在历史表述问题上，直至20世纪80年代，实证主义史学依然占有绝对的话语霸权，它的朴素的信奉者坚信通过对文本的比较和解释，最终一定可以揭示"事实"真相。而实际上，很多情况并非如此，借用性别学学者斯科特（J. Scott）的话来说："新的历史事实也许可以实证过去妇女的存在，但未必能改变女性活动的重要性（或阙如）。"[①] 何以见之呢？因为文本事实不等于历史事实，朴素的实证主义史学将文本事实与在特定时空里发生的历史事实同一化，认为文本可以复制历史事实，只要对文本去伪存真即可再现历史。本章的讨论说明无论是对事件的当时表述，还是稍后进行的再表述，都存在各种各样的缺陷。面对过去之不在场，叙述者所进行的真伪判断其实是对语言建构的事实所进行的判断，与过去发生的历史性事实并非一拍即合之关系。因此，本章所能做到的仅仅是指出不同文本的表述差异以及存在的判断错误，摸索证据与可能性之间的关系。

在文本事实与历史事实问题上，"语言学的转向"在击中了朴素实证主义史学的无知的同时，给历史学带来了可怕的颠覆性后果。欧洲中世纪史学者斯皮格尔（G. M. Spiegel）将这种颠覆作用形容为"解构历史，即离开'现实'转向语言，唯有语言是构成人意识的主体，唯有语言方能产生社会意义"[②]。这一颠覆意义当被历史修正主义者偷梁换柱、援以为意识形态的工具后，具有讽刺意味的是，好谈"事实"者，不是朴素的实证主义者，就是修正主义者。因此，面对过去不在和过去实在性之间的断裂，历史学家与事

[①] Joan W. Scott, *Gender and the Politics of History*, New York: Columbia University Press, 1988, p. 3.

[②] G. M. Spiegel, "History, Historicism, and the Social Logic of the Text in the Middle Ages," *Speculum: A Journal of Medieval Studies*, Vol. 65, No. 1.

实之间的相互作用、现在和过去之间的对话从此不单单是"认识论"上的问题，亦是如何摆脱权力掣肘的政治正确问题。历史学家唯有直面认识和权力在历史表述中的位置，现在和过去的对话即使"永无止尽"，"相互作用"必为具有生产性的知识活动。①

---

① E. H. Carr, *What is History,* Penguin Books, 1961, p. 30.

第十一章　一块会簿
——阎锡山的帮会与"残留"日本人

一、问题的提出

就社会史的边缘性而言，秘密结社堪称最能体现这一特质的研究领域，不仅如此，它还使历史解释的局限性毕露无遗。不是吗？迄今所知的秘密结社几乎皆为"他述"，所指称的事件是否真实和可靠均有待检证。换言之，没有经过检证的"他述"是不能构成解释事件的根据的。另一方面，即便有

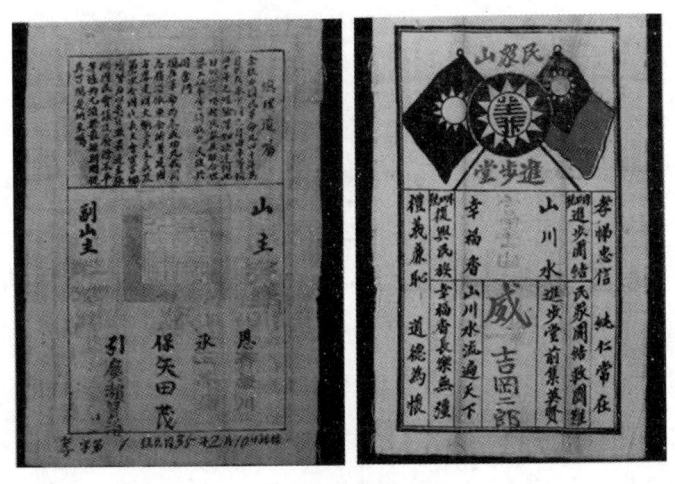

图9　会簿

很少来自秘密结社一方的"自述",也犹如来历不明的断编残简,由于难以置于事件的因果链中判定是否真实与可靠,通常也无法用于解释具体的事件。以上会簿即是如此(见图9)。

会簿正面分上下两部分,上部分自右而左分别是中华民国青天白日满地红国旗(右)、义气千秋帮会徽记(中)和国民革命军军旗(左)。旗上红字"民众山",旗下红字"进步堂"。下部分右边和左边各有三行竖写文字,外层右为"孝悌忠信 纯仁常在",左为"礼义廉耻 道德为怀"。中上半段:内口号"进步团结",外口号"复兴民族"。内为"山川水、幸福香"。下半段由外而内:"民众团结救国难,幸福香长乐无疆;进步堂前集英贤,山川水流遍天下"。中间由上而下:"富士山 威 吉冈二郎"。概言之,会簿正面有三层意思:第一层为儒家伦理的诉求,第二层为复兴民族的倡议,这二者由第三层山堂这个载体来付诸实践。显然这是一块具有政治指向的以兄弟结拜为旨归的帮会成员的身份证。再看会簿反面,上段为孙中山遗嘱,下段是山主齐继川、副山主王梦飞。吉冈二郎的入会介绍人分别为恩兄齐继川、承兄王梦飞和保兄矢田茂、引兄广濑贤治,入会时间在1946年2月10日。该会簿是"孝"字第一号。

上述会簿的照片是笔者1998年从时任日本驹泽大学教授的渡边惇处得到的,渡边惇则在18年前得自吉冈二郎本人。一个日本人何以会参加中国的帮会,而且是带有国民党政治色彩的帮会?这一疑惑长期困扰着笔者。二十多年后的今天,当笔者翻出会簿照片想进行探讨时,蓦然发现已经得不到关于渡边惇的任何信息了。渡边惇给我会簿照片时,还附有一封吉冈二郎1979年9月26日写给他的短笺:"昭和十六年三月任山西省甲种警官学校的指导教官,战后应日侨管理处长(阎省长的侄子、中将)要求,任省警务厅专员。"阎省长的侄子即阎锡山的姨表侄梁化之,吉冈既然应梁化之请任警务厅专员,其加入民众山也许与梁化之有关?梁化之深受阎锡山信任,抗日战争期间被委以负责民众动员工作,所做之事均与阎锡山有关,因此，要知道会簿的来历，阎锡山是一条可以考虑的线索。此外，短笺中"日侨管理处"一语说明吉冈二郎是日本战败后残留山西的日本人。关于山西残留日本人的情况，其概貌直到20世纪80年代才为人知晓[①]，现在随着相关资料的公开和当事人的回忆，学界对其认识已经相当深入了。[②] 吉冈二郎的会簿及其短笺留下的文字和痕迹将笔者的目光引向抗战前后阎锡山的地方政治。

二、民众进步社

翻阅与阎锡山（1883—1960年）生平有关的文字，鲜有涉及帮会者。辛亥革命前，阎锡山的活动重心在军队；辛亥革命后，阎锡山出任山西都督，1913年镇压了主张"二次革命"的洪汉会起义。[③] 在掌握山西军政大权后，阎锡山取法日本村本位自治，建立起从属于其个人的地方统治。在山西的政治生活中，不要说有具体的帮会存在的空间，就是模拟帮会的人际关系也是难以想象的。

1937年7月卢沟桥事变爆发后，山西"门罗主义"的大门被日军的枪炮攻破，避居山区的阎锡山一度与共产党及其外围组织合作抗日。1939年12月，阎锡山发动"十二月事变"——镇压"牺盟会"、攻击八路军115师晋西独立支队，转而勾结日伪军，与日伪建立起若即若离的关系。1942年，在

[①] 最早予以关注的是以研究阎锡山著称的葛麟（Donald G. Gillin）和他的合作者，继之者则有以藤原彰为代表的日本学者，参见 Donald G. Gillin and Charles Etter, "Staying On: Japanese Soldiers and Civilians in China, 1945-1949," *The Journal of Asian Studies*, Vol. 42, No. 3 (May, 1983), pp. 497-518. 藤原彰「命令された最後の戦い—第一軍の山西残留について」，『季刊中帰連』第10号、2001年9月、第3—16頁。

[②] 国内相关研究甚多，最近的研究参见孔繁芝、尤晋鸣：《二战后侵华日军"山西残留"——历史真实与档案记录》，《抗日战争研究》2011年第2期。

[③] 中国第二历史档案馆陆军部档（二〇一一）2-312，《阎锡山赵倜致大总统等电》（1913年10月16日）、《阎锡山致大总统等电》（1913年11月20日）。

阎锡山的公开言论中出现了"帮会""洪门"字样。11月10日，阎锡山在《对民众进步总社洪进特训班毕课训词》中，告诫即将"出去工作"的学员，要严以律己，"人格第一，气节为首"；"绝对不做害国阻政的事"；"以洪门力量，团结民众，领导民众，协助地方工作"；"以为国家民族求生存，为世界人类谋幸福的同志会的主张，为自己努力的目标，造成进步的新洪门"。① 不难推知，洪进特训班的"洪"是洪门之意，学员都是帮会成员，隶属于一个名为"民众进步总社"的组织。训词中提到的"同志会"是1938年2月阎锡山成立的以抗日救国为主旨的"民族革命同志会"，民众进步总社的宗旨与民族革命同志会的理念一致，或许是后者的一个下级组织。两周后的11月27日，阎锡山在《对洪训会洪进特训班第二期开课训词》中再次谈到帮会："我国之帮会组织，历史悠远，其产生多在受异族侵凌，民族危亡的时候，一班忠义有识之士，藉帮会之组织，结纳社会忠贞侠义好汉，团结群众力量，不顾牺牲进行斗争，尽其大忠大义，曾留下不少的可歌可泣的事迹，在社会上造成广大之潜力，然以后来办帮会者，多系年岁较老之乡绅，历久相传，渐渐失掉其革命意义，形成社会性之纯侠义团体，未免遗憾！"② 这段话的逻辑和辛亥革命前孙中山、章太炎和陶成章等论述洪门的逻辑完全一样，孙中山等认为洪门本有"反清复明"的革命传统，惜日久而隐没无闻，有待重新弘扬。③ 阎锡山接着说道："今天是全民抗战民族革命的时代，非团结全民之力量，决难争取最后之胜利，所以我主张将现有的帮会，加以组织化现代化，共同担负抗战复兴的任务！"试图组建"新洪门"，"使每一个洪门弟兄都成为顶革命顶进步的"。④ 阎锡山如此说是有原因的，不久前在西安召开的

---

① 《对民众进步总社洪进特训班毕课训词——努力的依据》（1942年11月10日），第二战区司令长官侍从秘书室编：《阎司令长官抗战复兴言论集》第六辑，1945年，第28—29页。
② 《对洪训会洪进特训班第二期开课训词——救人救世》（1942年11月27日），第二战区司令长官侍从秘书室编：《阎司令长官抗战复兴言论集》第六辑，1945年，第36页。
③ 孙江：《〈中国秘密社会史〉的作者、底本与叙事》，《历史研究》2018年第1期。
④ 《对洪训会洪进特训班第二期开课训词——救人救世》（1942年11月27日），第二战区司令长官侍从秘书室编：《阎司令长官抗战复兴言论集》第六辑，1945年，第36—37页。

军事会议上，国民政府再次申令禁止公务员加入帮会。① "四川的政令下达，帮会首先反对，行政上发生了障碍，以及部队中帮的统系下，屡有士兵不服从官长，下级不服从上级命令的事发生，所以坚决的要禁止。这就是说帮是有益于国家民族的即扶持，帮是有害于国家民族的即消灭。"② 因此，民众进步总社一方面要弘扬帮会侠义精神，另一方面要给帮会注入"革命精神"。

阎锡山在训词中提到民族革命同志会，似乎民众进步总社成立的时间应当在1938年2月之后，但是，笔者在孔夫子旧书网上看到的一块牛玉杵持有的会簿，则写明牛玉杵入会时间在"民国贰拾陆年"——1937年。牛玉杵会簿印制粗糙，除持有人处写着"威牛玉杵"外，正面样式与吉冈二郎会簿相同。两块会簿的背面相差较大，牛玉杵的简略，上半部为孙中山"天下为公"，下半部恩兄和承兄与吉冈会簿同，保兄和引兄分别是罗涤生和刘芝玉。如果这块会簿不存在时间倒填的问题的话，很可能在1937年11月太原沦陷前后阎锡山就匆忙成立了帮会组织——民众山进步堂，也即先有1937年的民众山进步堂，后有民众进步总社，此处的"总社"绝不是随便添加的，应该是整合了各地的民众山进步堂后的标记。但是，孔夫子旧书网上还有与牛玉杵会簿相同的会簿，入会时间有的写作1935年和1936年，这提醒笔者，这些会簿肯定存在时间倒填的问题。目下比较稳妥的推断是，民众山进步党成立于1938年2月以后，而在此基础上整合出来的民众进步总社，其成立的时间则要晚些。

《山西文史资料》收录的赵瑞和张荣汎所写的《阎锡山的反动组织》一文言及民众进步总社。该文称民众进步总社是1940年阎锡山在吉县克难坡成立的，阎自任社长，王靖国副之。下设洪进处，负责组织工作，处长傅受之，总务处长刘吉人，各县设有分社。阎锡山要求民众进步总社的干部：逢山开道，遇水搭桥，千里通风，万里报信，山主有难，速来搭救。除阎本人

---

① 关于抗战时期国民政府的帮会策略，参阅第六章。
② 《对洪训会洪进特训班第二期开课训词——救人救世》（1942年11月27日），第二战区司令长官侍从秘书室编：《阎司令长官抗战复兴言论集》第六辑，1945年，第37页。

开山堂外，部下肖（萧）寿恺、刘君瑜、韩玉辉等也开山堂。① 1945 年抗战胜利前夕，民众进步总社的活动活跃，山西民众进步社主任是刘宗康，韩玉辉、王明钦、刘君瑜、韩佑虞、陈冰、刘永年等分别为绥远、察哈尔、河北、山东、河南、陕西等省民众进步社主任。赵瑞是阎锡山的亲信，1942 年受命率三百余人"归顺"太原日伪政权，充任日伪太原警备队副司令②，他的回忆应该是可靠的。根据这篇文章，民众进步总社的山名是民众山，堂名叫进步堂，而社长阎锡山和副社长王靖国很可能就是吉冈二郎和牛玉杵会簿上的齐继川和王梦飞。1945 年 10 月 27 日，中统局的秘密调查提供了解开这一谜团的有力证据：

> 阎长官近组织民众进步社，派高级干部赴各县工作，每三五县为一区，设主任一人（少将阶级），干部拾（十）余人。县设分社，设社长一人（上校阶级）。大同、天镇、阳高三县为一区，由陈国耀（大同人）负责，大同分社由刘鸿林担任。该社以领导红帮为名，以情报为工作中心，其组织法与哥老会相同，如山水名堂。该社定山为民众山，堂为进步堂，入社需四人介绍，一为恩兄阎百川（阎锡山），一为承兄王靖国（化名不悉），三为保兄谢应濂（谢濂），四为引兄赵承绶（化名不悉）。凡二战区所属官兵均为社员云。③

将中统的秘密调查和吉冈二郎的会簿两相对照，化名齐继川的山主和恩兄无疑就是阎锡山；副山主和承兄王梦飞（即王靖国）；会簿上无法辨识的副山主谢某某应为阎锡山的部下谢濂。民众进步总社有区、县二级建制，如

---

① 赵瑞、张荣汛：《阎锡山的反动组织概况》，《山西文史资料》第 10 辑，太原：山西人民出版社，1964 年。
② 中央档案馆等编：《河本大作与日军山西"残留"》，北京：中华书局，1995 年，第 172 页。
③ 《晋阎组织民众进步社》（1945 年 10 月 27 日），中央调查统计局编：《党政情报》，台北："法务部"调查局图书室藏。

欲加入，需四人介绍，阎、王、谢、赵四人均为真名。据一份作于1950年的《西安红帮概略》的调查，包括上述三名阎锡山的亲信在内，一共有13名高级干部参加了民众山。①

山西在国民政府的抗战部署中属于第二战区，中统局秘密调查称二战区阎锡山部队的官兵都加入了民众山，显系夸大之词；相比之下，《西安红帮概略》称第二战区各兵站工作人员均加入民众山，较为可信。②兵站是招募士兵的机构，工作人员加入民众山说明所谓民众工作主要是招募士兵。据说副山主王靖国常对手下人说："领导帮会不是去讲义气千秋，而是去发动组织民众。"③前揭赵瑞等文说阎锡山命刘君瑜设立"民众武装自卫军"，下设两个师、六个团，有五六千人，其实都是洪帮兄弟，"起初还有洪帮的一些形式，后来就完全变成正式军队，于1947年拨归赵承绶指挥，参加了反人民的内战"④。民众进步总社向西发展到西安，吸引了不少下层劳动者加入，"以山西人为主，在陕西西安约有五千余人，没有多大作用"⑤。

三、民众进步委员会

前引赵瑞等文提到民众进步总社之外，阎锡山还组建了另一个帮会组织——民众进步委员会。1942年，阎锡山在克难坡成立民众进步委员会，自任会长，委员会由五十余人组成，傅存怀担任会务主任，办公室主任为萧寿恺。民众进步委员会下设道务和总务两科，县级设分会，由3—10人组成。阎锡山自称在日本留学时曾加入青帮，是嘉白帮大字辈，傅存怀是

---

① 《西安红帮概略》（1950年3月），南京大学民间社会研究中心所藏调查资料。
② 《西安红帮概略》（1950年3月），南京大学民间社会研究中心所藏调查资料。
③ 《西安红帮概略》（1950年3月），南京大学民间社会研究中心所藏调查资料。
④ 赵瑞、张荣汎：《阎锡山的反动组织概况》，《山西文史资料》第10辑，太原：山西人民出版社，1964年，第73页。
⑤ 《西安红帮概略》（1950年3月），南京大学民间社会研究中心所藏调查资料。

同（通）字辈，萧寿恺为悟字辈。据说民众进步委员会的设立是傅存怀促成的。傅存怀曾为阎锡山某一专区的保安司令、暂编第一军军长，因编制撤销而无所事事，故建议阎锡山以青帮形式建立民众进步委员会，"以帮拉帮"，"协助"其他部门"完成任务"。① 其实，环顾战争下的山西，阎锡山"以帮拉帮"的设想似乎源自外部的刺激。在日伪统治区，有一个托名宗教团体的"安清同义委员会"，分布在华北很多地区，而实为青帮的变名。山西安清同义委员会成立于1940年9月，总部设在太原，有5区20组事务所，县级设有分会，成立后仅一年会众就增至万人以上。② 安清同义委员会之所以能如此迅速地发展，同该组织的性质有关，简言之，在政治上拥护侵华日军扶植的傀儡政权："以道义报国，协助新政权之发展。"有的分会甚至亮出"协助建设东亚新秩序"旗号。安清同义委员会自称崇拜佛教和青帮三祖——翁、钱、潘，但宗教色彩淡薄，各级委员会的委员、课长、股长多为绅商名流。③ 就政治功能看，民众进步委员会与安清同义委员会十分相似，可以说，民众进步委员会是阎锡山针对安清同义委员会而设立的。

关于民众进步委员会的情况，除赵瑞这一当事人的回忆外，1948年8月25日中共太岳区党委社会部编印的《山西进步委员会（即青帮）》弥足珍贵，是根据从阎锡山处缴获的资料编辑而成。翻阅该资料集，如果不是文中有"共匪千方百计向我安清组织拉拢"、"领导忠实道友"、"悉为安清同道"等字样，人们难以知晓民众进步委员会原来就是青帮。民众进步委员会总部设在太原，将全省划为14个"区"，每个区建一个分会，每个分会下辖若干市县，县级有分会。民众进步委员会主任吴绍之系阎锡山绥靖公署秘书长。与安清同义委员会相比，"区"级是民众进步委员会的发明，承袭

---

① 赵瑞、张荣汛：《阎锡山的反动组织概况》，《山西文史资料》第10辑，太原：山西人民出版社，1964年，第75页。
② 中国第二历史档案馆总署档（一〇一八）69。《华北乙种宗教团体调查表·山西省安清道义委员会调查表》（1942年3月）。
③ 总署档（一〇一八）69。《华北乙种宗教团体调查·山西省安清道义委员会调查表》（1942年3月）。

了阎锡山治理山西的"区"制。①1947年年底,民众进步委员会设立了代号"6753 组"的特务组织,组员 8 名,皆为安清道友,给予一等兵待遇,任务为侦查共产党地区的情况,并调查阎锡山支配地区共产党工作人员的情况。②据石家庄警察局一分局局长锁赓元的回忆,1946 年民众进步委员会派陈义斋到石家庄,成立"进步社",石家庄警队司令部第三处处长董维熙即其成员。③另据山西驻石家庄联络办事处处长王星运的回忆,进步社在石家庄的活动主要是联络当地安清道(青帮),吸收日伪人员,同时在河北招兵。④这些回忆可以与国民党中央联秘处编印的资料相印证,后者道:"(民族革命同志会)在平津吸收知识青年参加组织,并利用帮会及下层社会人士为组织外围,在北平成立'进步周刊社',聘请各地特约记者及通讯员,并在天津设办事处。"⑤可以断定,民众进步委员会和民众进步总社一样都是民族革命同志会的外围组织,除"利用同级各种社会关系与党派间之矛盾关系,拉拢官场之失意分子"⑥,其最重要的工作是招兵。比照赵瑞的回忆,傅存怀是 1947 年被撤职的,主任之职由吴绍之接替。在国共内战下,赵瑞说:"阎锡山大搞'兵农合一'时,'民众进步委员会'就配合起来进行宣传,实际就是帮助阎锡山抓了几万壮丁当了炮灰。"⑦

---

① 太岳区党委社会部:《山西进步委员会(即青帮)》(1948 年 8 月 25 日),南京大学民间社会研究中心所藏调查资料。
② 太岳区党委社会部:《山西进步委员会(即青帮)》(1948 年 8 月 25 日),南京大学民间社会研究中心所藏调查资料。《六七五三情报组工作计划》(1947 年 12 月 27 日)。
③ 《石门安清会概况》(1948 年 4 月 23 日),南京大学民间社会研究中心所藏调查资料。
④ 《石家庄解放前各种帮会之活动点滴》(1950 年),南京大学民间社会研究中心所藏调查资料。
⑤ 《中国党派》,中央联秘处,1948 年。
⑥ 《中国党派》,中央联秘处,1948 年。
⑦ 赵瑞、张荣汛:《阎锡山的反动组织概况》,《山西文史资料》第 10 辑,太原:山西人民出版社,1964 年,第 75 页。

四、"残留"日本人与帮会

根据吉冈二郎会簿留下的涉及梁化之进而阎锡山的线索，上文考察了阎锡山在抗战期间成立的两个帮会组织——民众进步总社和民众进步委员会的情况。抗战结束后，日本人吉冈二郎何以会加入以抗日民族复兴为旨归的民众进步总社民众山呢？反过来说，民众山何以会吸收一个日本人加入呢？在缺乏吉冈二郎本人资料的情况下，吉冈短笺中"日侨管理处"为笔者提供了从残留山西日本人来考察的线索。

1945年8月15日，日本战败投降时，滞留山西的"支那派遣军"第一军约5.9万人、日本居留民约4.7万人，依照《波茨坦公告》的相关规定，这些人将被陆续遣返回国。但是，为了对付共产党的军队，阎锡山违反《波茨坦公告》和国民政府的规定，开出优渥的条件，劝说旧日军战斗人员和技术人员留在山西。第一军参谋城野宏和策划"皇姑屯事件"的山西产业株式会社社长河本大作积极响应。城野宏通晓汉语，抗战期间曾与阎锡山秘密勾结，日军受降交接就是在他与阎锡山的副官赵承绶之间进行的。城野宏以日本已经被联合国占领，在美军的殖民化和苏联的赤化之外只能谋求第三条道路——建立山西独立王国。他充任阎锡山省政府的顾问，有组织地劝阻日军官兵回国。[①] 这样，残留山西的日本军人被编入军队，日本技术人员被纳入阎锡山文官统治系统。[②]

勾连残留日本人与中国人的组织名为"亚洲民族革命同志会"（简称"亚民会"），该组织原为1945年5月阎锡山和日军勾结的产物（会长阎锡山），战后转而成为阎锡山联络"日侨"的机构。1946年6月亚民会内成立

---

① 《城野宏笔供》（1954年），《河本大作与日军山西"残留"》，北京：中华书局，1995年，第337—338页。此人回国后，著述甚丰，其中与本章主题最有关联的一本，参见城野宏『山西独立戦記』、雪華社、1967年。

② 張宏波「日本軍の山西残留に見る戦後初期中日関係の形成」、『一橋論叢』第778號、2005年。

了"山西产业技术研究社"（简称"产研社"），1947年9月又出现了亚民会日本支会"亚洲文化会"，很多日本人同时参加了这两个组织。与本章论旨关系较大的产研社"其目的是向残留日本人进行反共宣传，使他们积极参加反共战争"[①]。1946年9月，产研社和其他日本人的组织合并为"日侨俱乐部"，河本大作为委员长，这个组织专事劝募日本人参加阎锡山军队进行对共产党战争。1947年夏，河本大作策划到日本招募"义勇军"，次年派矢田茂回国执行此事。[②] 矢田茂无疑就是吉冈会簿上的"保兄"，他离开中国后便一去不复返。亚民会下还有一个组织叫"资源调查社"，是梁化之领导的特务组织，"目的在于收集解放军情报。规定在铁路沿线及主要县分设立情报站，直接或通过当地山西军、警察队收集情报，向太原本社报告，由本社每月汇报梁化之一次，做为梁化之政治情报的参考资料"[③]。日侨俱乐部成立后，资源调查社的日本人集体转入日侨俱乐部。

中央档案馆等编辑的《河本大作与日军山西"残留"》收录了很多日本战犯的供词，里面还夹杂着几个中国人的供词，萧寿恺的笔供即其中之一。萧寿恺在笔供中写道："当时的工作是首先团结日本旧道徒，并发展新道徒，摆设香堂，宣传阎的政令。"[④] 萧寿恺被释放后，曾写过一篇回忆其青帮经历的短文，收入《山西文史资料》，承认自己是安清进步委员会的办公室主任。抗战胜利前夕，萧寿恺随阎锡山由吉县转至隰县，委任韩金声为安清进步委员会太原分会主任，利用韩金声的青帮关系，贩运短缺物资。而韩金声则悄悄带青帮会员日本人竹林二郎来隰县"结缘"，拜见阎锡山。竹林二郎是日军特务，在青帮中的辈分很低，是"学"字辈。[⑤] 他和后文出现的竹林正是

[①] 《古谷敦雄等五人笔供》，《河本大作与日军山西"残留"》，北京：中华书局，1995年，第472页。

[②] 《河本大作与日军山西"残留"》，北京：中华书局，1995年，第309页。

[③] 《中岛寿男口供》（1954年8月21日），《河本大作与日军山西"残留"》，北京：中华书局，1995年，第499页。

[④] 《萧寿恺笔供》，《河本大作与日军山西"残留"》，北京：中华书局，1995年，第533页。

[⑤] 萧寿恺：《日本青帮道徒竹林二郎朝拜阎锡山见闻》，《山西文史资料》第26辑，1983年，第157页。

否为同一人,不得而知。萧寿恺的供词可以和日侨俱乐部通讯部支部长日里哲二郎的供词相互印证。① 日里哲二郎在 1954 年 9 月 8 日的供词里称:1945 年 9 月,他在堀切②的介绍下在太原加入青帮,以二八式手枪一支、子弹一盒(30 粒)作为见面礼,拜萧寿恺为师父。③ 1946 年 8 月,日里哲二郎和萧寿恺策划在日本人中建立青帮,结果在日里哲二郎和池田勇、竹林正(资源调查处特务)等三人共谋下设立了"晴义会",日里哲二郎任主任,会址设在竹林正家,由竹林正负责对外交涉。该会有七八十名成员,被编为若干小组,定期聚会。④ 日里哲二郎还令其所在的通讯队下属西原修等 32 人加入"晴义会",将所有部下收为徒弟。日里哲二郎供称:"晴义会是日本人的青帮组织,其目的是协助阎锡山煽动日本人残留山西进行反革命战争。"⑤ 日里哲二郎的供词说明日侨俱乐部成员均加入了晴义会。中岛寿男在 1954 年 8 月 21 日的口供自述,他是晴义会创始人之一池田勇的部下,在 1946 年 1 月经竹林正介绍在太原加入阎锡山的民众进步委员会,拜一位王姓中国人为师父,是"五"(悟。——引者注)字辈,"我只在中秋节时给师父送过礼"。"1946 年或 1947 年末,(中岛寿男)在资源调查社参加了晴义会,也就是日本人的青帮组织,每星期召开一次亲睦会,座谈世界形势,我只参加过一次。"⑥ 对于晴义会这一松散的青帮组织的作用,黑田一一供称:

> 成立该会的目的是为将残留山西的日本人中参加青帮者集中起来,加强互助和团结,以便更好地实现残留目的。同时就资源调查社自身而

---

① 《河本大作与日军山西"残留"》,北京:中华书局,1995 年,第 291—292 页。
② 堀切原为高野山本愿寺的和尚,自愿留在太原,试图在日本佛教徒中动员。《山崎智良口供》(1954 年 8 月 1 日),《河本大作与日军山西"残留"》,北京:中华书局,1995 年,第 528 页。
③ 《日里哲二郎口供》(1954 年 9 月 8 日),《河本大作与日军山西"残留"》,北京:中华书局,1995 年,第 529—530 页。
④ 《黑田一一笔供》(1954 年 11 月 12 日),《河本大作与日军山西"残留"》,北京:中华书局,1995 年,第 530 页。
⑤ 《日里哲二郎口供》,《河本大作与日军山西"残留"》,北京:中华书局,1995 年,第 529 页。
⑥ 《中岛寿男口供》(1954 年 8 月 21 日),《河本大作与日军山西"残留"》,北京:中华书局,1995 年,第 500 页。

言，可以通过该组织的成员进一步扩大情报网。①

在《河本大作与日军山西"残留"》收录的战犯供词里，笔者虽然没有找到吉冈二郎的名字，但看到一些残留日本人进行洪帮结拜的痕迹。战犯永富博之供称："我曾经加入了青帮、进步社、第二战区司令部合谋社、亚洲文化会、晴义会、水曜会，创立了中日文化研究会及渤海渔业组织。"②这个参与过南京大屠杀的战犯1945年10月任太原市第二战区司令部合谋社军机组上校组长，专事"残留宣传"，其后又先后在阳曲、榆次、太原等多地任职，直到1949年4月太原解放时成为俘虏。永富博之在供词中将青帮和进步社分开写，他显然参加了青帮和洪帮两个不同的帮会。前引中岛寿男供词的内容稍为详细，他写道："1946年1月，我还经竹林（正）介绍，在太原市大南门街和资源调查社的人，集体参加了红帮，这个组织号称进步总社。入会后都以兄弟相称，和青帮同样有暗号，也是一个封建迷信组织。"③竹林正不仅是青帮成员，还是洪帮成员，他将中岛寿男等又拉入洪帮民众进步总社。从这两个例子可知，虽然文献里没有吉冈二郎的名字，如果将残留日本人加入洪帮的自述与吉冈二郎所持会簿两相对照，吉冈二郎无疑是众多消失在历史黑暗中的日本人洪帮一员。

阎锡山为了在组织上凝聚残留日本人，改变了抗战时设立的青帮和洪帮——民众进步总社和民众进步委员会的性质，而从战犯的供词里还能发现另一现象，即残留日本人之间弥漫着结帮风气，原因何在呢？原来，来自日本不同地方、出身各异，甚至可能还存在身份歧视等问题的残留日本人，曾经都是"统帅"——天皇的士兵，生为天皇子民，死入靖国神社，彼

---

① 《黑田——笔供》（1954年11月12日），《河本大作与日军山西"残留"》，北京：中华书局，1995年，第530页。

② 《河本大作与日军山西"残留"》，北京：中华书局，1995年，第5页。永富博道『白狼の爪跡－山西残留秘史』、新風書房、1995年。

③ 《中岛寿男口供》（1954年8月21日），《河本大作与日军山西"残留"》，北京：中华书局，1995年，第500页。

此之间是有连带感的。但是，当他们放下武器，不再是皇军的兵卒后，作为阎锡山的"雇佣军"，成员内部的关系就需要其他原理来凝聚。曾任日本社会学会长的中野卓在回忆其残留山西的经历时有一长段文字触及该问题。中野卓是1945年1月被派驻山西的，为迫机炮中队小队长，战后他所在的崞县旅司令部最初改名为"铁路工作队"，1946年又易名为"特务团"。在成为阎锡山的雇佣军后，遗留部队应该基于何种"统率原理"凝聚成为该部队的大问题。中野卓和炮兵大队长菊池、中队长殿冈等为此曾前往旅司令部开会，而中野卓身为小队长，之所以有资格与会是因为他在大学的专业是社会学。中队长殿冈说："过去我国的军队有'天皇亲率'的统率原理，即上司的命令再往上是上边上司的命令，最上面就是天皇陛下的命令，从而形成了有条不紊的统率体系。"他要求中野卓想出新的原理将残留军人整合起来。"可以取代天皇亲率的统率原理，并不是那么容易就能想出来的。"在会上，殿冈提出了实行"亲分子分原理"的重要性。但是，殿冈所说的"亲分子分"不是日本社会存在的上下秩序原理，而是中国人之间流行的"哥儿们关系"。最后在炮兵部队中真的出现了结拜风气："殿冈队长竟然把菊池大队长称做'亲分'即'大哥'，把他下面的几个要好听话的人称做'子分'即'老弟'。他们天天混在一起，晚上喝酒闹事，把部队纪律搞得一塌糊涂。但是到最后，有些'哥儿们'还是想回国。"①

五、结语

以上，本章通过名为吉冈二郎的日本人所保存的参加洪帮的会簿及一封

---

① 1981年12月，应中国社会学会会长费孝通之邀请，中野卓率众访问中国，中野在众人面前为自己的侵略历史谢罪时，费孝通要求中野将自己的经历写出来。11年后，中野写出《山西省日俘武装遗留的阴谋与我的体验》（上），韩景旭译，《西南学院大学国际文化论集》第17卷第1号（2002年7月）；（下），第18卷第1号（2003年9月）。引文参见该文集第17卷第1号，第216—217页。

短笺留下的线索，追溯了抗日战争时期阎锡山的帮会政治及其战后与残留山西日本人的关系。限于资料，可爬梳的人与事并不多，但综合起来，还是可以给整个故事勾勒出一个轮廓的。

1937年，太原沦陷，经营山西长达四分之一世纪的阎锡山被迫逃离山西的政治中心，避居山区进行抗战。同年，阎锡山设立了名为民众山进步堂的洪帮，1940年进而整合各地民众山进步堂，设立民众山进步总社。如果说民众山进步堂秘不为人知的状态显示出其可能是一个专门收集情报的特务组织的话，那么民众进步总社的功能似乎主要是进行"民众工作"。1942年11月，阎锡山设立洪门培训班，集训从事"民众工作"的学员，这里的"民众工作"不是共产党的民众动员工作，而是招募青壮年当兵之意。1942年，阎锡山仿效日伪安清同义委员会，成立民众进步委员会，其目的也在于此。抗战结束后，阎锡山因为缺乏有战斗力的军队对抗共产党，民众进步总社和民众进步委员会的职能转而为吸收残留日本人加入反共战争的道具。吉冈二郎作为残留日本人，加入的是洪帮组织民众进步总社，因为他和会簿上的"保兄"矢田茂都是中途回国，留下了本章讨论的罕为人知的日本人加入帮会的凭证——会簿。

阎锡山在抗日战争开始后热衷于帮会活动，乍看起来，颇不可思议，但细细思考的话，亦为顺理成章之事。民国初年，在经历了一系列政治斗争的失败后，孙中山成立过忠于其个人的中华革命党，这个颇似帮会的政党是孙中山在激烈斗争中为强化组织的凝聚力的不得已之举。基于同样诉求，在抗日战争期间，特别是战争长期化后，阎锡山也以模拟亲缘关系来强化个人的威权，而分别侧重人与人的平行关系和上下关系的洪帮和青帮满足了阎锡山的双重实际需要。

耐人寻味的是战后残留日本人与帮会的关系，根据现有资料，很多日本人不仅加入了这种中日成员混杂的帮会，而且日本人中还有自创的帮会。在此，强调"师徒如父子"结合原则的青帮，由于与日本社会"亲分子分"相似，在日本人中似乎很流行。相比之下，侧重"兄弟"平行关系的洪帮——民众山进步堂,虽然有证言和证物,但流行程度似乎要弱一些。

残留山西的日本人被编入阎锡山的军队与共产党军队作战,在战场上节节败退。1949年4月21日,被困于太原的河本大作在收听完一则日本的广播后,在日记中对共产党军队解放南京感叹道:

> 面对蜿蜒广阔的长江天险,拥有大批海军和飞机的国军,竟然束手无策,任凭敌军渡江,就军事常识而言,实在令人难以理解。然而,认为毫无可能的事却往往能够迎刃而解,这就是谜之国——中国的真相。①

这段话同样适用于拥有重兵器的残留日军,其最后被歼亦为历史的真相。

---

① 《河本日记》,《河本大作与日军山西"残留"》,北京:中华书局,1995年,第324页。

结　语

　　人们通常习惯于将民间为数众多的结社或会党视为秘密结社，甚而黑社会，与此不同，本书将结社或会党视为中国社会中人际关系网的节点。这一节点以两种不同的方式呈现：一种是实在的结社，即各种名目繁多的结社；它们各以其自在的方式存续于不同地域、不同行业的人际关系网中，是生活世界中的结社。虽然复数的结社彼此之间有很大不同，但取其最大公约数，其成立原初的动机必是生活互助，有些还附带着精神需求，极少以"反社会""反体制"为旨归。另一种是文本中的结社，指被各种文本所记录、演绎的结社。文本所载述的传说、会书和仪轨等等，构成了现实中的结社各取所需的象征资本。但是，文本中的结社无论是正面的还是反面的，都不能等同于实际的结社。结社研究必须聚焦于具体的、生活世界中的结社。

　　从以往关于结社的研究中可以梳理出两种相互关联的叙事模式。第一种是围绕"会"与"匪"的关系而展开的叙事，是关于结社的"元叙事"（meta-narrative）。从帝制时代的清朝到军阀和国民党统治下的中华民国，虽然政治形态大相径庭，但权力对结社的看法却一以贯之：会即匪。然而，将不同地区、不同时代、样态迥异的结社尽皆纳入"会匪"这一话语装置中，到底有多少事实依据？这涉及对中国社会去"污名化"的问题。从本书的考察可见，无论是清朝制定的律例，还是民国政府颁布的禁令、条例，对"会匪"的认定与其说是基于"事实"，不如说更多的是出于政治的自我想象，即认为自身的力量可以匀质地覆盖于所辖之地。

正如本书关于"不论会不会，只问匪不匪"的讨论所揭示的，在律例之外，清朝政权常常默认结社的存在，前提是这种存在不能节外生枝，更不能摇撼统治机制的有效运作。对于这种政策上的变通，结社方面似乎也十分清楚。一般而言，结社成员之间只有规模很小的聚会，且多是个人之间的联系，这一点从"会匪"案中的供词不难看到。于是在政治与结社之间形成了彼此心照不宣的一种"日常状态"。进入民国后，结社大多处于公开状态，且其关系网渗入政界、商界、军警界等多个职业和阶层。耐人寻味的是，一些有身份的人一面参加结社，一面却不愿公开其结社身份，甚至参与排斥结社的活动。这种矛盾的心态说明，人们对模拟血缘结拜持有负面看法。

如果结社始终处于"日常状态"，那么结社对研究者来说就缺少了几分想象力和研究的兴趣。具有讽刺意味的是，结社研究的意义恰恰在于其短暂的、不多见的"非日常状态"。一旦沉默的"群氓"从地方性的、非政治性的存在变为全国性的、政治性的存在，其研究意义便骤然凸显出来。这涉及关于结社的第二个叙事模式：从"叛乱"到"革命"。

以天地会为代表的结社通过其会书演绎了一段关于"反清复明"的故事。天地会的会书出自何人之手，是如何编撰而成的，这些都还是未解之谜。从目前知道的最早的19世纪初的会簿可以推知，反清复明话语中杂糅了小说家的描述与明朝灭亡的事实。至于结社的政治话语由"叛乱"转向"革命"，则与清末革命党的政治诉求密切相关。以孙中山、章太炎、陶成章等为代表的革命者将结社——洪门的历史"革命化"了。在历史由帝制迈入共和后，这些"故事"也进入了新的语境。在民国，特别是抗日战争时期，每当需要进行社会动员时，各方都试图给结社注入政治性的要素。其实，在民国成立后不久，孙中山就明确否定了会党是革命的"原动力"，继而要求蔡元培等在编纂辛亥革命史时将洪门（结社）排斥于外。

1949年后，一些西方学者为中国革命的胜利所震撼，试图通过中国的传统来理解革命胜利的历史和文化原因，他们的研究强化了结社由叛乱而革命的色彩。这种认识的背后隐含着一种主观倾向：社会对抗国家。但是应该看到，在中国，个别结社有对抗政治的一面，绝大多数结社处于自在的、非政治化的状态。正是准确地把握了这一特点，新中国才能一举解决传统中国的结社问题。

征引文献

一、史料类

（一）未公开出版史料

成都市档案馆档案。

重庆市档案馆档案。

南京大学中国民间社会研究中心档案。

上海市档案馆档案。

四川省档案馆：巴县档案、社会处档案、秘书处档案等。

中国第一历史档案馆："录副奏折""朱批奏折"等。

中国第二历史档案馆：陆军部档案、社会部档案、内政部档案、汪伪档案、华北政务委员会总署档等。

日本外务省外交资料馆资料。

（二）公开出版史料

《大公报》《调查月报》《东方杂志》《国闻周报》《江苏省政府公报》《解放日报》《京报》《民立报》《上海民国日报》《申报》《神州日报》《时报》《顺天

时报》《四川省政府公报》《新闻报》《益世报》。

《北平青帮调查资料》，华北区政治部，1949年。

《重修南溪县志》，1937年。

大谷湖峰：《宗教调查报告书》，《长春文史资料》1998年第4期。

《大清会典》（康熙朝）。

《大清会典》（雍正朝）。

戴季陶：《戴天仇文集》，吴相湘主编：《中国现代史料丛书》第1辑，台北：文星书店，1962年。

《第一次国内革命战争时期的农民运动资料》，北京：人民出版社，1983年。

第二战区司令长官侍从秘书室编：《阎司令长官抗战复兴言论集》第六辑，1945年。

《革命文献》第44辑，台北："中央"文物供应社、正中书局，1958年。

《工部局捕房刑事股副探长致警务所报告》（1938年11月），《档案与历史》1989年第2期。

故宫博物馆明清档案部编：《义和团档案史料》，北京：中华书局，1959年。

《国民政府军事委员会委员长行营参谋团大事记》。

贺长龄辑：《皇朝经世文编》。

《恒社资料选辑》，《档案与历史》1989年第1期。

华中师范学院历史系编：《江湖会资料选辑》，1961年。

黄彦、李伯新选编：《孙中山藏档选编（辛亥革命前后）》，北京：中华书局，1986年。

江苏省常熟市地方志编纂委员会编：《常熟市志》，上海：上海人民出版社，1990年。

江苏省革命斗争史编纂委员会、江苏省档案局编：《江苏革命史料选辑》

第 6 辑，1983 年。

江苏省政协文史资料委员会编：《江苏文史资料集粹》（社会卷），江苏文史资料编辑部，1995 年。

开封师范学院历史系、河南科学分院历史研究所白朗起义调查组：《白朗起义调查报告》，《开封师范学院学报》1960 年第 5 期。

李德溥等修，方骏谟等纂：《宿迁县志》，1874 年刊本，台北：成文出版社，1974 年影印。

立法院编译处编：《中华民国法规汇编》，北京：中华书局，1934 年。

《领导帮会与防止帮会组党案》，国民党中央组织部，1946 年。

刘锦藻：《清朝续文献通考》第 1 册，台北：台湾商务印书馆，1987 年。

罗尔纲：《天地会文献录》，台北：正中书局，1943 年。

马建石、杨育棠主编：《大清律例通考校注》，北京：中国政法大学出版社，1992 年。

《钦定大清会典事例》。

瞿韶华主编：《中华民国史事纪要》，台北："国史馆"，1993 年。

上海市档案馆编：《日本帝国主义侵略上海罪行史料汇编》，上海：上海人民出版社，1997 年。

上海社会科学院历史研究所编：《辛亥革命在上海史料选辑》，上海：上海人民出版社，1981 年。

四川省文史研究馆编：《四川军阀史料》第 2 辑，成都：四川人民出版社，1983 年。

孙邦主编，张辅麟本卷编者：《伪满史料丛书·殖民政权》，长春：吉林人民出版社，1993 年。

台北市宿迁县同乡会编印：《宿迁文献》第 5 辑，1976 年。

汤志钧编：《陶成章集》，北京：中华书局，1986 年。

王夫之：《读通鉴论》，北京：中华书局，2013 年。

无锡市地方志编纂委员会编：《无锡市志》，南京：江苏人民出版社，

1995年。

武汉大学历史系中国近现代史教研室编:《辛亥革命在湖北史料选辑》,武汉:湖北人民出版社,1981年。

闲云:《白狼始末记》,《近代史资料》1956年第3期。

萧寿恺:《日本青帮道徒竹林二郎朝拜阎锡山见闻》,《山西文史资料》第16辑。

萧一山:《近代秘密社会史料》,北平:北平研究院,1935年。

新沂市政协文史资料研究委员会编:《新沂文史资料》第4辑。

萱:《军阀勾结袍哥、大麻子造反!望月亭发威!》,《文饭》第25期,1946年9月28日。

妍:《什么是袍哥?》,《海滨》第1期,1946年4月1日,第7版。

亦人:《袍哥帮先后组党》,《泰山》革新第18期,1947年6月13日,第6版。

殷惟龢编:《江苏六十一县志》,上海:商务印书馆,1936年。

张枬、王忍之编:《辛亥革命前十年间时论选集》第一卷,北京:生活·读书·新知三联书店,1960年。

张三:《重庆的参议员:袍哥有极大的势力》,《星光》第3期,1946年4月2日,第4版。

张侠等编:《北洋陆军史料》,天津:天津人民出版社,1987年。

赵瑞、张荣汎:《阎锡山的反动组织概况》,《山西文史资料》第10辑。

政协宿迁县文史资料研究委员会编:《宿迁文史资料》第2辑,1983年。

郑敦谨、曾国荃纂辑:《胡文忠公遗集》,台北:华文书局1965年影印。

中共江苏省委党史工作委员会、江苏省档案馆编:《苏南抗日根据地》,北京:中共党史资料出版社,1987年。

中共中央书记处编:《六大以来》,北京:人民出版社,1981年。

《中国党派》,中央联秘处,1948年。

中国第二历史档案馆编:《直皖战争》,南京:江苏人民出版社,1980年。

中国第二历史档案馆编：《中国无政府主义和中国社会党》，南京：江苏人民出版社，1981年。

中国第二历史档案馆编：《中华民国史档案资料汇编》第2辑，南京：江苏人民出版社，1981年。

中国第二历史档案馆编：《北洋军阀统治时期的兵变》，南京：江苏人民出版社，1982年。

中国第二历史档案馆编：《中国民主社会党》，北京：档案出版社，1988年。

中国第二历史档案馆编：《中国青年党》，北京：档案出版社，1988年。

中国第二历史档案馆编：《中华民国史档案资料汇编》第3辑，南京：江苏古籍出版社，1991年。

中国第二历史档案馆编：《国民党统治时期的小党派》，北京：档案出版社，1992年。

中国第二历史档案馆编：《民国帮会要录》，北京：档案出版社，1993年。

中国第二历史档案馆编：《中华民国史档案资料汇编》第5辑，南京：江苏古籍出版社，1994年。

《中国各小党派现状》，1946年。

中国人民大学清史研究所、档案系中国政治制度史教研室合编：《康雍乾时期城乡人民反抗斗争资料》下，北京：中华书局，1979年。

中国人民大学清史研究所、中国第一历史档案馆编：《天地会》，北京：中国人民大学出版社，1998年。

中国人民政治协商会议江苏省淮阴市委员会文史资料研究委员会编：《淮阴文史资料》第2辑，1984年。

中国人民政治协商会议江苏省无锡市委员会文史资料研究委员会编：《无锡文史资料》第13辑。

中国人民政治协商会议全国委员会文史资料研究委员会编：《文史资料选辑》第5辑，北京：中华书局，1960年。

中国人民政治协商会议全国委员会文史资料研究委员会编：《文史资料选辑》第 33 辑，北京：文史资料出版社，1963 年。

中国人民政治协商会议全国委员会文史资料研究委员会编：《文史资料选辑》第 34 辑，北京：文史资料出版社，1963 年。

中国人民政治协商会议全国委员会文史资料研究委员会编：《文史资料选辑》第 38 辑，北京：中华书局，1963 年。

中国人民政治协商会议全国委员会文史资料研究委员会编：《文史资料选辑》第 77 辑，北京：文史资料出版社，1981 年。

中国人民政治协商会议上海市委员会文史资料工作委员会编：《旧上海的帮会》，上海：上海人民出版社，1986 年。

中国人民政治协商会议沈阳市委员会文史资料研究委员会编：《沈阳文史资料》第 9 辑，1985 年。

中国社会科学院历史研究所清史室、资料室编：《清中期五省白莲教起义资料》第 5 册，南京：江苏人民出版社，1981 年。

广东省社会科学院历史研究室、中国社科院近代史研究所中华民国研究室、中山大学历史系孙中山研究室编：《孙中山全集》第 1 卷，北京：中华书局，1981 年。

广东省社会科学院历史研究室、中国社科院近代史研究所中华民国研究室、中山大学历史系孙中山研究室编：《孙中山全集》第 2 卷，北京：中华书局，1982 年。

广东省社会科学院历史研究室、中国社科院近代史研究所中华民国研究室、中山大学历史系孙中山研究室编：《孙中山全集》第 3 卷，北京：中华书局，1984 年。

《中国现有党派概况表》，1946 年。

中央档案馆等编：《河本大作与日军山西"残留"》，北京：中华书局，1995 年。

中央档案馆、四川省档案馆编：《四川革命历史文件汇集》甲种，成都：

四川人民出版社，1989年。

"中央调查统计局"编：《党政情报》，台北："法务部"调查局图书室。

《邹永成回忆录》，《近代史资料》1956年第3期。

まこと生「哥老会」、『黒龍』、第14号、1903年7月1日。

まこと生「湖南の曽游」、『黒龍』、第16号、1903年9月1日。

北村隆光「道院、世界紅卍字会に就て」、『神の国』154号（1931年11月）、大本教資料室蔵。

城野宏『山西独立戦記』、雪華社、1967年。

池田昭編『大本史料集成』（Ⅱ運動編）、三一書房、1982年。

『出口王仁三郎全集』（第6巻）、天声社、1935年。

大本七十年史編纂会『大本七十年史』（上巻）、非公開出版。

大本七十年史編纂会『大本七十年史』（下巻）、非公開出版。

飯塚浩二『満蒙紀行』、筑摩書房、1972年。

防衛庁防衛研修所戦史研究室編『北支の治安戦』（2）、朝雲新聞社、1971年。

「馮諫民師の慈悲」、『在家裡研究資料』、東洋文庫蔵。

国務院総務庁情報処『省政彙覧』（第八輯 奉天篇）、1938年。

加藤豊隆『満州国治安関係法規集成』（全）、元在外公務員援護会、1979年10月。

橘樸「土匪とギャング」、『満洲評論』第2巻第19号、1932年5月14日。

橘樸「青幇を如何に扱ふべきか」、『満洲評論』第5巻第3号、1933年7月15日。

利部一郎編『満州国家理教』、泰山房、1933年。

「満州に於ける出稼移民」、東亜同文書院第24回支那調査報告書、1930年度第27期第2巻、愛知大学図書館。

満州国国務院総務庁情報処『省政彙覧・吉林省篇（日文）』第一輯、1935 年 11 月。

満州国民政部地方司社会科『満州国中央社会事業聯合会』、1934 年 5 月。

満州国史編纂刊行会『満州国史』（各論）、1971 年。

満州国史編纂刊行会『満州国史』（総論）満蒙同胞援護会、1970 年。

満州国治安部警務司編『満州国警察史』、1942 年。

『満州及支那に於ける地下秘密団体に就いて』（編者、出版社不明）、1936 年。

民生部厚生司教化科『教化団体調査資料第二輯満州国道院・世界紅卍字会の概要』、1944 年。

末光高義『支那の秘密結社と慈善結社』、満州評論社、1932 年。

末光高峯「秘密結社の指導原理」、『満洲評論』第 5 巻第 5 号、1933 年 7 月 29 日。

末光高峯「在家裡の動きと東亜仏教会の全貌」、『満洲評論』第 5 巻第 15 号、1933 年 10 月。

末光高峯「青幇の在家裡が満州に政治的活動を始めた」、『満洲評論』第 5 巻第 1 号、1933 年 7 月 1 日、『満州の秘密結社と政治的動向』、満蒙評論社、1933 年。

末光高峯「在家裡の動きと東亜佛教会の全貌」、『満州の秘密結社と政治的動向』、満蒙評論社、1933 年。

内田良平『満蒙の独立と世界紅卍字会の活動』、先進社、1932 年。

平山周「支那革命党及秘密結社」、『日本及日本人』第 569 号、1911 年 11 月 1 日。长陵書林再版、1980 年。

樸庵「周氏兄弟との対話」（下）、『京津日日新聞』、1923 年 1 月 13 日。

「日出麿再渡支」、『真如の光』214 号（1931 年 10 月）。

『省政彙覧・安東省篇』第 7 輯、1936 年 9 月。

藤井草宣『支那最近之宗教迫害事情』、浄圓寺、1931 年。

尾崎秀実『現代支那論』、『尾崎秀実著作集』第二巻、勁草書房、1977年。

小林龍夫、島田俊彦『現代史資料7·満洲事変』、みすず書房、1964年。

「支那に於ける秘密結社」（華北連絡部、1941年11月）、興亜院政務部『調査月報』第3巻第2号、1942年2月。

宗方小太郎「支那に於ける秘密結社」、神谷正男編『宗方小太郎文書——近代秘録』（上）、報告第214号、1907年9月28日、原書房、1975年。

二、论著类

〔美〕艾格妮丝·史沫特莱：《伟大的道路——朱德的生平和时代》，梅念译，北京：东方出版社，2005年。

卞之琳：《卞之琳诗选》，长江文艺出版社，2003年。

蔡少卿：《关于天地会的起源问题》，《北京大学学报》1964年第1期。

蔡少卿：《中国近代会党史研究》，北京：中华书局，1987年。

蔡少卿主编：《民国时期的土匪》，北京：中国人民大学出版社，1993年。

蔡少卿、杜景珍：《论北洋军阀统治时期的兵匪》，《南京大学学报》1989年第2期。

曹成建：《政府查禁四川哥老会政策的出台与重申（1935—1948）》，《历史教学》2010年第22期。

曹新宇等：《中国秘密社会》第三卷，福州：福建人民出版社，2002年。

柴夫编：《中统头子徐恩曾》，北京：中国文史出版社，1989年。

陈国屏：《清门考源》，香港：远东图书公司，1965年。

陈志让：《军绅政权》，北京：生活·读书·新知三联书店，1980年。

杜春和编：《白朗起义》，北京：中国社会科学出版社，1980年。

傅况麟主编：《四川哥老会改善之商榷》，"四川地方实际问题研究会丛刊之三",1940年。

何文龙:《中国特务内幕》,风雨书社,1947年。

何西亚:《中国盗匪问题之研究》,上海:泰东图书局,1925年。

何智霖:《张群入川主政经纬》,《第二届讨论会中华民国史专题论文集》,台北:"国史馆",1993年。

《河北文史资料》编辑部编:《近代中国帮会内幕》下,北京:群众出版社,1992年。

赫治清:《天地会起源研究》,北京:社会科学文献出版社,1996年。

胡珠生:《清代洪门史》,沈阳:辽宁人民出版社,1996年。

〔美〕黄宗智:《华北的小农经济与社会变迁》,北京:中华书局,1986年。

孔繁芝、尤晋鸣:《二战后侵华日军"山西残留"——历史真实与档案记录》,《抗日战争研究》2011年第2期。

李恭忠:《Society与"社会"的早期相遇:一项概念史的考察》,《近代史研究》2020年第3期。

李世瑜:《现在华北的秘密宗教》,华西联合大学中国文化研究所、四川大学史学系,1948年。

李子峰:《海底》,上海:中华书局,1940年。

〔美〕理查德·罗蒂:《哲学和自然之镜》,李幼蒸译,北京:商务印书馆,2003年。

梁景之:《从"邪教"案看清代国家权力与基层社会的关系》,《清史研究》2003年第3期。

刘联珂:《中国帮会三百年革命史》,台北:文海出版社,1973年。

刘铮云:《金钱会与白布会——清代地方政治运作的一个剖面》,《新史学》1995年第3期。

路遇:《清代和民国山东移民东北史略》,上海:上海社会科学院出版社,1987年。

陆仲伟:《中国秘密社会·民国会道门》第5卷,福州:福建人民出版社，2002年。

〔法〕马克·布洛赫：《封建社会》上卷，张绪山译，北京：商务印书馆，2004年。

马西沙、韩秉方：《中国民间宗教史》，上海：上海人民出版社，1992年。

木每：《四川的袍哥》，《警声月刊》1946年第2、3期。

南开大学历史系中国近代史教研室编：《中外学者论抗日根据地》，北京：档案出版社，1993年。

〔日〕平山周：《中国秘密社会史》，上海：商务印书馆，1912年。

濮文起主编：《中国民间秘密宗教辞典》，成都：四川辞书出版社，1996年。

秦宝琦：《清前期天地会研究》，北京：中国人民大学出版社，1988年。

秦宝琦：《洪门真史》，福州：福建人民出版社，1995年。

秦宝琦：《中国地下社会》，北京：学苑出版社，2009年。

青山：《纪宿迁的民变》，《民意》1929年第7期。

仁俊法师、圣严法师等：《周子慎居士伉俪追思录》，台北：慧炬出版社，1989年。

〔日〕三谷孝：《秘密结社与中国革命》，北京：中国社会科学出版社，2002年。

沈洁：《"反迷"话语及其现代起源》，《史林》2006年第2期。

沈醉：《军统内幕》，北京：中国文史出版社，1985年。

沈醉、文强：《戴笠其人》，北京：文史资料出版社，1980年。

宋军：《清代弘阳教研究》，北京：社会科学文献出版社，2002年。

邵雍：《中国会道门》，上海：上海人民出版社，1996年。

绍云：《成都"袍哥"史略》，《成都志通讯》1988年第1期。

〔美〕斯诺：《毛泽东自传》，汪衡译，北京：解放军文艺出版社，2001年。

《宿迁并无匪僧》（蓬仙、三月六日），《海潮音》1929年第2期。

孙江：《近代中国的"亚洲主义"话语》，中国社会科学院近代史研究所编：《近代中国与世界——第二届近代中国与世界学术讨论会论文集》

（卷1），北京：社会科学文献出版社，2005年。

孙江：《教派书写与反教派书写》，《文史哲》2006年第1期。

孙江：《镜像中的历史》，北京：北京师范大学出版社，2018年。

孙江：《〈中国秘密社会史〉的作者、底本与叙事》，《历史研究》2018年第1期。

邰爽秋：《庙产兴学问题》，上海：中华书报流通社，1929年。

王纯五编著：《袍哥探秘》，成都：巴蜀书社，1993年。

王笛：《袍哥：1940年代川西乡村的暴力与秩序》，北京：北京大学出版社，2018年。

王尔敏：《秘密宗教与秘密会社之生态环境及社会功能》，《"中央研究院"近代史研究所集刊》1981年第10期。

王尔敏：《秘密宗教与秘密会社之生态环境及社会功能》，《明清社会生态》，台北：台湾商务印书馆，1997年。

王觉源：《中国党派史》，台北：正中书局，1983年。

王康：《闻一多传》，武汉：湖北人民出版社，1979年。

王天奖：《民国时期河南土匪略论》，《商丘师专学报》1988年第4期。

卫大法师：《中国的帮会》，说文社，1949年。

魏建猷：《中国会党史论著汇要》，天津：南开大学出版社，1985年。

温雄飞：《南洋华侨通史》，上海：东方印书馆，1929年。

文直公：《最近三十年中国军事史》上册，上海：太平洋书店，1930年。

闻钧天：《中国保甲制度》，上海：商务印书馆，1935年。

吴惠芳：《民初直鲁豫盗匪之研究（1912—1928）》，台北：学生书局，1990年。

吴寿彭：《逗留于农村经济时代的徐海各属》，《东方杂志》1930年第6号。

吴寿彭：《逗留于农村经济时代的徐海各属》（续），《东方杂志》1930年第7号。

萧一山：《天地会起源考》，中国文化复兴运动推进委员会主编：《中国近现代史论集》第二编"教乱与民变",台北:台湾商务印书馆,1985年。

星火燎原编辑部编:《星火燎原》第6册,北京:解放军出版社,1987年。

徐安琨:《哥老会的起源及其发展》,台湾省立博物馆印行,1989年。

徐铸成:《杜月笙正传》,杭州:浙江人民出版社,1982年。

薛暮桥、冯和法编:《中国农村论文选》(上册),北京:人民出版社,1983年。

易元:《党逼民反》,《红旗》1929年第14期。

于本源:《清王朝的宗教政策》,北京:中国社会科学出版社,1999年。

喻松青:《明清白莲教研究》,成都:四川人民出版社,1987年。

余子道等编:《汪精卫国民政府"清乡"运动》,上海:上海人民出版社,1985年。

张晋藩主编:《清朝法制史》,北京:法律出版社,1994年。

张玉法:《中国现代化的区域研究:山东省,1860—1916》上册,"中央研究院"近代史研究所专刊(43),1982年。

张玉法:《民国初年的政党》,"中央研究院"近代史研究所,1985年初版,2002年再版。

张振之:《革命与宗教》,上海:民智书局,1929年。

章伯锋、李宗一主编:《北洋军阀》,武汉:武汉出版社,1990年。

章君谷:《杜月笙传》(全4册),"传记文学丛刊之九",台北:传记文学出版社,2008年。

赵君豪:《记重庆良厦一会议》,《杜月笙先生纪念集》(初集),台北:传记文学出版社,1979年。

赵清:《袍哥与土匪》,天津:天津人民出版社,1990年。

周开庆:《四川与对日抗战》,台北:台湾商务印书馆,1987年。

周宣德:《我在苏北创办两个省中的因缘》,《净芦佛学文丛增订本》,台北:慧炬出版社,1986年。

周育民、邵雍:《中国帮会史》,上海:上海人民出版社,1993年。

卫聚贤：《中国帮会》，香港：现代出版社，1990年。

中国会党史研究会编：《会党史研究》，上海：学林出版社，1987年。

〔日〕中野卓：《山西省日俘武装遗留的阴谋与我的体验》，韩景旭译，《西南学院大学国际文化论集》2002年第17卷第1号、2003年第18卷第1号。

庄吉发：《清代天地会源流考》，台北："故宫博物院"，1981年。

庄吉发：《清代秘密会党史研究》，台北：文史哲出版社，1994年。

庄吉发：《民间秘密宗教的社会功能》，《清史随笔》，台北：博扬文化事业有限公司，1996年。

左玉河：《拧在世界时钟的发条上——南京国民政府的废除旧历运动》，《中国学术》第21辑，商务印书馆，2005年。

Assmann, Aleida, *Geschichte im Gedächtnis: von der individuellen Erfahrung zur öffentlichen Inszenierung,* München: C. H. Beck, 2007.

Billinsley, Phil, *Bandits in Republican China,* Stanford, California: Stanford University Press, 1988.

Bloch, Marc, *La société féodale: la formation des liens de dépendance* (1939), Paris: Albin Michel, 1982.

Blythe, Wilfred, *The Impact of Chinese Secret Societies in Malaya: A Historical Study,* London: Oxford University Press, 1969.

Brian, Martin, *The Shanghai's Green Gang: Politics and Organized Crime: 1919-1937,* Berkley: University of California Press, 1996.

Carr, E. H., *What is History,* Harmondsworth: Penguin Books, 1961.

Chartier, Roger, "Le monde comme représentation," in *Annales ESC,* No. 6, 1989.

Chen, Yung-fa, *Making Revolution: The Communist Movement in Eastern and Central China, 1937-1945,* Berkeley: California University Press, 1986.

Chesneaux, Jean, *The Chinese Labor Movement, 1919-1927,* Stanford,

California: Stanford University Press, 1968.

——.*Secret Societies in China in the Nineteenth and Twentieth Centuries*, tr. Gillian Nettle, Ann Arbor: University of Michigan Press, 1971.

——. ed., *Popular Movements and Secret Societies in China, 1840-1950*, Stanford, California: Stanford University Press, 1972.

——.*Peasant Revolts in China, 1840-1949*, tr. C. A. Curwen, London: Thames and Hudson, 1973.

Davis, Fei-Ling, *Primitive Revolutionaries of China*, London: Routledge and Kegan Paul, 1971.

Duara, Prasenjit, *Culture, Power and the State: Rural North China, 1900-1942*, Stanford California: Stanford University Press, 1988.

——.*Rescuing History from the Nation: Questioning Narratives of Modern China*, Chicago: University of Chicago Press, 1995.

——. "Transnationalism and the Predicament of Sovereignty: China, 1900-1945," *The American Historical Review*, No. 4, 1997.

——. *Sovereignty and Authenticity: Manchukuo and the East Asian Modern*, Lanhan: Rowman and Littlefield, 2003.

Esherick, Joseph, "Ten Theses on the Chinese Revolution," *Modern China*, 21(1), 1995.

Fairbank, John K., *China: A New History*, Cambridge Mass.: Harvard University Press, 1992.

Fong, Mak Lau, *The Sociology of Secret Societies*, Kuala Lumpur, etc.: Oxford University Press, 1981.

Freedman, Maurice, *Chinese Lineage and Society: Fukien and Kwangtung*, London: Athlone Press, New York: Humanities Press, 1966.

Gillin, Donald G. and Etter, Charles, "Staying On: Japanese Soldiers and Civilians in China, 1945-1949," in *The Journal of Asian Studies*, Vol. 42, No. 3,

May, 1983.

Ginzburg, Carlo, "Checking the Evidence: The Judge and Historian," in *Critical Inquiry*, Vol. 18, No. 1, autumn, 1991.

Groot, J. J. M. de, *Sectarianism and Religious Persecution in China*, 2 vols, Amsterdam: Johannes Muller, 1903-1904.

Heckethorn, Charles W., *The Secret Societies of All Ages and Countries*, New York: University Books INC, 1965.

Hobsbawm, Eric, *Primitive Rebels: Studies in Archaic Forms of Social Movement in the 19th and 20th Centuries,* Manchester: University of Manchester Press, 1959.

——.*Bandits*, Baltimore: Penguin books, 1969.

Hoffmann, Stefan-Ludwig, *Civil Society, 1750-1914* (Studies in European History), Basingstoke: Palgrave Macmillan, 2006.

Kapp, Robert, *Szechwan and the Chinese Republic: Provincial Militarism and Central Power 1911-1938*, New Haven and London: Yale University Press, 1973.

Lary, David, *Warlord Soldiers: Chinese Common Soldiers, 1911-1931*, Cambridge: Cambridge University Press, 1985.

Liao T'ai-ch'u, "The Ko Lao Hui in Szechuan," *Pacific Affairs*, Vol. 20, No. 2, 1947.

Lieberthal, Kenneth, "The Suppression of Secret Societies in Post-Liberation Tientsin," *The China Quarterly*, April/June, 1973.

——.*Revolution and Tradition in Tientsin, 1949-1952*, Stanford, California: Stanford University Press, 1980.

Paul de Man, *Aesthetic Ideology*, Minneapolis and London: University of Minnesota Press, 1996.

Milne, W. C., "Some Account of a Secret Association in China, entitled the

Triad Society," *Transactions of the Royal Asiatic Society of Great Britain and Ireland*, Vol. 1, 1827.

——. "Some Account of a Secret Association in China, entitled the Triad Society," *The Chinese Repository*, Vol. 14, Feb. 1845.

Murray, Dian H., *The Origins of the Tiandihui: The Chinese Triads in Legend and History*(in collaboration with Qin Baoqi), Stanford, California:Stanford University Press, 1994.

Naquin, Susan, *Millenarian Rebellion in China: The Eight Trigrams Uprising of 1813*, New Haven: Yale University Press, 1976.

——. "The Transmission of White Lotus Sectarianism in Late Imperial China," in David Johnson, Andrew Nathan and Evelyn Rawski, eds., *Popular Culture in Late Imperial China*, Berkeley: University of California Press, 1985.

Nedostup, Rebecca, *Superstitious Regimes: Religion and Politics of Chinese Modernity*, Cambridge, Massachusetts: Harvard University Asia Center, Distributed by Harvard University Press, 2009.

Newbold, T. J., and Wilson, F. W., "The Chinese Traid Societies of the Tien-ti-huih," *Journal of the Royal Society-Great Britain and Ireland*, Vol. VI, 1841.

"Oath taken by members of the Triad Society, and notices of its origin," *The Chinese Repository*, Vol. 18, No. 6, June 1849.

Overmyer, Daniel L., *Folk Buddhist Religion: Dissenting Sects in Late Traditional China,* Cambridge, Mass.: Harvard University Press, 1976.

——. "Alternatives: Popular Religious Sects in Chinese Society," *Modern China*, Vol. 7, No. 2, April 1981.

Ownby, David, *Brotherhood and Secret Societies in Early and Mid-Qing China: The Formation of a Tradition*, Stanford, California: Stanford University Press, 1996.

——.Reviewed Work, "Ritual and Mythology of the Chinese Triads: Creating an Identity by Berend J. ter Harr," *Harvard Journal of Asiatic Studies*, Vol. 60, No. 1, June 2000.

Ownby, David and Heidhues, Mary Somers eds., *"Secret Societies" Reconsidered: Perspectives on the Social History of Modern South China and Southeast Asia,* New York: M. E. Sharpe, Inc. 1993.

Perry, Elizabeth, *Rebels and Revolutionaries in North China, 1845-1945*, Stanford, California: Stanford University Press, 1980.

——. "Social Banditry Revisited, The case of Bai Lang, a Chinese Brigand," in *Modern China*, Vol. 9, No. 3, 1983.

——. *Shanghai on Strike: The Politics of Chinese Labor,* Stanford, California: Stanford University Press, 1993.

——. "Reclaiming the Chinese Revolution," *The Journal of Asian Studies*, 67-4(November), 2008.

——. "Studying Chinese Politics: Farewell to Revolution?" *The China Journal*, No. 57, 2007.

Pickering, W. A., "Chinese Secret Societies and Their Origin," *Journal of the Straits Branch of the Royal Asiatic Society*, 1878, 1879.

Schlegel, Gustave, *Tian Ti Hwui: The Hung League or the Heaven-Earth-League: A Secret Society with the Chinese in China and India*, Batavia: Lange & Co., 1866.

Schram, Stuart R., *The Political Thought of Mao Tse-tung*, New York and London: Frederick A. Praeger, Publisher, 1963.

——. "Mao Tse-tung and Secret Societies," *China Quarterly*, No. 27, July-September, 1966.

"Secret Associations," *The Chinese Repository*, Vol. 1, 1833.

Shek, Richard, "Millenarianism without Rebellion: The Huangtian Dao in North China," *Modern China*, Vol. 8, No. 3, July 1982.

Simmel, Georg, *Soziologie, Georg Simmel Gesamtausgabe*, Herausgegeben von Otthein Rammstedt, Band 11, Frankfurt am Main: Suhrkamp, 1992.

Smedley, Agnes, *The Great Road: The Life and Times of Chu Teh*, New York: Monthly Review Press, 1956.

Smith, Richard J., "Ritual in Ch'ing Culture," in Kwang-Ching Liu, ed., *Orthdoxy in Late Imperial China*, Berkeley: University of California, 1990.

Snow, Edgar, *Red Star over China*, New York: Random House, 1938.

Stanton, William, *The Triad Society or Heaven and Earth Association,* Hong Kong: KELLY & Walsh, LTD., 1900.

Stapleton, Kristin, "Urban Politics in an Age of 'Secret Societies' : The Cases of Shanghai and Chengdu," *Republican China*, Vol. 22, No. 1, 1996.

Sun Jiang, *Revisiting China's Modernity: Ethnicity, Religion, and Nation*, New York:Peter Lang, 2020.

Ter Haar, Barend J., *Ritual and Mythology of the Chinese Triads: Creating an Identity*, Leiden: E. J. Brill, 1998.

——.*The White Lotus Teaching in Chinese Religious History,* Honolulu: University of Hawai'i Press, 1999.

Tocqueville, Alexis de, *Democracy in America*, translated by Arthur Goldhammer, New York: Library of America, 2004.

Topley, Marjorie, "The Great Way of Former Heaven: A Group of Chinese Secret Religious Sects," in *Bulletin of the School of Oriental and African Studies University of London*, Vol. XXVI, Part 2, 1963.

Vaughan, J. D., *The Manners and Customs of the Chinese of the Straits Settlements,* Singapore: Mission Press, 1879.

Wakeman, Frederick, "Rebellion and Revolution: The Study of Popular Movement in Chinese History," *Journal of Asian Studies,* Vol. 36, No. 2, Feb. 1977.

———. *Policing Shanghai: 1927-1937*, Berkley: University of California Press, 1995.

Wang Di, "Mysterious Communication: The Secret Language of the Gowned Brotherhood in Nineteenth-Century Sichuan," *Late Imperial China*, Vol. 29, No. 1, 2008.

Ward, J. S. M. and Stirling, W. G., *The Hung Society or the Society of Heaven and Earth*, London, 1925.

Watson, James, "Standardizing the Gods: The Promotion of Tien'hou (Empress of Heaven) along the South China Coast, 960-1960," in David Johnson, Andrew Nathan and Evelyn Rawski, eds., *Popular Culture in Late Imperial China*, University of California Press, 1985.

Weller, Robert, "Sectarian Religion and Political Action in China," *Modern China*, Vol. 8, No. 4, October 1982.

Wylie, Alexander, *Chinese Researches*, Shanghai, 1897.

Yang, C. K., "Some Preliminary Statistical Patterns of Mass Action in Nineteenth Century China," in F. Wakeman and C, Grant eds., *Conflict and Control in Late Imperial China*, Berkeley: University of California Press, 1975.

阿部洋『中国近代学校史研究』、福村出版株式会社、1993年。

並木頼寿「著名の匪を撫す——挙人朱鳳鳴の捻軍招撫論について」、『泡沫集』3、1981年12月。

並木頼寿「明治訪華日本人の会党への関心について」、神奈川大学人文学研究所編『秘密社会と国家』、勁草書房、1995年。

並木頼寿『捻軍と華北社会：近代中国における民衆反乱』、研文出版、2010年。

長野朗『支那の土匪と軍隊』、燕塵社、1924年。

長野朗『支那兵、土匪、紅槍会』、支那問題研究所、1924年。

長野朗『支那の社会組織』、行地社、1926 年。

長野朗『土匪・軍隊・紅槍会』、支那問題研究所、1931 年。

出口京太郎『巨人出口王仁三郎』、講談社、1973 年。

初瀬龍平『伝統的右翼　内田良平の研究』、九州大学出版会、1980 年。

村田雄二郎「孔教と淫祠 —— 清末廟产興学思想の一側面」、『中国 —— 社会と文化』第七号、1992 年 6 月。

大里浩秋「日本人は秘密結社をどう見たか」、『現代中国』第 62 号。

大平浩史「南京国民政府成立期の『廟産興学』と仏教界 —— 寺廟産・僧侶の『有用』をめぐって」、『立命館言語文化研究』第 13 巻第 4 号、2002 年 2 月。

大平浩史「南京国民政府成立期の『廟産興学』と仏教界」、『現代中国』第 81 号、2007 年。

渡辺惇「清末長江下流域における青幇・私塩集団の動向 —— 私塩流通との関係を中心に」、『歴史における民衆と文化 —— 酒井忠夫古稀祝賀論集』、国書刊行会、1982 年。

渡辺惇「近代中国における秘密結社 —— 青幇・紅幇」、九州大学文学部東洋史学研究室編『元明清期における国家支配と民衆像の再検討』、1983 年。

渡辺惇「近代中国における秘密結社 —— 青幇・紅幇」、『中国近現代史論集 —— 菊池貴晴先生追悼論集』、汲古書院、1985 年。

高田幸男「南京国民政府の教育政策 —— 中央大学区試行を中心に」、中国現代史研究会編『中国国民政府史の研究』、汲古書院、1986 年。

宮原民平『支那の秘密結社』、東洋研究会、1924 年。

笹川裕史、奥村哲『銃後の中国社会 —— 日中戦争下の総動員と農村』、岩波書店、2007 年。

酒井忠夫『近代支那に於ける宗教結社の研究』、東亜研究所、1944 年 9 月。

酒井忠夫『中国民衆と秘密結社』、吉川弘文館、1992年。

酒井忠夫『中国幇会史の研究・青幇篇』（酒井忠夫著作集4）、国書刊行会、1997年。

酒井忠夫『中国幇会史の研究・紅幇篇』（酒井忠夫著作集3）、国書刊行会、1998年。

駒込武『植民地帝国日本の文化統合』、岩波書店、1996年。

菊池秀明『広西移民社会と太平天国』（本文篇）、風響社、1998年。

里井彦七郎『近代中国における民衆運動とその思想』、東京大学出版会、1972年。

鈴木中正『清朝中期史研究』、愛知大学国際問題研究所、1952年。

馬場春吉『支那の秘密結社』、東亜研究会、1943年。

馬場毅「中共と山東紅槍会」、『中嶋敏先生古稀記念論集』（下巻）、汲古書院、1981年。

馬場毅「陽穀県坡里荘暴動について──続中共と山東紅槍会」、『中国近現代史の諸問題──田中正美先生退官記念論集』、国書刊行会、1984年。

馬場毅「山東抗日根拠地と紅槍会」、『中国研究月報』1994年3月号。

馬場毅『近代中国華北民衆と紅槍会』、汲古書院、2001年。

牧田諦亮「清末以後における廟産興学と仏教教団」、『東亜研究』第64号、1942年12月、『中国佛仏史研究』、大東出版社、1984年。

納武津『支那土匪の研究』、世界思潮研究会、1923年。

平野健一郎「満州国協和会の政治的展開──複数民族国家における政治的安定と国家動員」、『日本政治学会年報』一九七二年度（1973年3月）。

浅井紀『明清時代民間宗教結社の研究』、研文出版、1990年。

青年中国研究者会議編『中国民衆反乱の世界』、汲古書院、1974年。

青年中国研究者会議編『続中国民衆反乱の世界』、汲古書院、1983年。

三谷孝「国民革命時期における中国共産党と紅槍会」、『一橋論叢』第60巻第5号、1973年。

三谷孝「伝統的農民の闘争の新展開」、野沢豊、田中正俊編『講座中国近現代史』5、東京大学出版会、1978年。

三谷孝「南京政権と『迷信』打破運動（1928—1929）」、『歴史学研究』第455号、1978年4月。

三谷孝「江北民衆暴動（一九二九年）について」、『一橋論叢』第83巻第3号、1980年。

三谷孝「戦前期日本の中国秘密結社についての調査」、平成7～9年度科学研究費補助金研究成果報告書『戦前期中国実態調査資料の総合的研究』〈研究代表者：本庄比佐子〉、1998年4月。

三谷孝『現代中国秘密結社研究』、汲古書院、2013年。

溝口雄三『方法としての中国』、東京大学出版会、1989年。

山本英史編『伝統中国の地域像』、慶応義塾大学出版会、2000年。

山本真「一九四〇年代の四川省における地方民意機構——秘密結社哥老会との関係をめぐって」、『近きに在りて』第54号、2008年11月、第73—86頁。

山室信一『キメラ—満州国の肖像』、中公新書、1993年。

山田賢『移住民の秩序——清代四川地域社会史研究』、名古屋大学出版会、1995年。

沈潔『「満州国」社会事業史』、ミネルヴァ書房、1996年。

孫江「『九龍山』秘密結社についての一考察」、『中国研究月報』第553号、1994年3月号。

孫江「清末民初期における民間秘密結社と政治との関係」、神奈川大学人文学研究所編『秘密社会と国家』、勁草書房、1995年。

孫江「中国共産党の政治統合における秘密結社」、『愛知大学国際問題研究所紀要』第113号、2000年9月。

孫江「日中戦争期における華北地域の紅槍会」、『東洋学報』第82巻第3号、2000年12月。

孫江「戦後権力再建における中国国民党と幇会」(1)(2)、『愛知大学国際問題研究所紀要』第 114 号、2000 年 12 月。第 116 号、2001 年 9 月。

孫江「辛亥革命期における『革命』と秘密結社」、『中国研究月報』第 55 巻第 11 号、2001 年 11 月。

孫江「宗教結社、権力と植民地支配——『満州国』の政治統合における宗教結社」、『日本研究』第 24 集、2002 年。

孫江『近代中国の革命と秘密結社——中国革命の社会史的研究 (1895—1955)』、汲古書院、2007 年。

松本健一『出口王仁三郎』、リブロポート、1986 年。

松尾為作『南満州に於ける宗教概観』、教化事業奨励資金財団、1931 年。

藤原彰「命令された最後の戦い——第一軍の山西残留について」、『季刊中帰連』第 10 号、2001 年 9 月、第 3—16 頁。

田中忠夫『革命支那農村の実証的研究』、衆人社、1930 年。

田原史起『二十世紀中国の革命と農村』(世界史リブレット)、山川出版社、2008 年。

武内房司「清代プイ族の社会変容——嘉慶王襄仙反乱をめぐる一考察」、『季刊中国研究』第 4 号、1986 年。

武内房司「清末苗族反乱と青蓮教」、『海南史学』第 26 号、1988 年。

武内房司「『明王出世』考——中国的メシアニズムの伝統」、『老百姓の世界』第 7 号、1991 年。

西川正夫「辛亥革命と民衆運動——四川保路運動と哥老会」、野沢豊、田中正俊編『講座中国近現代史』3、東京大学出版会、1978 年。

西順蔵『満州国の宗教問題』、国民精神文化研究所、1943 年。

相田洋『中国中世の民衆文化』、中国書店、1994 年。

小島晋治『太平天国革命の歴史と思想』、研文出版、1978 年。

小島晋治『太平天国運動と現代中国』、研文出版、1993 年。

小島淑男「民国時期における江浙地区の会党——中華国民共進会を

中心に」、『中嶋敏夫先生古稀記念論集』(下巻)、汲古書院、1981 年。

小谷冠桜『支那の秘密結社 —— 青幇、紅幇に就て』、上海青年団本部、1941 年。

小林一美「構造的負者の反乱」、『歴史学の再建に向けて』4、1979 年。

小林一美「中華帝国と秘密社会 —— 中国にはなぜ多種多様の宗教結社が成長、発展したか」、神奈川大学人文学研究所編『秘密社会と国家』、勁草書房、1995 年。

小峰和夫『満州 —— 起源・殖民・覇権』、お茶の水書房、1991 年。

野村浩一『近代日本の中国認識 ——アジアへの航跡』、研文出版、1981 年。

野口鉄郎『明代白蓮教史の研究』、雄山閣、1986 年。

野口鉄郎「中国宗教の正統と異端 —— 明・清の場合」(平成二年度科学研究費補助金総合研究 (A) 研究成果報告書『中国史上における正統と異端』二、平成三年三月、研究代表者安藤正士)。

遠藤秀造『道院と世界紅卍字会』、東亜研究所、1937 年。

張宏波「日本軍の山西残留に見る戦後初期中日関係の形成」、『一橋論叢』第 778 号、2005 年。

塚本善隆「中華民国の仏教」、『塚本善隆著作集』巻 5、大東出版社，1975 年。

佐藤公彦「初期義和団運動の諸相 —— 教会活動と大刀会」、『史潮』新 11 号、1982 年。

佐藤公彦「華北農村社会と義和拳運動 —— 梨園屯村の反教会闘争」、東京外国語大学アジア・アフリカ言語文化研究所編『アジア・アフリカ言語文化研究』第 45 号、1993 年。

佐藤公彦『義和団の起源とその運動』、研文出版、1999 年。

附录　评三谷孝著《现代中国秘密结社研究》

战后日本的中国民众史研究如一面镜子，不仅反映了"过去"的中国，也折射出"同时代"的日本。正如论者经常指出的那样，20世纪80年代以后民众史研究在日本迅速"衰退"，对此，田原史起在《二十世纪中国的革命与农村》一书中写道：

> 目下研究中国的学者，要么从事现状分析，要么进行历史研究。对于分析现状的人来说，革命不再是"现状"；对于历史学家来说，共产党革命即使与民国史相比也不再是一个能激发研究兴趣的时髦话题了。①

如果这反映了日本中国研究的"现状"的话，令人担心。是否以中国革命为研究主题是学者个人选择的问题，但如果谨记20世纪的中国是"革命的世纪"，20世纪中国的大写历史是"革命的历史"的话，那么无论是进行历史研究，还是进行现状分析，革命都是一个不可回避的重要主题。

田原指出的现象并非日本独有。曾经热衷于研究中国革命的美国学界，伴随"冷战"的结束，很多人开始重新审视中国革命。周锡瑞（Joseph W.

---

① 田原史起『二十紀中国の革命と農村』（世界史リブレット）、山川出版社、2008年、第2頁。

Esherick）指出革命带来的不是解放，而是政权更替。① 同时代的裴宜理则批评周锡瑞，指出"暴力和流血只是中国革命传统的一部分，其他部分也应该予以考虑"②。裴宜理举出一个具体的例子，在20世纪20年代初，共产党人在江西安源煤矿致力于提高工人、农民及其家庭的教育水平，还成功地发动了非暴力罢工。对于把革命这个话题抛在脑后的"告别革命"，裴宜理强调中国革命还没有结束，如果要理解近年来中国出现的经济奇迹以及中国的政治、经济体制，革命仍是一个关键词。③

三谷孝的遗著《现代中国秘密结社研究》，记录了他思考中国革命和中国"民众"的学术轨迹。④ 在这个意义上，本书可以说是作者作为研究者的自画像。本书属于广义的中国民众史研究，不只是狭义的以会党及民间宗教为对象的秘密结社研究。作者去世前曾以中文出版《秘密结社与中国革命》，这一书名似乎更能体现本书的内涵。⑤

一、结构和内容

本书由三部分共十四章构成。

  前言（内山雅生）/凡例
  第一部
  第1章 现代中国秘密结社研究的课题

---

① Joseph Esherick, "Ten Theses on the Chinese Revolution," *Modern China*, 21(1), 1995.
② Elizabeth J. Perry, "Reclaiming the Chinese Revolution," *The Journal of Asian Studies*, 67-4(November), 2008.
③ Elizabeth J. Perry, "Studying Chinese Politics: Farewell to Revolution？" *The China Journal*, No. 57, 2007.
④ 三谷孝『現代中国秘密結社研究』、汲古書院、2013年。
⑤ 三谷孝：《秘密结社与中国革命》，北京：中国社会科学出版社，2002年。

第 2 章 战前日本关于中国秘密结社调查

第二部

第 3 章 国民革命时期的北方农民暴动：以河南红枪会的动向为中心

第 4 章 国民革命时期的中国共产党与红枪会

第 5 章 红枪会和乡村结合

第 6 章 南京政权与"破除迷信运动"（1928—1929）

第 7 章 苏北民众暴动（1929 年）

第 8 章 大刀会与国民党改组派：论 1929 年溧阳暴动

第 9 章 传统农民斗争的新发展

第三部

第 10 章 反思天门会：现代中国民间社会研究

第 11 章 探访天门会的发源地：河南省林县东油村

第 12 章 中国农村经济研究会及其调查

第 13 章 抗日战争时期的"中国农村"派

第 14 章 反革命镇压运动与一贯道：以山西省长治市为例

初出一览 / 后记 / 索引（事项、人名）

在本书的前言，三谷孝的研究合作者、知己内山雅生总结了本书每一章的内容，引导读者进入三谷所构建的中国民众和秘密结社的世界。

第一部分包括第 1 章和第 2 章。由于这两章的论文发表得比较晚，可以定位为全书的导论。在第 1 章中，作者批评了在传统的民众史研究中，民众运动往往被认为是"从自在的阶级斗争发展到自为的阶级斗争"。他认为，这样的论述过于强调民众运动受到的"外部冲击"，忽视了对民众组织和民众运动自身的考虑。也就是说，如果我们要真正了解民众运动，就必须了解秘密结社这一人们聚集的"场所"。关于秘密结社的定义，三谷孝与中国研究秘密结社的代表人物蔡少卿有所不同，相较于蔡少卿将秘密结社分为教门与会党两种类型，三谷指出中国的秘密组织除了继承了传统的哥老会外，还有两类，一类是以红枪会为代表的农村秘密结社，另一类是以青帮为代表的城市秘密结社。这一认识是他通过批判性地研究前人的成果而得出的。在第2章中，作者回顾了20世纪上半叶日本对中国秘密结社进行调查研究的历史，所涉及的调查研究极为广泛，包括明治后期受外务省委托赴华的大陆浪人的调查报告，满铁公司和华北亚细亚研究所的调查报告，以及平山周、长野朗、橘朴、末光高义等人的著作，对于了解日本关于这一领域的研究史很有参考价值。

第二部分从第3章到第9章共7章。除了第5章以社会史方面的研究为主外（将在后面讨论），其他各章都是在20世纪70年代初至80年代初之间写成的。从中日邦交正常化到中国改革开放的十年间，作者在"安保"斗争和大学纷争的触动下，试图探索变革历史的主体，缘此，对中国民众的主体意识问题产生了兴趣。同期美国的中国研究在反越战和反主流文化（counter-culture）之后，研究的焦点转移到被视为共产主义革命历史基础的民众叛乱和民间秘密结社上。这一时期，日本和美国的中国研究有一些相似之处，但也表现出一些不同。①

第二部分的第3、4、9章考察了北方军阀与红枪会运动的关系。第3章原为作者的硕士论文，反映了三谷研究的基本取向。他与民众革命中"先进"和"落后"这一二元对立叙事保持距离，认为"必须加强在北方农民斗争谱系中捕捉问题的尝试"（第38页）。作者认为，在国民革命时期，河南省红枪会的领导层在军阀混战导致省一级权力不断洗牌下，机敏地予以应对，从而成功地确保了自己对所在农村的统治（第72页）。最终，红枪会成为"割据"势力，他们中的大部分人被收编为冯玉祥的部队，成为中国共产党动员的对象。第4章讨论了中国共产党关于红枪会的革命言说。作者认为，国民革命失败后，共产党用红枪会取代了国民革命军，将其视为反帝反

---

① 参阅孙江：『近代中国の革命と秘密結社——中国革命の社会史的研究』、汲古書院、2007年、第1章。

军阀的主力军。然而，受限于以阶级斗争理论为基础的革命/反革命二元框架的制约，共产党的红枪会工作以失败而告终。三谷所主张的研究红枪会运动发展的内在方法在第9章论述天门会中得以贯彻。作者认为，秘密结社天门会的领袖韩欲明"梦中受神启是创会的直接契机"（第211—212页），因此，天门会可以说是一个传统的结社。然而，在韩欲明等旧天门会前辈追随其他红枪会组织的脚步时，天门会却加入了共产党领导的武装起义，并被改造成共产党的军队，"在1930年天门会蜕变为土匪的过程中，这一活动成果可谓别开生面"（第231—232页），天门会"从传统的农民组织转变为阶级性的农民组织"（第211页）。

第6、7、8章研究南京国民政府与小刀会的关系。第6章涉及南京国民党政府的"反迷信运动"，本章堪称三谷的代表作，充分显示了他作为研究者的能力。三谷试图找出破除迷信运动背后的真正动力——科学与迷信、进步与反动，重点分析了国民党党部与国民政府行政部门、中央与地方之间的对立。他在结论中指出，"破除迷信运动"是由国民党地方青年党员领导的，他们用社会运动的成果来批判政府官僚主义，同时打击以庙宇、偶像、祠堂等权威为后盾来抵抗国民党领导民众的土豪阶层。

第7章以1929年发生在江苏宿迁县的小刀会暴动为例，探讨地域社会对"破除迷信"运动的反应。作者认为在国民政府与国民党总部冲突的背景下，"土豪劣绅"和僧侣们教唆民众反抗以"进步"与"革新"为名的改革。第8章论述1929年11月江苏溧阳县的大刀会暴动，作者指出这场未遂的暴动是由国民党左派的基层组织发起的，是国民党内部派系斗争在基层的反映。

构成本书第三部分的文章大多写于20世纪80年代末以后，说明三谷的研究视角已经从过去的政治史/革命史转向社会史。为了撰写这些论文，他多次到中国考察，通过实地调查获得了从文本资料中无法获得的对历史的切实体验。第5章主要介绍了红枪会的组织情况，分析了民间信仰、组织、地域社会特征对红枪会运动，特别是对民众聚合离散方式的影响。第10章根据新发现的文献资料和实地采访重新考察天门会。作者以往认为天门会的极权结构使其在短时间内从一个四十多人的小组织扩大到遍布二十三县有四十万人的庞大组织,然而,在分析了新发现的材料后,三谷得出了以下结论:在天门会的旗帜下,存在着许多被称为"分坛"的组织,每个组织各有不同要求,在中日战争期间"分坛"各行其是。

第 11 章是在天门会发源地河南省林县东油村进行的采访记录,是构成第 10 章写作的基本史料。第 14 章利用了未公开的材料,追溯山西省长治市两个一贯道组织(古广生系与薛洪系)在 20 世纪 50 年代初镇压反革命运动期间的活动。作者的结论是,一贯道因其本身与共产党意识形态格格不入,不可避免地成为整合的对象。

第 12 章和第 13 章稍稍脱离了本书的主题。第 12 章考察了参加"中国农村经济研究会"的知识分子的农村研究,第 13 章讨论了抗日战争时期《中国农村》杂志有关人员在国民党和共产党控制区的活动情况。这两章显示了三谷学术兴趣不只在民众世界,还包括同一时期知识分子如何思考农村问题,及其这一思考与中国共产主义革命的关系。

二、贡献和问题

由于笔者的研究领域与三谷相近,从 20 世纪 90 年代初即开始拜读他的相关论文,浏览了他所使用的绝大部分史料。三谷批判性地审视前人的研究,尽可能广泛地收集和分析史料的研究风格是一贯的,由此所写出的每一篇论文都有超越前人的独特发现。通过这本凝聚了三谷长年学术研究成果的著作,读者可以感受到他作为研究者的极高资质。

书是作者与读者、知识的生产者与消费者之间对话的场所。本书既是作者三谷与前辈研究者对话的场所,也是三谷与包括笔者在内的读者对话的场所。关于前者,在本书看似波澜不惊的叙述中,三谷对前人的研究所进行的尖锐批评和基于文本分析的新发现均以"反命题"的方式呈现出来了。在

"革命史观"为民众史研究主流的时代,作者明确提出了自己的研究主张:不应该先入为主地观察民众世界,而应该通过民众自己的言行去发现民众运动的内在逻辑。三谷在与河南红枪会运动有关的一系列研究中提出了一个独创性的论点,即红枪会和小刀会是基于"自卫性、排他性"原则的组织,这些组织在面对各种政治势力时,基于自己的组织原则做出了具体的应对和选择。这推进了学界关于红枪会的认识。尤其值得一提的是,在以革命史研究为主流的时代,他是少数对"反革命"的国民党感兴趣的学者,他所进行的南京国民政府与民众、中央政治与地方社会关系研究,特别是南京国民政府的"反迷信"研究,至今仍被提及。他在中国民众史和秘密结社研究方面的学术贡献,不仅在日本,而且在中国和美国等国家的学界也得到了广泛的认可。

20世纪80年代,美国学者柯文(Paul A. Cohen)批评战后美国轻视他者的中国研究,强调"在中国发现历史"的重要性。[①] 在日本,沟口雄三也提出"作为方法的中国",批评了当时日本的中国研究。[②] 这引发了广泛的讨论。而三谷早在十多年前的70年代,就已经有意识地从事"在中国发现历史"的研究。据内山先生的序言介绍,三谷曾对他说,他从西乡信纲的《古人与梦》(平凡社,1975年)和河合隼雄的《影的现象学》(思索社,1976年)中得到启发,对中国秘密结社天门会的"占梦"所包含的理性因素产生了兴趣。从20世纪80年代末开始,三谷的研究转向从社会史的角度理解民众运动的内在逻辑,其标志是以三谷为首的中日两国研究人员在北方进行的大规模联合调查研究。联合调研组沿着抗战期间曾在此进行调研的满铁调查部的足迹进行了调研,成果编为《中国农村变革与家族、村落、国家——华北农村调查的记录》一书(三谷孝编,汲古书院,1999年)。对三谷来说,这次大规模的田野调查也是一次重新反省自身研究的契机。例如,他在有关天门会的研究中指出,"大多数情况下,民众运动和民间秘密结社的材

---

① Paul A. Chen, *Discovering History in China*, New York: Columbia University Press, 1984.
② 溝口雄三『方法としての中国』、東京大学出版会、1989年。

料被保存下来并为后人所知都是在其秘密活动因暴动或被政府官员曝光而引起人们注意的时候"(第240页),提出了以一种新的方式处理与秘密结社有关的历史文献的必要性。

笔者在阅读本书时也产生了一些疑惑,这即是三谷晚年提出的如何处理史料的问题。他使用的史料大多为秘密结社以外的"他者"所写,多大程度上反映了秘密结社的诉求,值得深究。举例来说,在本书第7章中,三谷通过仔细阅读国民党方面的报纸,重构了苏北小刀会暴动事件的历史过程。然而,当时多家报纸上都出现了关于这一事件的报道,由于记者立场不同,描述和评论也大相径庭。但在三谷的研究中,看不出对同时代报纸关于该事件报道的差异的思考。他断言极乐庵的僧人是"小刀会"事件的主谋,但翻阅三谷没有使用的中国第二历史档案馆的资料可以知道,是国民党方面为了获得寺庙的大片土地而诬陷极乐庵僧人组织了"暴动"。① 此外,三谷对明治日本人在中国的秘密结社调查给予了高度评价,但据我的研究,应该对包括平山周《中国秘密社会史》(《支那秘密结社及革命》)在内的文本的制作背景和倾向性进行探究。

从研究中国秘密结社多年的笔者的立场来看,秘密结社是一个不断被"再生产"的概念。秘密结社是处于"实体"和"言说"间的存在,是中国社会普遍存在的人际关系及其网络的纽节,因此,研究秘密结社必须从解构秘密结社开始。也就是说,秘密结社叙述应该建立在对各种由权力所表述的秘密结社言说的对抗之上。但这样的研究取向与试图建构现代中国秘密结社叙事的三谷的实践未必一致。笔者在哀悼他的早逝的同时,衷心希望其遗著能引起研究者对民众运动的兴趣,也希望三谷未完成的学术事业后继有人。

---

① 参阅本书第八章。

后　记

在明清结社和会党研究者中，我属于入行早而成果出得慢的人。从1984年我在大学三年级选修业师蔡少卿先生开设的"中国会党史研究"课程算起，屈指已近四十年。蔡师对及门弟子有两个要求：读外文原著，查档案资料。这日后成了我的研究风格。惭愧的是，在此后数十年的岁月里，我没能写出多而好的结社研究的著述。除心有旁骛之外，我在涉足该领域之始，就对结社和会党研究心存疑问。这和蔡师命我阅读麦留芳（MakLau Fong）《秘密结社社会学》（*The Sociology of Secret Societies*）不无关系，这是一本从社会学角度研究马六甲海峡殖民地华人会党的著作。我在阅读时不断自问：那些漂洋过海的中国人为了生存而互助、而结社，根据三合会（天地会）异姓结拜的原理结成各种"公司"，这些结社在欧洲人笔下为何成了"秘密结社"？如果此说成立，那么，拥有众多同类异姓结拜的华人的故乡，不就成了"秘密社会"乃至"黑社会"了吗？由此又带出了其他疑问：迄今的结社史或会党史是谁的历史？在多大程度上经得起检证？如此追问下去，自然要回到历史学的原点——解读表征结社或会党的史料。本书可以说是我在试图回答这些疑问时留下的读书痕迹。

本书除第二、三、七章没有单独发表外，第一章载于《中国学术》总第18辑（商务印书馆，2005年），第四章载于中国社会科学院近代史研究所民国史研究室、四川师范大学历史文化学院编《一九一〇年代的中国》（社会科学文献出版社，2007年），第五章刊于《学术月刊》（2013年第8期），第六章刊于《四川大学学报》（2021年第1期），第八章刊于《历史研究》（2012年第3期），第九章刊于《南京大学学报》（2007年第3期），第十章载于《新史学》第一卷（中华书局，2007年），第十一章刊于《史学月刊》（2021年第6期），附录是应日本《东洋史研究》（第23卷第9号，2015年9月）所写的书评，感谢相关刊物刊载拙文。

  本书涉及如何理解中国社会——人与人结合——的许多重要问题，但是，由于可利用的真实且可靠的资料有限，要想写出与该问题的意义等值的著述十分困难。为此，有必要切换角度，从其他学科切入该领域。

孙　江

辛丑仲夏于东山